长沙马王堆
汉墓文库

长沙马王堆汉墓文库

丙编 02

《黄帝四经》政治思想研究

陈华丽◎著

湖南博物院◎编

岳麓書社·长沙

出版说明

1972—1974 年发掘的长沙马王堆汉墓，出土了数以千计又独一无二的珍贵文物，向世人展示了西汉早期在经济、天文、地理、历史、哲学、艺术、医学等方面的辉煌成就，是中国古代文明的历史见证，是世界文明的宝库，被赞誉为“20 世纪中国与世界最重大的考古发现之一”。

发掘 50 年以来，马王堆汉墓一直都是世人和学界关注的重心和热点，多学科的学术研究长盛不衰，经过国内外大批学者的潜心研究，取得了显著成果，可谓硕果累累，某些方面甚至填补了历史空白，改写了传世文献的记载。如今，马王堆汉墓研究已经成为一门显学——马王堆学，一批又一批学界英杰，以其风流文采，壮志情怀，谱写着辉煌灿烂的新篇章。

为总结马王堆汉墓发掘 50 年以来的研究成果，开启马王堆汉墓研究的新纪元，湖南博物院策划出版《长沙马王堆汉墓文库》大型丛书，此项目已纳入湖南省文物保护利用“六大工程”。

《长沙马王堆汉墓文库》编辑出版以“保护、传承、研究、创新”为基本方针，分甲、乙、丙三编，其内容涵盖马王堆汉墓文物资料、已有的相关研究成果与最新的研究成果。

一、甲编为马王堆汉墓文物资料，对马王堆汉墓出土的所有文物按墓葬、材质进行分类编纂，以弥补马王堆汉墓发掘报告有大量文物没有录入的不足。

二、乙编为已有马王堆汉墓研究成果的选编、汇编、翻译及述评，系已有代表性研究成果的总汇，包括国内外研究马王堆汉墓文物的论文、学术著作等。

三、丙编为最新研究成果，依托马王堆汉墓文物，组织专家撰写相关研究论著。

四、除少数图书以外，一律采用简体汉字横排。

五、每种图书均撰写引论一篇。甲编图书引论，主要简述该书文物出土情况、主要种类、研究现状及本书特色等。乙编图书引论，对该书涉猎的某类研究问题进行综合性的评述。丙编图书引论，则重在阐释该研究课题的研究视角和主要学术观点等。

凡 例

一、本书对长沙马王堆汉墓出土帛书《老子》乙本前佚书《黄帝四经》政治思想进行研究。文中所引《黄帝四经》释文，主要来自陈鼓应注译的《黄帝四经今注今译》（商务印书馆 2016 年版）及裘锡圭主编的《长沙马王堆汉墓简帛集成·肆》（修订本，中华书局 2024 年版），部分来自余明光所著的《黄帝四经与黄老思想》（黑龙江人民出版社 1989 年版），三书互参互校。同时也参照了帛书整理小组佚书本和经法本进行选取。

二、释文中通假字、异体字、错字后用（ ）括注通行字或正确字形。残字、缺字、不识之字用□表示，一字一□。［ ］号表示所补字。{ } 表示衍文。

三、为避免繁复，全书的页下注有所省略，文献被引用多次，则只在每章所引的第一处注出其作者名、书名、出版社、年份、页数等全部信息，再次出现只保留作者名、书名、页码三项信息。

目 录

引论

战国末年到西汉中期是中国思想史上的一个重要时期，可谓中华文化的“定型期”，一些重要的政治伦理体制、社会制度，乃至中国人的思想意识，均从这个时期开始确立，并一直延续了两三千年之久。自战国中晚期始，列国制度向着统一帝国制度发展，综合性思想与天下帝国也在彼此呼应。各种学术派别的思想彼此影响融合。当此之时，出现了融合百家的杂家，充当着战国诸子学向汉代经学过渡、学术形态转化时期知识与思想的主要载体和传递者。糅合了道、法、儒、墨、阴阳、名家等各家要旨的黄老之学独盛，成为一时显学。黄老之学缘起于战国田齐稷下学宫，旨在为田齐政权进行造祖运动。其学派附会黄帝为田氏始祖，钩沉、创造一系列黄帝传说与假托其名的典籍著作，以老子学说为主要依托，兼融各家，引申出对实用的治世方略的探讨。它的目标在于经世、治事，策略则是道、法兼容，天道、政道一体，治国、治身一理。司马谈的《论六家要指》很明晰地为我们提挈了“黄老”之学的主要纲领：“道家使人精神专一，动合无形，赡足万物。其为术也，因阴阳之大顺，采儒墨之善，撮名法之要，与时迁移，应物变化，立俗施事，无所不宜，指约而易操，事少而功多。……”[①]“道家无为，又曰无不为，其实易行，其辞难知。其术以虚无为本，以因循为用。无成势，无常形，故能究万物之情，不为物先，不为物后，故能为万物主。有法无法，因时为业；有度无度，因物与合。……”[②]这段话告诉我们，汉代人心目中的“道家”，实际上就是黄老道家，而非后世所指的老庄道家，跟老聃代表的早期道家也不一样。[③]司马迁一再提到，黄老学说影响甚广：稷下道家人物如环渊、田骈、慎到、接子等“皆学黄老道德之术”，还说“申子（不害）学本于黄老而主刑名”，“韩非喜刑名法术之学而归本于黄老”。但《史记》同时又借用“黄老”指代战国秦汉时期事实上广泛存在的政治思潮，其内涵要远远大于狭义的“黄老学派”。[④]然而学界普遍认为这是因为司马谈崇尚黄老而以己意立说。直至长沙马王堆三号汉墓出土的帛书《黄帝四经》公布，才确凿地实证“黄老”并不只是一个名词，而是实际兴盛于战国中期的学术思潮。

纵观20世纪以来的黄老学研究，总体来说1973年马王堆帛书出土之前的黄老学研究，学者们只能依据传世文献中的零星记载勾勒黄老学的个别线索，而无法把握其基本形态和整体面貌，黄老学的研究也很难有重大突破。1973年之后，随着帛书等多种出土文献的面世，带动了黄老学的研究热潮，出现了许多研究成果，引领着新世纪以来的黄老学研究。一般而言，20世纪以来中国大陆的黄老学研究主要是围绕着黄老学相关出土文献、黄老学之名称与特征、黄老学之形成与发展、黄老学的具体思想、黄老学与其他思想或著作的关系等

---

① [汉]司马迁撰：《史记》，中华书局，1982年，第3289页。

② [汉]司马迁撰：《史记》，第3292页。

③ 这种观点出自熊铁基的“新道家”之说，熊先生认为，战国末年到秦汉盛行的新的道家学派，亦即常称的黄老学派，它与先秦道家存在着学派上的承袭关系，但关于“道”的解释、出世与入世等八个方面有显著的不同，此之谓“新道家”。参见熊铁基：《秦汉新道家略论稿》，上海人民出版社，1984年，第83—99页。

④ 曹峰：《出土文献视野下的黄老道家研究》，《中国社会科学》2013年第2期。

问题进行研究和探讨，但在黄老学的特征以及黄老学文献的确定、黄老学的历史地位、黄老与老庄关系等问题上，尚有很大的研究空间。①

20 世纪末，随着郭店简、上博简、北大简、清华简的陆续出现，学者发现了更多的出土文献带有黄老思想的痕迹，对于黄老学说的研究从而扩大化了。如许多学者注意到帛书《老子》甲本后的帛书《九主》与黄老学的关系；郭店楚简《太一生水》，上博简《凡物流形》《彭祖》《恒先》《三德》，清华简《汤处于汤丘》《汤在啻门》《殷高宗问于三寿》等篇章都被认为属于黄老学说或者受黄老思想影响。此外还有学者认为定州简本《文子》在黄老道家形成过程中产生了积极的作用与影响。同时，更有不少学者以出土黄老文献的内容来印证传世文献如《管子》《鹖冠子》《吕氏春秋》《淮南子》中的黄老色彩。当今的黄老研究已经不限于《黄帝四经》了，日渐扩大的研究视野有助于我们更加深入地了解黄老学说的属性与其哲学内涵，从而也更有助于准确界定黄老学说在战国中晚期至西汉这一中国历史上重要的文化“定型期”所处的地位及其承上启下的作用。但是这些文献相互之间的贯通并没有形成规模，目前尚未呈现出一条清晰的黄老思想的发展脉络，比如：黄老学说在其核心概念的形成中受到了哪些学派的影响？其他学派如何将黄老学说纳入其思想体系中，或者说如何对黄老学进行创造性转化的？事实上，笔者认为，确认黄老学说在中国思想史（中国哲学史）中所处的环节与地位的过程，也是确认及拓展黄老学说的性质特征的过程，二者是同样重要的。

在零零总总的黄老学说研究之中，近年来出现的新方向是：更多的学者从思辨、形而上的角度来考察黄老学说的学术理路与思维逻辑。他们更愿意将目光转向黄老学说的核心词汇如“道”“德”等，“黄老道德”是《史记》在追溯稷下道家时所使用的一个名称。在《史记·孟子荀卿列传》中，司马迁指

① 袁青：《20 世纪以来大陆黄老学研究的回顾与反思》，《史学月刊》2018 年第 1 期。

出，慎到、田骈、接子、环渊等“皆学黄老道德之术”。但究竟什么是“黄老道德之术”，它和“黄老刑名”怎么区别，它和老庄的道德有什么区别与联系？这些问题具有基础性，但是牵涉先秦学术史的流变，是我们研究黄老思想时不可绕开的问题。如郑开的《道家形而上学研究》（2003 年）、《德礼之间——前诸子时期思想史》（2009 年）、《道家政治哲学发微》（2019 年），叶树勋的《先秦道家“德”观念研究》（2022 年）都从“德”“道”入手，考察黄老在中国思想史中的位置，并从宏观的角度研究黄老学说是如何被赋予特性的。这标志着黄老思想研究的一个新起点。本书的行文理路亦来于此。

1973 年，长沙马王堆三号墓出土了 10 余万字的帛书，其中有不少珍贵古代佚书，为研究秦汉时期的思想意识提供了新资料。《长沙马王堆二、三号汉墓》第一卷《田野考古发掘报告》按照《汉书・艺文志》的分类，将其大致分为艺文类、诸子类、术数类、兵书类、方技类、其他类六大类，共 50 种。艺文类包括《周易》《二三子》《系辞》《衷》《要》《缪和》《昭力》《春秋事语》《战国纵横家书》《丧服图》10 篇，术数类包括《五星占》、《天文气象杂占》、《阴阳五行》甲乙篇、《相马经》等 8 篇，兵书类有《刑德》甲乙丙 3 篇，方技类含《五十二病方》《养生方》《导引图》等 11 篇，其他类 8 篇。[①] 诸子类中，《老子》甲本后抄录有古佚书四卷：《五行》《九主》《明君》《德圣》。《老子》乙本前抄录有古佚书四卷：《经法》、《十六经》[②]、《称》、《道原》，因为这四经的基本思想属于同一体系，且与《老子》同抄一卷，尤其《十六经》假托黄帝及大臣们的对话和言行来阐述作者的政治理想和哲学观点，唐兰先生

① 湖南省博物馆、湖南省文物考古研究所：《长沙马王堆二、三号汉墓》第一卷《田野考古发掘报告》，文物出版社，2004 年，第 88—89 页。

② 1976 年文物出版社出版的《经法》将此篇命名为“十大经”；1980 年国家文物局研究室整理的《马王堆汉墓帛书［壹］》将此更名为“十六经”。总体来说，主要有以李学勤、裘锡圭、高亨等学者为代表的“十大经”说，以黄钊、吴光、丁原明等学者为代表的“十六经”说，以高正先生为代表的“十四经”说和以魏启鹏先生为代表的“经”等说法，本文从《马王堆汉墓帛书［壹］》的“十六经”说。

最先断定，此为《汉书·艺文志》所说的《黄帝四经》。后经李学勤、余明光等先生研究考证此说，得到了学术界的普遍认同。

唐兰先生从抄写时代、历史背景、传授源流和流传情况方面展开论证[①]。他认为：首先，古佚书四篇与《汉书·艺文志》中的《黄帝四经》的篇数相符。《黄帝铭》在《汉书·艺文志》上所载是六篇，显然与古佚书篇目不符。同时其佚文与古佚文对照，从文体到内容均不相同，可见古佚书不是《黄帝铭》。《黄帝君臣》一是篇数不对，二是讲黄帝君臣的只有《十六经》。但《十六经》是由十五个小篇组成，真正涉及黄帝君臣的只有八小篇。何况有关黄帝的传说、神话还夹杂其中。可见这四篇古佚书也不是《黄帝君臣》十篇。古佚书所显示的是非常有思想理论系统的著作，一是与《杂黄帝》这一名称太不相合；二是与《杂黄帝》五十八篇的篇数也相差甚远；在《十六经》中，确有力牧这个人物，但除了力牧外，还有太山之稽、果童、阉冉等黄帝臣，如都视之为《力牧》二十二篇，也不符合事实，再加上篇数也不相合，所以古佚书不大可能是《力牧》，剩下的也就只有《黄帝四经》这本书了。其次，在思想体系方面，四篇是一贯的。四篇体裁各别，但互为联系，可视为一个整体。《经法》主要论法，《十六经》主要论军事，《称》主要讲阴阳辩证法，《道原》则论道。从思想方法上说，大体上是继承老子而加以发挥的。四篇文章的文体相符。古佚书中已有两篇标题明确称“经”，剩下的两篇，一篇为《称》，一篇为《道原》，虽未标出“经”字，但却是“经”的体裁，内容提纲挈领，文字简明古朴，说明它们也是“经”。再次，黄老之学在西汉初年是盛极一时的显学。从上层统治者汉文帝、汉景帝、曹参、窦太后等人到一般老百姓都崇尚和信奉这种学说。如《史记》《汉书》记载，汉初统治者采取的一系列轻徭薄赋、与民休息的统

---

① 唐兰：《马王堆出土〈老子〉乙本卷前古佚书的研究——兼论其与汉初儒法斗争的关系》，《考古学报》1975 年第 1 期。

治政策，以及孝文帝“本好刑名之言”，这些都是汉初黄老思想在治国安邦政治中的反映。帛书抄写于黄老学盛行的汉初，帛书《老子》之前的佚书应该是与《老子》关系匪浅的书，而这四篇古佚书恰好又体现了传说中的黄老学说，显然只有《黄帝四经》才能当之。复次，从传授源流和流传情况看，法家的申子、韩非之学皆出于黄老之学，而战国中期到晚期的很多法家著作都对此书有所征引。又《汉书·艺文志》中有道家 37 种，有关黄帝之书共有 5 种，仅《黄帝四经》称“经”，古佚书中的《经法》和《十六经》恰又为“经”，《称》和《道原》两篇也属“经”的体裁，与《黄帝四经》都合。①

余明光先生在《〈黄帝四经〉书名及成书年代考》一文中，明确采用《黄帝四经》的提法，之后又在专文中加以讨论，补充了唐兰先生的论证。他认为：首先，古佚书四篇，前后相贯浑然一体，四经足当其称。《经法》是全书的总纲，其他三篇都是阐发其主旨和论证理论基础的。形成一个具有非常严密而又互相联系的整体。如《经法》曰：“道者，神明之原也。”《十六经》曰：“道有原而无端。”而至第四篇就是《道原》，对道加以全面发挥。《经法》中有“称以权衡”，而第四篇就是《称》，第二篇《十六经》中有《雌雄节》一小节，《称》篇则对应之曰：“此地之度而雌之节也。”《经法》中有“阳窃”和“襦传达刑”之语，而《十六经》为之呼应发挥，这种前后呼应浑然一体足可说明这四篇是一个整体，绝不是随便拼凑而成的。其次，《隋书·经籍志·道经部》指出：“汉时诸子，道书之流有三十七家……其《黄帝》四篇，《老子》二篇，最得深旨。”这里所谓“黄帝四篇”也就是《汉书·艺文志》所说的《黄帝四经》。四篇佚书《经法》《十六经》《称》《道原》与《老子》乙本，同为隶体文字抄写，又为同一写手书写，用的都是同一整幅宽的帛，四篇

---

① 唐兰：《马王堆出土〈老子〉乙本卷前古佚书的研究——兼论其与汉初儒法斗争的关系》，《考古学报》1975 年第 1 期。

古佚书抄写在前，《老子》乙本抄写在后。所谓“《黄帝》四篇，《老子》两篇”也就是我们今天所见到的帛书黄、老二书的合卷本，这是实物证明。同时余明光先生认为，汉代的文献，如《史记》《淮南子》《春秋繁露》《说苑》《汉书》等重要典籍，差不多都引有此书的词句，这就足可证明这部书在汉代“最得深旨”的含义。[①]

此外还有“马王堆出土《老子》乙本卷前古佚书”说[②]（裘锡圭、龙晦）、“黄帝书”说[③]（李学勤）、“黄老帛书”说[④]（钟肇鹏）等。目前学界对其学派属性悬而未决的主要争议，集中在《黄帝四经》是老学著作还是黄学著作上，并由此出现关于其书名的四种意见：认为其为黄学著作，则名之曰《黄帝四经》或《黄帝书》；认为其为黄老学著作，则名之曰《黄老帛书》；还有搁置争议，直接名之“马王堆帛书《老子》乙篇前四篇佚书”等。

笔者采用“黄帝四经”的说法，是因为这一称谓体现了这四篇佚书与其他老子学派不同的黄学性质，但不认为《黄帝四经》仅仅是黄帝学说，《隋书·经籍志》有云：“汉时诸子，道书之流有三十七家，大旨皆去健羡，处冲虚而已……其《黄帝》四篇，《老子》二篇，最得深旨。”[⑤]这是余明光先生等学者把帛书《老子》卷前四篇古佚书称为“黄帝四经”的重要依据，他们认为马王堆帛书《老子》卷前四篇古佚书就是《隋书》中所说的《黄帝》四篇。事实上，从性质而言，不是帛书《老子》与其卷前四篇古佚书二者的相合才构成黄老思想的，而是四篇古佚书本身就寓载着黄老思想，其中既有黄帝的学说，又有老子的思想。

---

① 余明光：《〈黄帝四经〉书名及成书年代考》，载《道家文化研究》第一辑，上海古籍出版社，1992年，第188—198页。

② 裘锡圭：《马王堆〈老子〉甲乙本卷前后佚书与“道法家”——兼论〈心术上〉〈白心〉为慎到田骈学派作品》，《中国出土文献十讲》，复旦大学出版社，2004年，第346页。

③ 李学勤：《范蠡思想与帛书〈黄帝书〉》，《浙江学刊》1990年第1期。

④ 钟肇鹏：《论黄老之学》，《世界宗教研究》1981年第4期。

⑤ 转引自余明光：《〈黄帝四经〉书名及成书年代考》，载《道家文化研究》第一辑，第188—198页。

黄帝是人是神，在前人著述中，各有其说。《左传·僖公二十五年》有云："秦伯师于河上，将纳王。狐偃言于晋侯曰：'求诸侯，莫如勤王。诸侯信之，且大义也。继文之业而信宣于诸侯，今为可矣。'使卜偃卜之，曰：'吉。遇黄帝战于阪泉之兆。'"[①]此处所记载的黄帝，只是卜辞上的一句话，说黄帝在阪泉有过一次战争。《左传·昭公十七年》又云："秋，郯子来朝，公与之宴。昭子问焉，曰：'少皞氏鸟名官，何故也？'郯子曰：'吾祖也，我知之。昔者黄帝氏以云纪，故为云师而云名。'"[②]这里所说的黄帝是郯子转述的神话。

《逸周书》中记载了黄帝、炎帝和蚩尤之间的战争及黄帝确立自己权威的过程。战国中期的青铜器"陈侯因□敦"上有铭文曰："……高祖黄帝，迩嗣桓文，朝问诸侯，合扬厥德……"[③]陈侯因□即为齐威王，"桓文"中的"桓"指田氏齐国的齐桓公，齐威王的父亲陈侯午，公元前374至前357年在位，所谓"高祖黄帝，迩嗣桓文"，意为祖述黄帝，继承齐桓公、晋文公的霸业。其时田氏已经篡齐执政，尊黄帝为高祖，意在表明田氏代齐的合法性。在这里，黄帝已经成为真实存在的祖先。

到司马迁写《史记·五帝本纪》之时，关于黄帝的故事流传甚广，撰史之时不能不写。然而又怕把有关黄帝的传说都写上去，不足取信于人。太史公曰："学者多称五帝，尚矣。然《尚书》独载尧以来，而百家言黄帝，其文不雅驯，荐绅先生难言之。"[④]于是司马迁研读了《春秋》《国语》《大戴礼·五帝德》《帝系姓》以及《尚书》中"其轶乃时时见于他说"者，认为其中确有可"互相发明"者，终于"并论次，择其言尤雅者"，完成《五帝本纪》，详细记录了黄帝的生平、功绩等，并称："有土德之瑞，故号黄帝。"《史记》的《孟子荀卿列

---

① ［春秋］左丘明传，［晋］杜预注，［唐］孔颖达正义：《春秋左传正义》，北京大学出版社，2000年，第489—490页。

② ［春秋］左丘明传，［晋］杜预注，［唐］孔颖达正义：《春秋左传正义》，第1566—1567页。

③ 转引自余明光：《黄帝四经与黄老思想》，黑龙江人民出版社，1989年，第7页。

④ ［汉］司马迁撰：《史记》，第46页。

传》中记邹衍的五德终始云："其语闳大不经，必先验小物，推而大之，至于无垠。先序今以上至黄帝，学者所共术，大并世盛衰。"①"先序今以上至黄帝"，这说明邹衍推论五德终始是自黄帝开始，也就是说，黄帝不仅是天帝，而且也是创业垂统的最早的一个古代帝王。如此，中国的历史便从黄帝开始了，黄帝也从神话传说进入了正史系列。

司马迁在《史记·五帝本纪》中所言："百家言黄帝，其文不雅驯，荐绅先生难言之。"②"百家言黄帝"是先秦时代黄帝传说流传的主要途径。《淮南子·修务训》这样解释这种情况："世俗之人多尊古而贱今，故为道者必托之于神农、黄帝，而后能入说。乱世暗主，高远其所从来，因而贵之。为学者，蔽于论而尊其所闻，相与危坐而称之，正领而诵之。"③东汉班固所作《汉书》统计了西汉及其以前各家各派有关黄帝的著述。在《汉书·艺文志》的著录中，属于"黄帝之书"的有十二门类、二十六种④：

道家门类五种：《黄帝四经》四篇；《黄帝铭》六篇；《黄帝君臣》十篇；《杂黄帝》五十八篇；《力牧》二十二篇。

阴阳家门类一种：《黄帝泰素》二十篇。

小说家门类一种：《黄帝说》四十篇。

兵阴阳家五种：《黄帝》十六篇；《力牧》十五篇；《封胡》五篇；《风后》十三篇；《鬼容区》三篇。

天文家门类二种：《黄帝杂子气》三十三篇；《泰阶六符》一卷。

历谱门类一种：《黄帝五家历》三十三卷。

五行门类二种：《黄帝诸子论阴阳》二十五卷；《黄帝阴阳》

① ［汉］司马迁撰：《史记》，第 2344 页。
② ［汉］司马迁撰：《史记》，第 46 页。
③ 杨坚点校：《吕氏春秋·淮南子》，岳麓书社，1989 年，第 255 页。
④ 据《汉书·艺文志》统计，参见［汉］班固著，［唐］颜师古注：《汉书》，中华书局，1962 年，第 1730—1733 页。

二十五卷。

杂占门类一种：《黄帝长柳占梦》十一卷。

医经门类一种：《黄帝内经》十八卷。

经方门类二种：《泰始黄帝扁鹊俞拊方》二十三卷；《神农黄帝食禁》七卷。

房中门类一种：《黄帝三王养阳方》二十卷。

神仙门类四种：《黄帝杂子步引》十二卷；《黄帝岐伯按摩》十卷；《黄帝杂子芝菌》十八卷；《黄帝杂子十九家方》二十一卷。

这些书籍不少已经佚失，如阴阳家黄帝书《黄帝泰素》二十篇已经全部湮灭。从传世文献及其后新发现、新出土的各种资料来看，诸子百家对黄帝的描述各有侧重。诸如兵家中黄帝的角色是战神和部族首领。《孙子兵法·行军》及银雀山汉简《孙膑兵法·势备》的黄帝不但继承了古史战神黄帝的骁勇善战，同时又深明数术之论，将阴阳天道数术理论运用于战术，也运用于武器改良、战争供给、辎重运输等兵家作战的多个领域。《黄帝内经》的《素问》主要以黄帝和岐伯的对话形式，叙述方技技术的施治、保健理论——如人体整体观念、人体阴阳五行、精气理论以及藏相、经络学说，黄帝的人格已被汉人神仙化，其哲学思想全部是发展《老子》“修之于身，其德乃真”。“以具体的医理，纳入老子的思想”，明显受到“汉代之视老，以医学修养为主”的影响。[①] 这是因为《黄帝内经》在战国至汉代时期，内容不断地新旧更迭的缘故。

儒家祖述尧舜，孔子等先儒并不推崇黄帝，后儒开始讨论黄帝，也以平实、理性为特色。《尸子》载子贡问孔子有关“黄帝四面”，孔子答：“黄帝取合己者四人，使治四方，不计而耦，不约而成，此之谓四面。”[②] 以理性消解了

① 潘雨廷：《黄帝内经与老庄》，上海古籍出版社，1994 年，第 159—162 页。

② ［宋］李昉：《太平御览》，中华书局，1959 年，第 369 页。

其中浓厚的神话色彩。儒家典籍《大戴礼记·五帝德》则融合阴阳、道家之黄帝形象云："生而神灵，弱而能言，幼而彗齐，长而敦敏，成而聪明。治五气、设五量、抚万民、度四方、教熊罴貔豹虎，以与赤帝战于版泉之野。三战，然后得行其志。黄帝黼黻衣，大带，黼裳，乘龙扆云，以顺天地之纪，幽明之故，死生之说、存亡之难。时播百谷草木，故教化淳鸟兽昆虫，历离日月星辰，极畋土石金玉，劳心力耳目，节用水火材物。生而民得其利百年，死而民畏其神百年，亡而民用其教百年，故曰三百年。"[①] 《五帝德》中描述的黄帝，既有原始部落首领形象，也具有所谓"不雅驯"的诸子言黄帝的色彩——农家、阴阳家、道家、数术方技家等特色，都可以在这个黄帝身上体现出来。但经过其后儒家的改造，神话的色彩消失殆尽。儒家在追溯帝系时，也将黄帝纳入其中。如《国语·鲁语上》中展禽所云："有虞氏禘黄帝而祖颛顼，郊尧而宗舜；夏后氏禘黄帝而祖颛顼，郊鲧而宗禹。"[②] 另外《世本》《大戴礼记·帝系》《五帝德》中的"五帝"为黄帝、颛顼、帝喾、尧、舜，同于《国语·鲁语上》以及《礼记·祭法》的祭祀系统，其特点都是以姬姓始祖黄帝为中心，这种帝王系统也为《史记·五帝本纪》所本，后为史家所宗。

毫无疑义，目前所见文献之中，"黄老"连称是司马迁首创。他在《史记》中有"黄老之术""黄老之言""黄老之意"多种提法。《史记》中记载学习黄老学说的学者有很多。"慎到，赵人。田骈、接子，齐人。环渊，楚人。皆学黄老道德之术，因发明序其指意。故慎到著十二论，环渊著上下篇，而田骈、接子皆有所论焉。"（《史记·孟子荀卿列传》）[③]《史记》还梳理了黄老之学从战国至西汉时期的传承谱系："乐氏之族有乐瑕公、乐臣公，赵且为秦所灭，亡之齐高密。乐臣公善修黄帝、老子之言，显闻于齐，称贤师。"[④]"乐

---

① ［汉］戴德编，方向东撰：《大戴礼记汇校集解》，中华书局，2008 年，第 689—690 页。
② ［春秋］左丘明：《国语》，上海古籍出版社，1982 年，第 166 页。
③ ［汉］司马迁撰：《史记》，第 2347 页。
④ ［汉］司马迁撰：《史记》，第 2436 页。

臣公学黄帝、老子，其本师号曰河上丈人，不知其所出。河上丈人教安期生，安期生教毛翕公，毛翕公教乐瑕公，乐瑕公教乐臣公，乐臣公教盖公。盖公教于齐高密、胶西，为曹相国师。”[①] 在《史记》中，我们也可以看见黄老之说流行于贵族阶层之间，被统治阶级上层奉为治国之学。“闻胶西有盖公，善治黄老言，使人厚币请之。既见盖公，盖公为言治道贵清静而民自定，推此类具言之。参于是避正堂，舍盖公焉。其治要用黄老术，故相齐九年，齐国安集，大称贤相。”（《史记·曹相国世家》）[②] 尤其《孝武本纪》中，记载了窦太后崇尚黄老，罢逐崇儒之臣，黄老之学因而逐步代替儒术成为治国方针。“而上乡儒术，招贤良，赵绾、王臧等以文学为公卿，欲议古立明堂城南，以朝诸侯。草巡狩封禅改历服色事未就。会窦太后治黄老言，不好儒术，使人微得赵绾等奸利事，召案绾、臧，绾、臧自杀，诸所兴为者皆废。”（《史记·孝武本纪》）[③]

在《史记》中，黄老学说具有“清净”“因循”的特点。在《史记·太史公自序》中，司马迁引用其父司马谈《论六家要旨》对于道家等等的评论，更是把黄老之学与道家画上等号：“道家使人精神专一，动合无形，赡足万物。其为术也，因阴阳之大顺，采儒墨之善，撮名法之要，与时迁移，应物变化，立俗施事，无所不宜，指约而易操，事少而功多。”[④]“道家无为，又曰无不为，其实易行，其辞难知。其术以虚无为本，以因循为用。无成势，无常形，故能究万物之情。不为物先，不为物后，故能为万物主。有法无法，因时为业；有度无度，因物与合。故曰‘圣人不朽，时变是守。虚者道之常也，因者君之纲’也。”[⑤]

---

① ［汉］司马迁撰：《史记》，第 2436 页。
② ［汉］司马迁撰：《史记》，第 2029 页。
③ ［汉］司马迁撰：《史记》，第 452 页。
④ ［汉］司马迁撰：《史记》，第 3289 页。
⑤ ［汉］司马迁撰：《史记》，第 3292 页。

从《史记》所载的黄老学说性质可以看出，所谓黄帝之言，主要是后人假托黄帝之口，从老子中引伸出来的一些道家言论，合成一流，而称之“黄老”的。事实上，《老子》中没有提到黄帝。《庄子》内篇《大宗师》提及黄帝，是《庄子》的重言手法。到外杂篇中，才开始出现有关黄帝事迹的记载。[①]《庄子·在宥》：“昔者黄帝始以仁义撄人之心，尧、舜于是乎股无胈，胫无毛，以养天下之形，愁其五藏以为仁义，矜其血气以规法度。然犹有不胜也。”[②]贵为创业垂统的首位人帝，黄帝竟被批评为“以仁义撄人之心”，致使天下疲役多事。《庄子·盗跖》也评价黄帝不能致德，不能全德：“世之所高，莫若黄帝，黄帝尚不能全德，而战涿鹿之野，流血百里。……以利惑其真而强反其情性，其行乃甚可羞也。”[③]《天运》中借老聃之口非议黄帝：“老聃曰：……三皇五帝之治天下，名曰治之，而乱莫甚焉。……”[④]可见，“黄帝”作为战神、部落首领、首位帝王，其汲汲于事功的形象是庄子批评的对象。同时，《庄子》外杂篇把黄帝塑造成一名“求道者”与“体道者”。《庄子·在宥》和《列子·黄帝》中，黄帝“顺下风膝行而进”，向广成子问“治身奈何而可以长久”；为了求得“养身治物之道”，又“放万机，舍宫寝，去直侍，彻钟悬。减厨膳，退而闲居大庭之馆，斋心服形，三月不亲政事”，终于知道“至道不可以情求矣”。[⑤]由此，后世学者也把《庄子》外篇、杂篇的某些篇章归于黄老学说，认为这也是黄老学派对《庄子》典籍的增补。

帛书《黄帝四经》借黄帝立言、论道，这些内容集中体现在《十六经》中。在该篇的十四个节题中，有九个节题记述了黄帝与其臣下力黑（力牧）、阉冉、

① 李笑岩：《先秦时期黄帝形象新诠——以诸子文献和〈汉志〉著录为中心》，《河北师范大学学报（哲学社会科学版）》2011 年第 4 期。

② ［清］王先谦：《庄子集解》，上海书店，1996 年，第 64 页。

③ ［清］王先谦：《庄子集解》，第 197 页。

④ ［清］王先谦：《庄子集解》，第 94 页。

⑤ ［晋］张湛注：《列子注》，上海书店，1996 年，第 13 页。

果童、太山之稽（太山稽）等人的对话和活动，借黄帝的话来表达作者的思想。如《十六经·果童》曰："黄帝［问四］辅曰：唯余一人，兼有天下。今余欲畜而正之，均而平之，为之若何？果童对曰：不险则不可平，不谌则不可正。观天于上，视地于下，而稽之男女。"[①] 在其他各篇中也有同样的记述，如《十六经·立命》曰："唯余一人［德］乃肥（配）天，乃立王、三公。"[②]《十六经·成法》记述："黄帝曰：一者，一而已乎？其亦有长乎？力黑曰：一者，道其本也，胡为而无长？"[③] 这些对答，旨在强调建立统一的王权政治系统的必要性。帛书《十六经》的作者以这种观念出自黄帝之口，并使王权政治的统一与"道"联系起来。又如《十六经·顺道》中记述："黄帝问力黑曰：大莛（庭）氏之有天下也，不辨阴阳，不数日月，不志四时，而天开以时，地成以财。其为之若何？力黑曰：大莛（庭）之有天下也，安徐正静，柔节先定。"[④] 在本篇中记述黄帝与力黑讨论治理天下的经验，对"安徐正静，柔节先定"的方略作了全面的肯定和发挥。在《十六经·观》和《十六经·姓争》两节中，记有类似的一段话："姓生已定，而适（敌）者生争，不谌不定。凡谌之极，在刑与德。刑德皇皇，日月相望，以明其当，而盈［绌］无匡。"[⑤] 文中讲述重德又重义的道理。这些思想有的原属于老子道家，有的是取自其他诸家，而《十六经》作者使之成为依托黄帝而论道的"黄帝言"。[⑥]《经法》《称》《道原》三篇虽然未提到黄帝的名字，但这三篇的基本思想皆以老子的道为宗，而兼取各家思想，并将其推原到黄帝。还同专门记述黄帝言论与活动的《十六经》抄合在一起，所以把《经法》等四种古佚书看作一个体系，说明四篇古佚书都

---

① 陈鼓应注译：《黄帝四经今注今译》，商务印书馆，2016 年，第 241 页。
② 陈鼓应注译：《黄帝四经今注今译》，第 196 页。
③ 陈鼓应注译：《黄帝四经今注今译》，第 291 页。
④ 陈鼓应注译：《黄帝四经今注今译》，第 326 页。
⑤ 陈鼓应注译：《黄帝四经今注今译》，第 217 页。
⑥ 李夏：《帛书〈黄帝四经〉研究》，山东大学博士学位论文，2007 年，第 66 页。

是依托黄帝而论道的著作。

把帛书《黄帝四经》与战国时代各种著作中引述的黄帝之言对比，可知黄帝之学确实是对宇宙问题极为关心的。关于宇宙本原，《黄帝四经》认为："恒无之初，迵同大（太）虚。"（《道原》）[①]又认为宇宙变化为："今始判为两，分为阴阳，离为四［时］。"（《十六经·观》）[②]还认为天道运行，既有"道之行也，繇不得已"，又有"八正""七法"等规则。《称》将宇宙的道理分别推衍到"天""地""人"三方面，就有了"天制寒暑，地制高下，人制取予"的思想。这其中的基本思路恰如《十六经·姓争》所言：世间一切都应当遵循天地之"道"及"理"。"始于文而卒于武，天地之道也。四时有度，天地之李（理）也。日月星晨（辰）有数，天地之纪也。三时成功，一时刑杀，天地之道也。"（《经法·论约》）[③]这个"理"是从宇宙天地中体验和推测出来的，如"日为明，月为晦；昏而休，明而起。毋失天极，廄（究）数而止。"（《称》）[④]概括地讲，就是《道原》中所说的"抱道执度"的"度"。可见，《黄帝四经》体现了黄帝之学对于宇宙、天象之理的推延和运用。

在对天象和历法的观察和联想中，《黄帝四经》也总结了一些拥有自然法则为依据的原则，并用来自天象与历法中的吉凶祸福来印证其正确性等等。且将"式"和"度"推衍到社会和人，就是"道生法"。"生法而弗敢犯殹（也），法立而弗敢废（也）。"（《经法·道法》）[⑤]可见，帛书《黄帝四经》把黄帝之学中的天象立法等这种尚偏重于实用的知识与技术范畴的思路引向了对宇宙观念、制度建设、个人生存各个方面的理论思考。

黄老之学为什么要托始于黄帝？可以从如下两个方面来考虑：第一，出

---

① 陈鼓应注译：《黄帝四经今注今译》，第 399 页。
② 陈鼓应注译：《黄帝四经今注今译》，第 210 页。
③ 陈鼓应注译：《黄帝四经今注今译》，第 166 页。
④ 陈鼓应注译：《黄帝四经今注今译》，第 372 页。
⑤ 陈鼓应注译：《黄帝四经今注今译》，第 2 页。

于学派争鸣的需要。战国中期，百家争鸣进入高潮，各学派为了在论战中处于有利地位，纷纷打出了远古帝王的招牌，以示源远流长，并试图以此声势压倒其他学派。儒家“祖述尧舜”，墨家也声称自己的学说是“禹之道”，农家也自称是“神农之言”。一部分老子学派的学者受当时流行的黄帝之言的启发，打起了人文之祖黄帝的大旗，声称自己的学派直接继承了黄帝的统绪，不仅比儒、墨等学派渊源更久远，道术也更高明。第二，老子学派自身理论发展的需要。战国中期以来，列国之间的军事竞争加剧，社会对人才和治国方略的需求大增，为知识阶层参与政治提供了更多的机会，同时也对知识阶层提出了更高的要求。而老子学派从一开始就具有对政治权力保持距离并持批判态度的性格或倾向，在变法图强、富国强兵成为最迫切需要的战国时代，其清静无为、柔退不争的价值取向，小国寡民的疏离心态，对财富和智能的轻漠，对武力、政治权威和法令的排斥态度，都很难适应现世君主的现实需要。于是，一部分热衷于为政之道的老子学派学者转而积极地向权力中心靠拢，他们把黄帝和老子的形象结合起来，用虚设的黄帝之言改造了老子之学。而老子学派中的道论宇宙观和基于道论的自然无为的方法论，就成为了这种政治学说的哲学基础。

《史记》是“黄老”的最初出处，也为后世学者研究“黄老”作了概念上的界定：“黄老”即黄帝与老子，“黄老学说”或“黄老思想”即战国至西汉时期兴起的一种融合了黄帝之学与老子之学的学说及思想，这种学说并非老庄道家之说，“黄老学派” 即战国至西汉时期异军突起的一种“新道家”学派。这些概念界定，即为本书研究的起点。

第一章 《黄帝四经》的哲学基础：《老子》

一般认为，黄老之学是以老子的“道”为本、以“黄帝方术”为用的一种学说。也有学者认为，黄学与老学是平行的道家流派，“它们都是继承古代的‘道论’发展起来的，就其理论和学术渊源来说它们是同一的；就其时间来说，黄、老之学都起于战国中期左右。所以很难说黄学继承了老学或者老学继承了黄学，因为它们同属道家，‘道论’上有些相同之处也就不奇怪了”[①]。这其中的区别在于老子学说形成的时间问题，如果认为老子之学形成时间在春秋时期，在黄老学说之前，那么就可以说黄老学说以老子学说为本。如果像余明光先生一样，认为老子之学成于战国中期左右，那么就可以认为“老学”与“黄老之学”是同源于“道论”的两种并行的学说。关于今文《老子》的成书时间及老聃本人的活动时间，学界尚有争议，我们仅考察《老子》与《黄帝书》结合的理论基础，并从黄老学说形成的过程，来探讨黄老学说真正的性质。

关于《黄帝四经》的成书年代，学界有五种意见。分别是“战国早中期之际说”（唐兰[②]、余明光[③]、白奚、陈丽桂等）、“战国说”（裘锡圭、高亨、董治安）、“战国末年说”（钟肇鹏、葛荣晋、黄钊、吴光）、“秦汉之际说”（熊铁基[④]）和“汉初说”（康立[⑤]）。

张增田先生提出，马王堆帛书《黄帝四经》非必一定创始于黄老学派，也非必一定是在相对短暂的时间内写就的，其中包含着大量战国到秦汉间的流行话语。它应该是自战国早中期之际到秦汉间，经过多人整理充实而形成的。[⑥]他指出，《经法·道法》曰：“绝而复属，亡而复存，孰知其神。死而复生，

① 余明光：《黄帝四经与黄老思想》，黑龙江人民出版社，1989 年，第 143 页。

② 唐兰：《马王堆出土〈老子〉乙本卷前古佚书的研究——兼论其与汉初儒法斗争的关系》，《考古学报》1975 年第 1 期。

③ 余明光：《黄帝四经与黄老思想》，第 17—20 页。

④ 熊铁基：《秦汉新道家略论稿》，上海人民出版社，1984 年，第 83—99 页。

⑤ 康立：《〈十大经〉的思想和时代》，《历史研究》1975 年第 3 期。

⑥ 张增田：《〈黄老帛书〉成书年代的新假说》，《管子学刊》2005 年第 2 期。

以祸为福，孰知其极。反索之无形，故知祸福之所从生。”[①]《国次》曰：“夺而无予，国不遂亡。不尽天极，衰者复昌。”[②]又谓：“故圣人之伐殴（也），兼人之国，隋（堕）其城郭，棼（焚）其钟鼓，布其齎（资）财，散其子女，列（裂）其地土，以封贤者，是胃（谓）天功。”[③]这些话中体现的封国、复国现象可以说是春秋晚期及战国早中期之际的历史图景，比如，楚国灭陈而复陈。但也可以说是以秦末汉初楚汉相争阶段的纷乱局势为背景的。从陈涉起义到刘邦称帝之间的历史分为“合纵反秦奉楚为盟主期”和“连纵反楚奉汉为盟主期”两个阶段。第一阶段历史活动的主要内容是“战国复国”，包括“平民王政”和“贵族王政”两种形式。第二阶段则主要是基于军功的“众建列国”活动。[④]在秦末汉初的这段历史中，国家之“绝而复属，亡而复存”“衰者复昌”的现象在这一短暂的时期内迅速蔓延，其纷繁复杂的程度足以令人炫目和惊愕。于是，“孰知其神”“孰知其极”的追问便显得合情合理。[⑤]同时张增田先生认为《黄帝四经》中的黄帝形象在政治方面不排除影射秦汉间某些或某个历史人物的可能。但因为帛书中没有批评秦的暴政，而汉初政论方面的著作往往免不了要批评暴秦，所以《黄帝四经》不可能在汉初写就。

之所以首先厘清《黄帝四经》的成书年代，是因为这一步骤对于其后的研究工作大有裨益。张增田先生的话给了我启发：我们研究古文献，要把古文献放在当时的历史背景之中加以考量。战国至西汉初期是黄老学说形成与发展的过程，在这一过程中，《黄帝四经》很有可能与其他先秦书籍一样，经历过多人撰写，并随着学说的发展与完善，在传抄过程中不断整合、充实而成。

---

① 陈鼓应注译：《黄帝四经今注今译》，商务印书馆，2016 年，第 16 页。
② 陈鼓应注译：《黄帝四经今注今译》，第 35 页。
③ 陈鼓应注译：《黄帝四经今注今译》，第 45 页。
④ 李开元：《汉帝国的建立与刘邦集团——军功受益阶层研究》，生活 • 读书 • 新知三联书店，2000 年，第 74—86 页。
⑤ 张增田：《〈黄老帛书〉成书年代的新假说》，《管子学刊》2005 年第 2 期。

《老子》的情况与此类似，王弼通行本《老子》有八十一章，而在与《黄帝四经》一同出土的马王堆帛书《老子》与年代更早的郭店楚简《老子》中，分篇、分章的意识并不强烈。马王堆帛书《老子》的整理者把字体较古的一种称为甲本，另一种称为乙本。甲本卷后和乙本卷前各抄有数篇古佚书。甲本及卷后佚书字体在篆隶间，仅分为上下篇，并无“道经”“德经”之名。有些段落前有圆点为分章标志，共464行。乙本及卷前佚书用隶书抄写，不分章，上下篇末有“道”及“德”的篇名，共252行。《老子》乙本与这两个版本相比：通行本二十四章在二十一、二十二章之间；通行本四十、四十一章次序调换；通行本八十、八十一章在六十六、六十七章之间。①

当然，我们还是可以看出，尽管汉帛书甲乙本章节的分布有差异，但在章段的构成上，甲乙本都是以“德”与“道”来聚合上下篇文本，而且均以“上德”“道可道”两章分居二章之首。②此处我们要引入丁四新先生的“活页文本”与“思想单位”概念。丁四新在《申论〈老子〉文本变化的核心观念、法则及其意义》一文中，基于德国汉学家瓦格纳提出的“思想单位”③这一概念，指出先秦文献《老子》应该是一种“活页文本”。丁先生认为：“先秦各简本《老子》相对于帛书本及各通行本构筑的相对稳定框架来说，还是一个处在流动变化过程中的东西，可以简称为活页文本。这个文本中的每一活页单位都可能而且应该得到重新组织，以从属于帛书编者使《老子》成书成篇的理想。但是在从理想的标准下落到具体的文本编辑实践中，不可能每一文本活页单位都被编次得恰如其分，其中不乏失败之笔。”④丁四新这样定义“活页文本”：“‘活页文本’的构成，必须具备相互对立和依赖的两个要素：其一是它作为一个基本

① 国家文物局古文献研究室编：《马王堆汉墓帛书［壹］》，文物出版社，1980年，出版说明第2页。
② 丁四新：《早期〈老子〉“文本”的演变及对20世纪相关学术的反思》，载《中国哲学年鉴2014》，哲学研究杂志社，2014年，第261—262页。
③ 瓦格纳先生在1999年10月“郭店楚简国际学术研讨会”上提出这一概念。
④ 丁四新：《申论〈老子〉文本变化的核心观念、法则及其意义》，《哲学动态》2002年第11期。

单位自身具有内在的统一性和不可再分性，其二就是在这个不可分割的基本单位的基础上，它又是可以流动变化并被重新组合的。但是文本的重新拼合在原则上不是随心所欲地进行的，而是在合理性的原则下通过整理者有意识的学术工作来完成的。其中最根本的合理性原则就是思想的共同性或同一性。而如果某一单位性的思想被固定在一个活页文本单位中，那么我们可以称之为‘思想单位’。”[①]具体而言，在马王堆帛书《老子》、郭店楚简本《老子》及《老子》通行本三者之间的比对中，能很清楚地看到《老子》的文本基于一个统一的概念（“道”与“德”）统摄之下，发生文本的迁移、相同内容的聚集、字句的调整、连词的使用，这使得文本更具有逻辑性，从而更能体现抄写者的意图，乃至更吻合抄写当时的流行思潮与时代背景。正如丁四新先生所说：“先秦儒家各派均以‘仁义’的价值观念作为实质内容贯穿其学说，这样，道家在对抗儒家仁义学说的过程中也就必须把握和呈现自己的核心观念，以与之相抗。就《老子》来说，崇《老》者也即是要收束和凝聚自身的思想主旨，将‘道’‘德’阐明为核心观念，特别是将道家的多种思想内涵收束在此二概念的统摄之下：‘无为’无疑是道家思想所着力宣扬的主旨，同时也是道家区别于其他诸家的界限所在，然而随着时代的发展，它必须在‘道德’的名目下获得阐释。”于是，“从先秦至汉代，《老子》具有逐步向‘道’‘德’等重要概念凝聚，并进而凸显这些观念的文本特征”[②]。

那么，我们有理由猜想，与《老子》乙本抄写在同一帛片的《黄帝四经》，是否也经历过这一过程？“德”与“道”观念的聚集，以及秦汉之际的时代背景及汉初的经学化运动，对于《黄帝四经》是否产生过同样的影响？

---

① 丁四新：《申论〈老子〉文本变化的核心观念、法则及其意义》，《哲学动态》2002 年第 11 期。

② 丁四新：《早期〈老子〉“文本”的演变及对 20 世纪相关学术的反思》，载《中国哲学年鉴 2014》，第 261—262 页。

第一节
《黄帝四经》与《老子》共有的史官传统

《汉书·艺文志》云："道家者流，盖出于史官。"[①] 而班固所说的道家，"历记成败、存亡、祸福、古今之道，然后知秉要执本，清虚以自守，卑弱以自持，此君人南面之术也"[②]，与《黄帝四经》中的思想如出一辙，像是指的黄老学派。《黄帝四经》中的《经法·论约》也直接描述黄老的性质为参天道："……参之于天地之恒道，乃定祸福死生存亡兴坏之所在。"[③] 我们可以得知，黄老学说具备"历记成败、存亡、祸福、古今之道"的性质，继承了重视天道的史官传统。

《黄帝四经》中的《十六经》全篇假托黄帝，在开篇的《立命》一节中，记有黄帝即位的情形：

> 昔者黄宗，质始好信，作自为象，方四面，傅一心，四达自中，前参后参，左参右参，践立（位）履参，是以能为天下宗。"吾受命于天，定立（位）于地，成名于人。唯余一人［德］乃肥（配）天，乃立王、三公，立国置君、三卿。数日、磿（历）月、计岁，以当日月之行。允地广裕，吾类天大明。""吾畏天爱地亲［民］，

① ［汉］班固撰，［唐］颜师古注：《汉书》卷三十，中华书局，1962 年，第 1732 页。
② ［汉］班固撰，［唐］颜师古注：《汉书》卷三十，第 1732 页。
③ 陈鼓应注译：《黄帝四经今注今译》，第 173 页。

> □无命，执虚信。吾畏天爱［地］亲民，立有命，执虚信。吾爱民而民不亡，吾爱地而地不兄（荒），吾受民□□□□□□□□□死。吾位不［失］。吾句（苟）能亲亲而兴贤，吾不遗亦至矣。”[①]

从这段话看，黄帝当初是无形的，他自己做了一个可视的形象出现在世上，“作自为象”。而且，这个形象方正四面，挟辅一心。黄帝不需移动便可监守前后左右四方，还参天履地。黄帝即位后，任命了王和三公，设立诸侯国，配置了国君和三卿，奠定了人类社会的最初秩序。

同时，黄帝还依据日月天体的运行，创造历法，改变了之前无规范无依据的“无命”状态，树立了“有命”的准则。从“数日，磿（历）月，计岁，以当日月之行。允地广裕，吾类天大明”[②]中我们可以看出，黄帝遵从天道，制定人间的秩序。《十六经》中第二节《观》也说：

> ［黄帝］令力黑浸行伏匿，周留（流）四国，以观无恒，善之法则。力黑视象，见黑则黑，见白则白。地［之所德则善，天之所刑］［则］亚（恶），人则视（示）竞（兢）。人静则静，人作则作。力黑已布制建极，［而正之］［力黑］曰：天地已成而民生，逆顺无纪，德瘧（虐）无刑（型），静作无时，先后无名。今吾欲得逆顺之［纪，德虐之刑，静作之时，先后之名］，以为天下正。因而勒之，为之若何？[③]

文中可见，黄帝即位之初，无晦无明，阴阳未定，四时不分，也无长久不变的规范，即“恒善之法”。黄帝派遣力黑周游四方，悄悄地观察，并在混沌的世界中初次确立了自然法秩序。其创造的文明社会的规则，也是以天道为基础的。

---

① 陈鼓应注译：《黄帝四经今注今译》，第196、201页。
② 陈鼓应注译：《黄帝四经今注今译》，第196页。
③ 陈鼓应注译：《黄帝四经今注今译》，第205—206页。

关于天道的思想，在《黄帝四经》中还有很多，在此摘录其中的一部分：

天地之恒常，四时、晦明、生杀、輮（柔）刚。（《经法·道法》）[①]

天地无私，四时不息。天地立（位），圣人故载。过极失［当］，天将降央（殃）。人强朕（胜）天，慎辟（避）勿当。天反朕（胜）人，因与俱行。先屈后信（伸），必尽天极，而毋擅天功。（《经法·国次》）[②]

始于文而卒于武，天地之道也。四时有度，天地之李（理）也。日月星晨（辰）有数，天地之纪也。三时成功，一时刑杀，天地之道也。四时而定，不爽不代（忒），常有法式，［天地之理也］。一立一废，一生一杀，四时代正，冬（终）而复始，人事之理也。（《经法·论约》）[③]

周蚤（迁）动作，天为之稽。天道不远，入与处，出与反。（《经法·四度》）[④]

日月星辰之期，四时之度，［动静］之立（位），外内之处，天之稽也。高［下］不敝（蔽）其刑（形），美亚（恶）不匿其请（情），地之稽也。（《经法·四度》）[⑤]

天执一以明三，日信出信入，南北有极，［度之稽也。月信生信］死，进退有常，数之稽也。列星有数，而不失其行，信之稽也。天明三以定二，则一晦一明，［一阴一阳，一短一长］。天定二以建八正，则四时有度，动静有立（位），而外内有处。（《经法·论》）[⑥]

---

① 陈鼓应注译：《黄帝四经今注今译》，第 25 页。
② 陈鼓应注译：《黄帝四经今注今译》，第 35—36 页。
③ 陈鼓应注译：《黄帝四经今注今译》，第 166 页。
④ 陈鼓应注译：《黄帝四经今注今译》，第 100 页。
⑤ 陈鼓应注译：《黄帝四经今注今译》，第 115 页。
⑥ 陈鼓应注译：《黄帝四经今注今译》，第 126—127 页。

观天于上，视地于下，而稽之男女。夫天有［恒］干，地有恒常。合［此干］常，是以有晦有明，有阴有阳。夫地有山有泽，有黑有白，有美有亚（恶）。地俗德以静，而天正名以作。（《十六经 · 果童》）[①]

夫天行正信，日月不处，启然不台（怠），以临天下。（《十六经 · 正乱》）[②]

可作不作，天稽环周，人反为之［客］。静作得时，天地与之。（《十六经 · 姓争》）[③]

日为明，月为晦；昏而休，明而起。毋失天极，厩（究）数而止。（《称》第三十章）[④]

寒时而独暑，暑时而独寒，其生危，以其逆也。（《称》第四十九章）[⑤]

天地阴阳，［四］时日月，星辰云气。规（蚑）行侥（蛲）重（动）。（《道原》）[⑥]

从以上引文可知，《黄帝四经》常常提到“周迁动作”“天道环周”，在黄帝思想中，天地、日月、四时、寒暑、阴阳乃至星星，都是有着周期性的运动的。而观察天体运行，预兆人间的祥瑞，都是瞽史官的工作。

《汉书 • 艺文志》说：“古之王者世有史官，君举必书，所以慎言行，昭法式也。左史记言，右史记事。事为《春秋》，言为《尚书》。”[⑦]可见，从《春秋》《尚书》到《国语》，我们可以看到史官们对于周王室及诸侯言行的记录，

---

① 陈鼓应注译：《黄帝四经今注今译》，第 241 页。
② 陈鼓应注译：《黄帝四经今注今译》，第 249 页。
③ 陈鼓应注译：《黄帝四经今注今译》，第 267 页。
④ 陈鼓应注译：《黄帝四经今注今译》，第 372 页。
⑤ 陈鼓应注译：《黄帝四经今注今译》，第 388 页。
⑥ 陈鼓应注译：《黄帝四经今注今译》，第 402 页。
⑦ ［汉］班固撰，［唐］颜师古注：《汉书》，第 1715 页。

以及他们以阴阳天时诉诸人间礼法的传统。尤其《周礼·春官·保章氏》，更是详细记录了史官冯相氏和保章氏掌管星辰运行规律的工作内容：

> 冯相氏，掌十有二岁、十有二月、十有二辰、十日、二十有八星之位，辨其叙事，以会天位。冬、夏致日，春、秋致月，以辨四时之叙。①
>
> 保章氏掌天星，以志星辰日月之变动，以观天下之迁，辨其吉凶。以星土辨九州之地，所封封域，皆有分星，以观妖祥。以十有二岁之相，观天下之妖祥。以五云之物，辨吉凶、水旱、降丰荒之祲象。以十有二风，察天地之和，命乖别之妖祥。凡此五物者，以诏救政，访序事。②

可见，史官将天体运行的规则记录下来，监督时令，制定历法，从天道的运行中解读上天的意志，预测内政外交的祸福吉凶，并传递给君主，为君主政令的推行提供理论支撑。这种职业活动中产生的思想，便是天道观。这种天道观，深切地体现在《黄帝四经》中，构成了黄老学说的史官传统。

无独有偶，《老子》与这种史官传统更是有不解之缘。在《史记》中，老子是“周守藏史”。“老子者，楚苦县厉乡曲仁里人也。姓李氏，名耳，字聃，周守藏室之史也。”③又认为“周太史儋”为老子：“自孔子死之后百二十九年，而史记周太史儋见秦献公曰……或曰儋即老子。”④郑玄注《论语》也认为老子是周太史。总之，关于老子的身份、生年及籍贯，学界仍无定论：有人认为老子是老莱子，有人认为是伯阳父，有人认为是太史儋。有人认为老子是尧舜禹时期的人，有人认为老子出生于商代，更有人认为老子出生于战国时期。有人认为老子是楚国人，有人认为他是陈国人，还有人对此都表示怀疑：陈国、

---

① ［汉］郑玄注，［唐］贾公彦疏：《周礼注疏》，北京大学出版社，2000 年，第 823—824 页。
② ［汉］郑玄注，［唐］贾公彦疏：《周礼注疏》，第 827—833 页。
③ ［汉］司马迁撰：《史记》，中华书局，1982 年，第 2139 页。
④ ［汉］司马迁撰：《史记》，第 2142 页。

楚国都是南方诸侯国，老子怎么去了周朝当守藏史？但是，除去人物名称和时代设定之外，不考虑官职名称的细部差异，在将老子视为周朝的史官这一条线上，可以说还是有很大的共通性的。

《老子》对于“天道”“天之道”有如下描述：

> 持而盈之，不如其已。揣而梲之，不可长保。金玉满堂，莫之能守。富贵而骄，自遗其咎。功遂身退，天之道。（第九章，郭店楚简本和马王堆帛书本基本相同。）①
>
> 不出户，知天下。不窥牖，见天道。其出弥远，其知弥少。是以圣人不行而知，不见而名，不为而成。（第四十七章，郭店楚简本无，马王堆帛书本基本相同。）②
>
> 勇于敢则杀，勇于不敢则活，此两者或利或害。天之所恶，孰知其故？是以圣人犹难之。天之道，不争而善胜，不言而善应，不召而自来，繟然而善谋。天网恢恢，疏而不失。（第七十三章，郭店楚简本无，马王堆帛书本基本相同。）③
>
> 天之道，其犹张弓与。高者抑之，下者举之；有余者损之，不足者补之。天之道，损有余而补不足。人之道则不然，损不足以奉有余。孰能有余以奉天下？唯有道者。是以圣人为而不恃，功成而不处，其不欲见贤。（第七十七章，郭店楚简本无，马王堆帛书本基本相同。）④
>
> 和大怨必有余怨，安可以为善？是以圣人执左契，而不责于人。有德司契，无德司彻。天道无亲，常与善人。（第七十九章，郭店

① ［魏］王弼注，楼宇烈校释：《老子道德经注校释》，中华书局，2016年，第21页。
② ［魏］王弼注，楼宇烈校释：《老子道德经注校释》，第126页。
③ ［魏］王弼注，楼宇烈校释：《老子道德经注校释》，第181—182页。
④ ［魏］王弼注，楼宇烈校释：《老子道德经注校释》，第186页。

楚简无，马王堆帛书基本相同。）[①]

天之道，利而不害。圣人之道，为而不争。（第八十一章，郭店楚简无，马王堆帛书基本相同，但“圣人之道”作“人之道”。）[②]

通过老子对于“天道”的以上运用可以看出，《老子》中的“天之道”，有些是指宇宙运行总的原理和规则，如“不窥牖，见天道”。有些是把历史经验上升到天意的高度，以强化其权威性和说服力，如“功遂身退，天之道”。有些是对天地运行原理或法则的体悟，以天道导出人事之理，从而为人的行动找到合理的依据，有着明确的政治倾向和实践性质，如“天之道，不争而善胜，不言而善应，不召而自来，绅然而善谋”，“天之道，其犹张弓与。高者抑之，下者举之。有余者损之，不足者补之。天之道，损有余而补不足”。也就是说，老子继承和发展了天人关系的思考。他的“天之道”一方面具有绝对性、公正性、恒常性、权威性，是人需要追随、取法的榜样；另一方面，又可以被人切身感知、认识，乃至直接效仿。这是老子能够把“道”与“天道”区分开来，并提炼出一个纯概念化、具有“纯粹理念”的“道”的逻辑基础。

高木智见在其著作《先秦社会与思想——试论中国文化的核心》中指出：“天道是通过观察和归纳天文、自然现象以及人间世界的各种现象总结出来的。毫无疑问，史官关注的是太阳的循环运动、月亮的圆缺、季节的交代、包括人在内的动物以及植物（当时植物与人间类比认识）的生死等最根源的现象。”[③]“史官从记录和观察历史中总结出来的最大的智慧是‘配天’的处世哲学。”[④]“史官所说的‘天道’，指的是世界的根源性力量，即天的法则性。”[⑤]

---

① [魏]王弼注，楼宇烈校释：《老子道德经注校释》，第188页。

② [魏]王弼注，楼宇烈校释：《老子道德经注校释》，第192页。

③ [日]高木智见著，何晓毅译：《先秦社会与思想——试论中国文化的核心》，上海古籍出版社，2011年，第261页。

④ [日]高木智见著，何晓毅译：《先秦社会与思想——试论中国文化的核心》，第262页。

⑤ [日]高木智见著，何晓毅译：《先秦社会与思想——试论中国文化的核心》，第263页。

但他又说："史官所说的天道与老子的'道'具有同一理论结构，很容易找到其共通点。然而，两者也同样存在着明显区别，《老子》的思想特征绝没有埋没在普通的史官思想中。"[①]

① ［日］高木智见著，何晓毅译：《先秦社会与思想——试论中国文化的核心》，第263页。

第二节
《黄帝四经》与《老子》核心概念“道”的异同

据陈鼓应先生统计，《黄帝四经》引用《老子》的字词、概念，多达170余处。[①] 其中大多数情况是一处文字解读《老子》某一章的部分文字，少数情况是几处文字解读《老子》某一章的部分文字，也有极少数情况下是一处文字解读《老子》某几章的部分文字。《黄帝四经》的文字涉及《老子》的二章、九章、十二章、十六章、二十二章、二十五章、二十九章、三十一章、三十四章、四十五章、四十六章、五十章、五十七章、五十八章、六十二章、六十四章、六十七章、六十九章、七十六章等，共十九章的内容[②]。《黄帝四经》对《老子》的引用与阐述，在陈鼓应的《黄帝四经今注今译》、余明光的《黄帝四经与黄老思想》[③] 等论著及陆建华《〈黄帝四经〉“〈老子〉注”研究——兼及〈黄帝四经〉的老学思想》等论文中已有详细的举例与阐释，在此不再赘述，《黄帝四经》对老子思想最重要的吸收与发挥，在于其对“道”的继承与改造。

一 《黄帝四经》对《老子》“道”概念的吸收与发挥

帛书《黄帝四经》与《老子》一样，都以“道”作为其立论的基础。

---

① 陈鼓应注译：《黄帝四经今注今译》，第5页。

② 陆建华：《〈黄帝四经〉“〈老子〉注”研究——兼及〈黄帝四经〉的老学思想》，《兰州学刊》2016年第12期。

③ 余明光：《黄帝四经与黄老思想》，第137—150页。

《老子》云："有物混成，先天地生。寂兮寥兮！……吾不知其名，字之曰道，强为之名曰大。"（二十五章）[①]谓道乃混沌一体之物，无声无形，先于天地而存在；不可感知，无法从感知维度予以命名，所谓"道""大"等都不过是对道的勉强称呼，都是为了言说的需要。《黄帝四经》有言："有物始［生］，建于地而洫（溢）于天，莫见其刑（形），大盈冬（终）天地之间而莫知其名。"（《经法·名理》）[②]道"无刑（形）无名，先天地生，至今未成"（《十六经·行守》）[③]。认为道是先于天地而存在的混沌之物，充塞于天地之内外，因无形而不可见、不可感知、无法命名。此处，《黄帝四经》根据老子的道本原论思想，对老子的道"先天地生"不仅仅局限于重复、简单解读，而是作了发挥。不仅阐释其中所蕴含的道生万物思想，同时指出道生万物恒久不变却又持续发展、"至今未成"的特性。

《黄帝四经》中的《道原》篇，集中论述了"道"的本原、性质和作用。它认为道是宇宙的本源，兼具本源和主宰双重内涵。作为宇宙万物的根源，"道"能覆天载地，无限广大，是一个超越于具体对象限制的整体存在。作为自然和人类的主宰，是统治者经营天下的基本原则。"恒无之初，迵同大（太）虚。虚同为一，恒一而止。湿湿梦梦，未有明晦，神微周盈，精静不配（熙）。古（故）未有以，万物莫以。古（故）无有刑（形），大迵无名。"（《道原》）[④]"无刑（形）无名，先天地生，至今未成。"（《十六经·行守》）[⑤]可见"道"在"恒无（先）之初""天地之先"便以"太虚""未成"之混沌状态而存在着，且既不随着万物的生灭而增加或减少，也不因为来自外在的力量而失掉其根源地位。"天地阴阳，［四］时日月，星辰云气，规（蚑）行侥（蛲）重［动］，

① ［魏］王弼注，楼宇烈校释：《老子道德经注校释》，第62—63页。
② 陈鼓应注译：《黄帝四经今注今译》，第180页。
③ 陈鼓应注译：《黄帝四经今注今译》，第323页。
④ 陈鼓应注译：《黄帝四经今注今译》，第399页。
⑤ 陈鼓应注译：《黄帝四经今注今译》，第323页。

戴根之徒，皆取生，道弗为益少；皆反焉，道弗为益多。”（《道原》）[①]道无处不在，“天弗能覆，地弗能载。小以成小，大以成大。盈四海之内，又包其外。在阴不腐，在阳不焦。”（《道原》）[②]“道”是“万物之所从生”“百事得之以成”的终级原因，这与老子把“道”说成是“天地之母”“万物之宗”一样。可见，帛书《黄帝四经》在以“道”解释世界的统一性问题上，保持了老聃道家的思想传统。

丁四新先生从“道”的本体性特质对《道原》篇的哲学思想进行探讨，认为本体之“道”乃是“恒无”与“恒一”的统一，兼具“致虚”与“致实”双重特性。[③]“一者，道其本也。”（《十六经·成法》）[④]“一者其号也。……独立不偶，万物莫之能令。”（《道原》）[⑤]除了以“道”为“体”，为世界本原之外，更突出了其“用”的部分。在《经法》《十六经》中，“道”是一种“术”。《黄帝四经》第一篇《经法》之《道法》章开篇便说：“道生法。法者，引得失以绳，而明曲直者殹（也）。”[⑥]可见，黄老学说把天地自然之“道”看成政治管理之“法”的源头，既然法生于道，法度自然也成了不易之准则、必行之辙轨。同章亦云：“天地有恒常，万民有恒事，贵贱有恒立（位），畜臣有恒道，使民有恒度。”[⑦]人事的政道是从自然规律的天道中提炼出来的。天地有“四时、晦明、生杀、柔刚”的“恒常”，有“七法”“八正”，管理政事一定要效法天道的秩序，顺四时之度，正外内之位，应动静之化，这叫“因道全法”。唯有如此，人主的统治才会天长地久。这里的“法”并非法家所强

---

① 陈鼓应注译：《黄帝四经今注今译》，第 402 页。

② 陈鼓应注译：《黄帝四经今注今译》，第 399 页。

③ 丁四新：《本体之道的论说——论帛书〈道原〉的哲学思想》，载《湖南省博物馆馆刊》第二期，岳麓书社，2005 年，第 26—39 页。

④ 陈鼓应注译：《黄帝四经今注今译》，第 291 页。

⑤ 陈鼓应注译：《黄帝四经今注今译》，第 402 页。

⑥ 陈鼓应注译：《黄帝四经今注今译》，第 2 页。

⑦ 陈鼓应注译：《黄帝四经今注今译》，第 25 页。

调的律令与赏罚，主要指“刑名”。《十六经·成法》云：“昔天地既成，正若有名，合若有刑（形），[乃] 以守一名。……循名复一，民无乱纪。”[①]“成法”的根源在于“刑名”，而“道生法”，可见“刑名”就是“道”的一种显现。《经法·论约》又有言说：“故执道者之观于天下也，必审观事之所始起，审其刑（形）名。刑（形）名已定，逆顺有立（位），死生有分，存亡兴坏有处……是故万举不失理，论天下而无遗策……之胃（谓）有道。”[②] 换言之，“道”的内容就是“刑名”，以“道”治政就是以“刑名”管理。[③]《十六经·名刑》说：“欲知得失，请必审名察刑（形）。刑（形）恒自定，是我俞（愈）静。事恒自包（施），是我无为。”[④] 概而言之，黄老道家对“道”和“法”在理论上的这种转化，既可以使形上之“道”落实在现实政治社会层面成为可能，也可以使现实之“法”具有了一定的普遍性和超越性，从而“终使老子之学两千多年来不论在中国政治或养生思想与文化上，都真正成为有体有用的学说”。[⑤] 也正如萧萐父先生所云，《黄帝四经》之“道”是对老子哲学的“道”的范畴的进一步发挥，并由此系统地提出了“执道”“徇理”“审时”“守度”的思想，不仅在思维水平上继承老聃并高于老聃，更在汉初指导了“清静无为之政”，具有积极的现实意义。[⑥]

二 《黄帝四经》与《老子》“道”论在社会观上的分歧

《老子》和《黄帝四经》在“道”论的社会观上，亦即社会政治思想上，显示出黄学和老学的分流：

① 陈鼓应注译：《黄帝四经今注今译》，第 286 页。
② 陈鼓应注译：《黄帝四经今注今译》，第 173 页。
③ 李友广：《从“道”观念看先秦子学思想的转向》，《社会科学》2016 年第 10 期。
④ 陈鼓应注译：《黄帝四经今注今译》，第 336 页。
⑤ 陈丽桂：《汉代道家思想》，中华书局，2015 年，第 295 页。
⑥ 萧萐父：《〈黄老帛书〉哲学浅议》，载陈鼓应主编《道家文化研究》第三辑，上海古籍出版社，1993 年，第 265—273 页。

其一，《老子》主张“圣人之道，为而不争”“不敢为天下先”，而帛书《黄帝四经》则强调“不争亦毋（无）以成功”（《十六经·姓争》）[①]，“阴阳备物，化变乃生”（《十六经·果童》）[②]。认为该争的不去争的话，那就是“逆天”，故曰“顺天者昌，逆天者亡”，同时要抓住战机，取得胜利，布政决策，不失时宜。《十六经》里前后两次都强调“当断不断，反受其乱”的历史教训，而这些话都被司马迁和班固征引入《史记》和《汉书》的功臣传记之中，可见它对汉代政治影响的深远。

其二，老子既对政治感到失望，也对生产无兴趣。《老子》五千言，未有一言谈及生产，也无发展生产的明确要求。而黄学则不然，它在政治上既然要求革新进取，当然对生产也就更为关心。所以在《经法》中关于发展生产的话很多，如：“人之本在地，地之本在宜，宜之生在时，时之用在民，民之用在力，力之用在节。知地宜，须时而树，节民力以使，则财生……”（《经法·君正》）[③]“动静不时，种树失地之宜，[则天]地之道逆矣。”（《经法·论》）[④]“动之静之，民无不听，时也。”（《经法·君正》）[⑤]帛书《黄帝四经》的这些话，都是要求统治者不违农时，节用民力，因地制宜的发展生产，让老百姓能够发家致富。这些都是老学思想所没有的。

其三，老子要求人们“绝圣弃智”“决仁弃义”“绝巧弃利”，要做到这“三绝”就要“塞其兑，闭其门，终身不勤”，且主张“邻国相望，鸡犬之声相闻，民至老死不相往来”。帛书《黄帝四经》所显示的思想却比较开放和外向，如《称》曰：“[夫]天有明而不忧民之晦也，[百]姓辟（阚）其户牖而各取昭焉。”[⑥]

---

① 陈鼓应注译：《黄帝四经今注今译》，第 263 页。
② 陈鼓应注译：《黄帝四经今注今译》，第 241 页。
③ 陈鼓应注译：《黄帝四经今注今译》，第 67 页。
④ 陈鼓应注译：《黄帝四经今注今译》，第 141 页。
⑤ 陈鼓应注译：《黄帝四经今注今译》，第 60 页。
⑥ 陈鼓应注译：《黄帝四经今注今译》，第 382 页。

帛书《黄帝四经》中的这些话，都是积极主张多向外界接触，内外多进行交流，以学习外人的长处，多听众人的意见，以增加自己的见识和智慧，这种外向的开放思想，显然是老学所没有的。

其四，老子重自然，主张无知无欲，反对人为。《老子》曰“无为”，又曰“为者败之”，完全否认了人的主观能动性。而帛书《黄帝四经》则不同，它不但承认人的伟大作用，而且认为人可以胜天，至少也能顺应自然规律以改造自然。《经法·国次》曰：“人强朕（胜）天，慎辟（避）勿当。天反朕（胜）人，因与俱行。”[①] 从整个帛书《黄帝四经》来看，它是非常重视人的作用的。尤其在政治方面，更为重视如何治国治民，改造社会。如果要讲“君道”的话，那么黄学才是真正的“君道”——治国安民的纲纪。

在“道”的其他方面，老学与黄学也有一些细微分歧。如《十六经·三禁》说：“人道刚柔，刚不足以，柔不足寺（恃）。刚强而虎质者丘，康沈而流面（湎）者亡。”[②] 黄学与老学都主张在“人道”方面，柔弱胜刚强，但黄学则不认为这是绝对真理。所以黄学比老学更能正确地认识到刚柔的辩证关系。又如：“天之道，损有余以补不足。”[③] 这是因为老子从自然主义出发，认为人和天地万物一样，无高下贵贱之分，因而反对社会有等级的存在，认为人人应该平等。故进而主张均贫富。而这些思想，黄学却不赞同。帛书《黄帝四经》认为等级是天经地义的，是符合“道”的，认为“天地有恒常，万民有恒事，贵贱有恒立（位）”（《经法·道法》）[④]，又认为“分之以其分，而万民不争”（《道原》）[⑤]，“分”就是各分等级。

总之，黄学与老学在道论上，只有在宇宙观上有其相同点，而其他很多主

---

① 陈鼓应注译：《黄帝四经今注今译》，第 36 页。
② 陈鼓应注译：《黄帝四经今注今译》，第 298 页。
③ ［魏］王弼注，楼宇烈校释：《老子道德经注校释》，第 186 页。
④ 陈鼓应注译：《黄帝四经今注今译》，第 25 页。
⑤ 陈鼓应注译：《黄帝四经今注今译》，第 409 页。

要的方面都是相互歧异的。从这里使我们看到：黄老之同是次要的，而异是主要的。所以说它们不是相同的道论家。学界普遍认为，《黄帝四经》是典型的黄学书籍，与《老子》道、德二篇构成了黄老学说的主要内容。而事实上，《老子》的哲学思想散见于《黄帝四经》各篇，同时，《黄帝四经》并不仅仅是对《老子》“道”“德”等核心词汇的消化吸收，诠释阐发，而是在理论上达到了深化与升华。

第二章 《黄帝四经》政治思想的来源

从《老子》的成书过程看,《黄帝四经》应该也经历过从相似观念材料的叠加、累积的传抄到以核心词汇、核心观念聚合的过程，也就是丁四新先生所说的，同一学派中的记录体的“活页文本”在战国到汉初经历了“经学化”的过程，以“思想单位”聚集并编排成文。虽然《黄帝四经》并不像《老子》一样，有出土文献如郭店楚简本、马王堆汉墓帛书本、王弼通行本等各种版本可供对勘参照，但黄老政治思想在春秋至汉初的传世文献中可以找到痕迹，尤其在《国语·越语下》（《国语》相传是春秋时期左丘明所撰的一部国别体著作，但近代包括康有为在内的多位学者怀疑是战国或汉后的学者托名而作）与《管子》中，更可以看到《黄帝四经》对范蠡思想的继承，以及《管子》四篇《四时》、《轻重己》、《玄宫》（《幼宫》）、《五行》把齐地独具特色的阴阳五行思想体系及其推出的黄帝崇拜融入政治理论的努力，这造就了《黄帝四经》政治思想与《老子》政治思想的不同面目。

本章认为，范蠡在辅佐越王勾践灭吴霸越之后“浮海入齐”，定居于陶（今山东定陶），他所传承的老子思想也随之在齐国传播。而田氏齐国为了使得“田氏代齐”合法化，预防在自己的肘翼之下孵化出新的“窃国者”造成对政权的威胁，制定了一系列文化政策，用优惠的物质条件招徕大批文学游说之士，利用他们所宣传的思想主张，来化除人民的“异志”，这成就了齐都稷下学宫一时之盛。稷下学宫汇聚了列国的学者，容纳了几乎所有学派的代表人物，迅速成为了列国的学术文化中心。由是产生了“因阴阳之大顺，采儒墨之善，撮名法之要”的黄老学说。黄老政治思想是在列国制度之下及稷下学宫“兼容并蓄”的治学理念之下逐步建立起来的，具有强烈的现实政治性与明显的综合百家之倾向，这是黄老道家为适应战国末期百家争鸣的思想环境以及列国变法图强的社会需要而做出的理论调适，丰富了道家治国论的理论形态，是先秦道家治国论的新阶段、新形态。[①] 在《管子》四篇中，把黄帝之学的阴阳、养气与《老子》的“德”结合起来，提出了“养气以成德，成德以治国”的基本理路，这也是《黄帝四经》政治思想的哲学基础之一。

总之，范蠡是从老学到黄老之学的重要中间环节，他是黄老道家思想的最重要的奠基人之一，是黄老政治思想的起点。齐国稷下学宫是孕育黄老政治学说的现实土壤，而《管子》四篇提出的“养气以成德，成德以治国”则是《黄帝四经》政治思想的基础之一。

---

① 白延辉：《黄老道家治国论的内在逻辑》，《内蒙古社会科学（汉文版）》2019 年第 2 期。

第一节
《黄帝四经》与范蠡思想

范蠡是春秋末期楚国宛邑三户（今河南南阳）人，字少伯。据史籍记载，范蠡出身“衰贱，未尝世禄”[①]，但为人好学，具有丰富的政治、军事、经济、哲学知识，尤其是天文方面的知识。范蠡与逢同、文种为友，尝与文种“抵掌而谈”，纵论天下大事。范蠡通天文，善观星相，他对文种说：“天运历纪，千岁一至，黄帝之元，执辰破巳，霸王之气，见于地户。”[②]“地户”之位就在吴越地区。于是文种听其言，乃与范蠡、逢同一同入吴，但没有得到吴王夫差的重视，遂入越。越王拜范蠡为相国，上将军；文种为大夫，分掌内外军政大事。此后，范蠡在吴、越对峙的 37 年（前 510—前 473）中，充分展示了其政治及军事才能。而他带有浓厚道家色彩的政治哲学思想，对黄老思想的形成起了极为重大的影响。

一 范蠡“天道阴阳”思想在黄老思想形成过程中的媒介作用

唐兰先生在《马王堆出土〈老子〉乙本卷前古佚书的研究——兼论其与汉初儒法斗争的关系》文后，附有《〈老子〉乙本卷前古佚书引文表》，从中

① 乐祖谋：《越绝书点校》，上海古籍出版社，1985 年。转引自余明光：《“黄老”思想的起源与吴越战争的关系》，《湘潭大学学报（社会科学版）》2002 年第 2 期。

② 乐祖谋：《越绝书点校》。转引自余明光：《“黄老”思想的起源与吴越战争的关系》，《湘潭大学学报（社会科学版）》2002 年第 2 期。

可见《黄帝四经》与《国语·越语下》有不少共通之处，且重出互见的部分大多是范蠡的观点，有十七八条之多。李学勤先生认为："《越语下》所载范蠡的话既然有那么多同于《黄帝书》的地方，而且内容多涉及根本的思想，其亦属道家黄老一派当无疑义。"[①] 陈鼓应先生指出："范蠡是老子发展到源于战国初而盛行于战国中期的黄老之学的重要环节。"他甚至认为："范蠡可能是黄老之学的创始者，也可能是老学到黄老学之先河的重要中间环节。"[②] 下面以《国语·越语》中体现出来的范蠡思想与《黄帝四经》进行比对：

1. 吴王夫差继承父位，欲报父仇，而越王勾践意欲先发制人，发兵攻打吴国，范蠡劝谏越王说："臣闻兵者凶器也，战者逆德也，争者事之末也。阴谋逆德，好用凶器，试身于所末，上帝禁之，行者不利。"[③] 此言跟《老子》"夫佳兵者，不祥之器，物或恶之，故有道者不处"[④] 接近。 但与老子比较起来，范蠡并不一概反对战争，只是认为作战要选择时机。这与"黄老"对战争的看法是一致的。《经法·亡论》中说："兴兵失理，所伐不当，天降二央（殃）。"[⑤] 又说："三凶：一曰好凶器，二曰行逆德，三曰纵心欲。"[⑥] 把范蠡所说的意思全部概括进去了。

2. 越王勾践被困于会稽之上，将要亡国，范蠡为越王出谋划策，说："持满者与天，定倾者以人，节事者以地。卑辞厚礼以遗之。不许，而身与之市。"[⑦] 又说："夫人事必将与天地相参，然后乃可以成功。"[⑧] 这里讲的与天、与人、与地，就是法天、法人、法地的意思。意为必须把天、地、人三方面的因素相

① 李学勤：《范蠡思想与帛书〈黄帝书〉》，《浙江学刊》1990 年第 1 期。
② 陈鼓应：《论老子晚出说在考证方法上常见的谬误》，载陈鼓应主编《道家文化研究》第四辑，上海古籍出版社，1994 年，第 411 页。
③ ［汉］司马迁撰：《史记》，中华书局，1982 年，第 1740 页。
④ ［魏］王弼注，楼宇烈校释：《老子道德经注校释》，中华书局，2016 年，第 80 页。
⑤ 裘锡圭主编：《长沙马王堆汉墓简帛集成·肆》（修订本），中华书局，2024 年，第 167 页。
⑥ 裘锡圭主编：《长沙马王堆汉墓简帛集成·肆》（修订本），第 168 页。
⑦ ［汉］司马迁撰：《史记》，第 1740 页。
⑧ ［春秋］左丘明撰，徐元诰集解：《国语集解》，中华书局，2002 年，第 582 页。

互参照，才能获得成功。《黄帝四经》全面吸收了范蠡的这个思想，《经法·六分》说：“王天下者之道，有天焉，有人焉，又（有）地焉。”①《十六经·兵容》说：“兵不刑天，兵不可动；不法地，兵不可昔（措）；刑法不人，兵不可成。”②《十六经·前道》说：“治国固有前道，上知天时、下知地利，中知人事。”③总之，范蠡开了把天、地、人进行整体分析的先河，《黄帝四经》则对此在理论上加以阐述。

3. 范蠡说：“四封之内，百姓之事，时节三乐，不乱民功，不逆天时，五谷睦熟，民乃蕃滋。”④《黄帝四经》的《十六经·观》几乎原文不动地征引了这段话：“是故为人主者，时挃三乐，毋乱民功，毋逆天时。然则五谷溜孰（熟），民［乃］蕃兹（滋）。”⑤

4. 范蠡说：“因阴阳之恒，顺天地之常；柔而不屈，强而不刚；德虐之行，因以为常。”⑥《黄帝四经·十六经》的《观》《果童》和《三禁》篇表述了同样的观点。《观》曰：“天地已成，而民生，逆顺无纪，德瘧（虐）无刑（刑），静作无时，先后无名。今吾欲得逆顺之［纪，德虐之刑，静作之时，先后之名］，以为天下正，静作之时，因而勒之，为之若何？ 黄帝曰：群群（混混）［沌沌，窈窈冥冥］，为一囷，无晦无明，未有阴阳。阴阳未定，吾未有以名。今始判为两，分为阴阳。离为四［时］，［刚柔相成，万物乃生，德虐之刑］，因以为常。”⑦《果童》篇曰：“静作相养，德虐相成。”⑧《三禁》曰：“人道刚柔，刚不足以，柔不足寺（恃）。刚强而虎质者丘，康沈而流面（湎）者亡。”⑨

---

① 裘锡圭主编：《长沙马王堆汉墓简帛集成·肆》（修订本），第 158 页。
② 陈鼓应注译：《黄帝四经今注今译》，商务印书馆，2016 年，第 280 页。
③ 裘锡圭主编：《长沙马王堆汉墓简帛集成·肆》（修订本），第 195 页。
④ ［春秋］左丘明撰，李维琦、张幼军注译：《国语·越语下》，岳麓书社，2024 年，第 526 页。
⑤ 陈鼓应注译：《黄帝四经今注今译》，第 223 页。
⑥ ［春秋］左丘明撰，李维琦、张幼军注译：《国语·越语下》，第 526 页。
⑦ 裘锡圭主编：《长沙马王堆汉墓简帛集成·肆》（修订本），第 178 页。引文采用三书互参互校。
⑧ 陈鼓应注译：《黄帝四经今注今译》，第 241 页。
⑨ 陈鼓应注译：《黄帝四经今注今译》，第 298 页。

更是概括提高了范蠡“柔而不屈，强而不刚”之意。

5. 范蠡说：“死生因天地之刑，天因人，圣人因天。人自生之，天地形之，圣人因而成之。”[①]《黄帝四经・经法》的《君正》篇将这段话的理论提高到政治哲学的高度：“天有死生之时，国有死生之正（政）。因天之生也以养生，胃（谓）之文，因天之杀也以伐死，胃（谓）之武。[文]武并行，则天下从矣。”[②]在《十六经・兵容》中则直接引用了“天地刑之，圣人因而成之”[③]这句话。

6. 范蠡说：“蠡闻之，上帝不考，时反是守。”[④]《十六经・观》稍加改动：“圣人之事，圣人不巧，时反是守。”[⑤]司马迁在《论六家要旨》中，以“圣人不朽，时变是守”[⑥]作为道家理论特征而加以征引，应是出自此处。

7. 范蠡有“得时不成，反受其殃，失德灭名，流走死亡。有夺、有予，有不予”[⑦]之句。《黄帝四经》也有予夺之句。《十六经・兵容》曰：“天固有夺有予……□□弗受，反隋（随）以殃。”[⑧]《经法・国次》中则说：“夺[之]而无予，国不遂亡。”[⑨]

8. 范蠡说：“逆节萌生，天地未形，而先为之征，其事是以不成，杂受其刑。”[⑩]“逆节”这个概念也屡见于《四经》之中。如《经法・亡论》曰：“逆节不成，是胃（谓）得天；逆节果成，天将不盈亓（其）命而重亓（其）刑。”[⑪]《十六经・行守》曰：“逆节梦（萌）生，亓（其）谁骨（肯）当之？”[⑫]

---

① [春秋]左丘明撰，李维琦、张幼军注译：《国语・越语下》，第526页。
② 裘锡圭主编：《长沙马王堆汉墓简帛集成・肆》（修订本），第156页。
③ 陈鼓应注译：《黄帝四经今注今译》，第280页。
④ [春秋]左丘明撰，李维琦、张幼军注译：《国语・越语下》，第528页。
⑤ 裘锡圭主编：《长沙马王堆汉墓简帛集成・肆》（修订本），第178页。
⑥ [汉]司马迁撰：《史记》，第3292页。
⑦ [春秋]左丘明撰，李维琦、张幼军注译：《国语・越语下》，第528页。
⑧ 裘锡圭主编：《长沙马王堆汉墓简帛集成・肆》（修订本），第190页。
⑨ 裘锡圭主编：《长沙马王堆汉墓简帛集成・肆》（修订本），第154页。
⑩ [春秋]左丘明撰，李维琦、张幼军注译：《国语・越语下》，第529页。
⑪ 裘锡圭主编：《长沙马王堆汉墓简帛集成・肆》（修订本），第167页。
⑫ 裘锡圭主编：《长沙马王堆汉墓简帛集成・肆》（修订本），第196页。

同书《十六经·姓争》曰："居则无法，动作爽名。［其事乃不成］，是以僇受其荆（刑）。"① 皆与范蠡所说意同。

9. 范蠡告诫越王不要腐化堕落："彼（按：指吴王）将同其力，致其死，犹尚殆。王其且驰骋弋猎，无至禽荒；宫中之乐，无至酒荒；肆与大夫觞饮，无忘国常。"② 这段话在《黄帝四经》中已提高为具有深刻内涵的道家理论。《经法·六分》曰："知王［术］者，驱骋驰猎而不禽芒（荒），饮食喜乐而不面（湎）康，玩好睘（嬛）好而不惑心，俱与天下用兵，费少而有功，［战胜而令行……］"③

10. 打败吴国以后，越王准备与吴王讲和，范蠡提出反对意见："臣闻之，得时无怠，时不再来，天予不取。反为之灾。"④《黄帝四经》中完全吸收了这段话，《十六经·兵容》中说："天固有夺有予，……□□弗受，反隋（随）以殃。"⑤《十六经·观》也说："当天时，与之皆断，当断不断，反受亓（其）乚（乱）。"⑥

11. 范蠡说："古之善用兵者，赢缩以为常。四时以为纪，无过天极，究数而止。"⑦ 天道盈缩之理在《黄帝四经》中已不限于用兵。《称》篇说："日为明，月为晦；昏而休，明而起。毋失天极，廄（究）数而止。"⑧ 已经把它上升为行为规范的指导思想了。

12. 范蠡说："天道皇皇，日月以为常。明者以为法，微者则是行。"⑨

---

① 裘锡圭主编：《长沙马王堆汉墓简帛集成·肆》（修订本），第 188 页。
② ［春秋］左丘明撰，李维琦、张幼军注译：《国语·越语下》，第 530 页。
③ 陈鼓应注译：《黄帝四经今注今译》，第 90 页。
④ ［春秋］左丘明撰，李维琦、张幼军注译：《国语·越语下》，第 531—532 页。
⑤ 裘锡圭主编：《长沙马王堆汉墓简帛集成·肆》（修订本），第 190 页。
⑥ 裘锡圭主编：《长沙马王堆汉墓简帛集成·肆》（修订本），第 178—179 页。
⑦ ［春秋］左丘明撰，李维琦、张幼军注译：《国语·越语下》，第 532 页。
⑧ 陈鼓应注译：《黄帝四经今注今译》，第 372 页。
⑨ ［春秋］左丘明撰，李维琦、张幼军注译：《国语·越语下》，第 532 页。

这是用天道日月的盈缩以喻用兵的进取和隐遁。《黄帝四经》把它扩大到刑、德互相配合的治国方术，如《十六经·观》曰："［德虐之行］，因以为常。其明者以为法，而微道是行。"① 又说："刑德皇皇，日月相望，以明其当"②。在《姓争》中又加以重复强调："刑德皇皇，日月相望，以明其当。……其明者以为法，而微道是行。"③ 在形式上，两者的用语都是相同的，只是运用不一样。

13. 范蠡说："古之善用兵者……后则用阴，先则用阳。……后无阴蔽，先无阳察，用人无艺，往从其所。"④ 范氏这则在用兵上的阴阳刚柔的理论，在黄老思想中用到了治国的理论上。《十六经·观》篇说："夫是故使民毋人执，举事毋阳察，力地毋阴敝。阴敝者土芒（荒），阳察者夺光，人执者纵兵。"⑤《经法·国次》也说："毋阳窃，毋阴窃，毋土敝，毋故执，毋党别。阳窃者天夺［其光，阴窃］者土地芒（荒），土敝者天加之以兵，人执者流之四方，党别［者外］内相功（攻）。"⑥

14. 范蠡说："尽其阳节，盈吾阴节而夺之。"⑦ 这是讲两军对垒时，首先要挫败敌人的锐气（阳节），才能取胜。《黄帝四经》中《十六经·顺道》"守弱节而坚之，胥雄节之穷而因之"⑧ 讲的是同一个道理。

15. 范蠡说："凡陈（阵）之道，设右以为牝，益左以为牡。早晏无失，必顺天道、周旋无究。"⑨ 说得是战争中布阵之时，应按牝牡、阴阳、刚柔之天道，

① 陈鼓应注译：《黄帝四经今注今译》，第 210 页。
② 陈鼓应注译：《黄帝四经今注今译》，第 217 页。
③ 陈鼓应注译：《黄帝四经今注今译》，第 265 页。
④ ［春秋］左丘明撰，李维琦、张幼军注译：《国语·越语下》，第 532 页。
⑤ 陈鼓应注译：《黄帝四经今注今译》，第 223 页。
⑥ 陈鼓应注译：《黄帝四经今注今译》，第 47 页。
⑦ ［春秋］左丘明撰，李维琦、张幼军注译：《国语·越语下》，第 532 页。
⑧ 陈鼓应注译：《黄帝四经今注今译》，第 329 页。
⑨ ［春秋］左丘明撰，李维琦、张幼军注译：《国语·越语下》，第 533 页。

变化无穷，使敌人迷惑，无从破阵。《黄帝四经》把它完全提升为天道，并把法治思想渗透其中，成为政治哲学的理论。《十六经·观》说："今始判为两，分为阴阳，离为四［时］，……其明者以为法，而微道是行……牝牡相求，会刚与柔。柔刚相成，牝牡若刑（形）。下会于地，上会于天。得天之微……"[①]

16. 越王勾践欲与吴王议和，范蠡说："圣人之功，时为之庸。得时不成，天有还形。"[②]《黄帝四经》按原意采纳了这句话。《十六经·兵容》为："天地刑之，圣人因而成之。圣人之功，时为之庸……［兵］必有成功。"[③]《称》篇为："天有环刑，反受其央（殃）。"[④]讲的都是天道循环往复，不依天道，必然要受到上天的惩罚。

把《国语·越语下》中收录的范蠡的话与《黄帝四经》对照，我们可以看到，这些话有的原封不动，有的只改动几个字，有的只稍加修饰，皆被一一采纳到《黄帝四经》之内。由此我们可以推断：《黄帝四经》的形成与范蠡的思想密切相关。或者说，范蠡的思想为黄老思想的基本理论奠定了初步的基础。

从以上 16 条可以看出，范蠡思想与黄老思想的关联，主要集中在"天道阴阳"这一点上。天道阴阳的观念，是春秋战国时代社会思想大传统的一种。在葛兆光先生看来："《国语·越语下》中的范蠡思想，《越绝书》中的《计然》等，多少都是有些半是阴阳数术半是道家的色彩，他们是把对宇宙天地的揣摩和理解，作为他们的自然与社会知识的基础和依据，最后的落脚处，还是在以'天道'确认那些解决现世问题的知识的权威性；而马王堆汉墓帛书《黄帝书》、《管子》中的若干篇，则已经把这种尚偏重于实用的知识与技术范畴的思路引向了对宇宙观念、制度建设、个人生存各个方面的理论思考。"[⑤]葛志毅先生认为，

① 陈鼓应注译：《黄帝四经今注今译》，第 210 页。
② ［春秋］左丘明撰，李维琦、张幼军注译：《国语·越语下》，第 534 页。
③ 陈鼓应注译：《黄帝四经今注今译》，第 280 页。
④ 陈鼓应注译：《黄帝四经今注今译》，第 362 页。
⑤ 葛兆光：《中国思想史》第一卷，复旦大学出版社，1997 年，第 111—112 页。

司马谈《论六家要旨》中说道家“因阴阳之大顺”，也是这种“天道阴阳观”。而较之《老子》，马王堆帛书《老子》乙本卷前古佚书（即《黄帝四经》）在天道阴阳观方面与范蠡更接近。[①]

范蠡的“天道阴阳”思想来自于他对老子的“天道”系统的研究和总结，并加上自己的创造与发展。这种改造最后被《黄帝四经》所吸收运用。使得《黄帝四经》得以呈现出与《老子》不同的面目。

1. 道、天、地、人“四大”——天、地、人“三大”

《老子》第二十五章说：“故道大，天大，地大，王亦大。域中有四大，而王居其一焉。”[②] 将天、地、人与道并称为“四大”，强调了天、地、人在宇宙构成中的地位，但其对于如何看待天、地、人三者的关系，以及相应的应对策略，并没有进行深入的探讨。范蠡对《老子》的“四大”说进行了改造，将作为宇宙本原和本体存在的至高无上的道从“四大”中移出，使《老子》的“四大”变成了天、地、人“三大”，从而形成了天、地、人三位一体的思想。在建构天、地、人三位一体理论的同时，范蠡提出了“人事与天地相参”的实践原则。“夫人事必将与天地相参，然后乃可以成功。”[③] 正是在这一实践指导原则的影响下，黄老道家才进一步形成了“推天道以明人事”的思维方式。《经法·六分》云：“天下大（太）平，正以明德，参之于天地，而兼复（覆）载而无私也，故王天[下]。”[④] 这里所说的“参之以天地”，与范蠡所说的“与天地相参”是一致的。下文又说：“王天下者之道，有天焉，有人焉，又（有）地焉。参（三）者[□]参用之，□□而有天下矣。”[⑤] 这里将天地人相参的思想表述得更为通俗易懂。由此可见，范蠡把老子的“四大”改造为“三大”，

① 葛志毅、张惟明：《先秦两汉制度与文化》，黑龙江教育出版社，1998 年，第 155 页。
② [魏]王弼注，楼宇烈校释：《老子道德经注校释》，第 64 页。
③ [春秋]左丘明撰，李维琦、张幼军注译：《国语》，第 530 页。
④ 陈鼓应注译：《黄帝四经今注今译》，第 86 页。
⑤ 裘锡圭主编：《长沙马王堆汉墓简帛集成·肆》（修订本），第 158 页。

并结合“人事与天地相参”思想，直接影响了黄老道家“推天道以明人事”思维方式的形成。

2. 周行不殆——天道循环

在《老子》中，“天道”一词仅出现过两次。通行本第四十七章：“不窥牖，见天道。”[①] 通行本第七十九章：“天道无亲，常与善人。”[②] 另有5处用的是“天之道”，如通行本第九章：“功遂身退，天之道。”[③] 再如通行本第八十一章：“天之道，利而不害。”[④]《老子》虽然屡言“天道”与“天之道”，但都只是用高度抽象的语言概括天道对人的借鉴意义，对天道本身并没有进行系统归纳和总结。《老子》强调道是“周行不殆”的，道的运行是循环往复的。但对于道是如何“周行不殆”、循环反复运行的，没有进一步地解说。

范蠡极少讲作为本原与本体存在的道，而以天道取而代之。因为相比较而言，人们对天有更直观的认识，透过天来讲道，更容易让人接受和信服。范蠡对天的规律性的总结，是从探索天体运行的规律开始的。由于日、月周而复始的运行，使得人类生存的地球有了昼夜、四时的规律性变化，这是每一个人都能真实地感受到的。通过观察自然天体的运行，就可以得出天道循环的结论。所以他说：“终而复始，如环之无端，此天之常道也。”[⑤] 在范蠡之后，黄老道家不仅继承了老子“周行不殆”的天道思想，而且对范蠡的“天道循环”思想进行了深入阐发，使其得到充实和完善，最终使“天道循环”的思想“贯穿在整个《黄帝四经》中”，成为“黄帝之言哲学的核心和基本点”。[⑥]《姓争》中有“天道环周”“天稽环周”等表述。这里所说的“环周”，显然是从范蠡

① ［魏］王弼注，楼宇烈校释：《老子道德经注校释》，第126页。
② ［魏］王弼注，楼宇烈校释：《老子道德经注校释》，第188页。
③ ［魏］王弼注，楼宇烈校释：《老子道德经注校释》，第21页。
④ ［魏］王弼注，楼宇烈校释：《老子道德经注校释》，第192页。
⑤ 魏启鹏：《〈黄帝四经〉思想探源》，生活·读书·新知三联书店，1980年，第179页。
⑥ 魏启鹏：《〈黄帝四经〉思想探源》，第179页。

以“环之无端”比喻天道“终而复始”而来的。《四度》云：“日月星辰之期，四时之度，［动静］之立（位），外内之处，天之稽也。”[①]《论约》云：“四时有度，天地之李（理）也。日月星晨（辰）有数，天地之纪也。”[②]以上都是从日月星辰具有度数的规定性来谈循环往复的天道规律性，与范蠡的思路如出一辙。

3. 阴阳——刑德

范蠡在讨论宇宙生成问题时，将阴阳二气纳入宇宙生成的序列中。他说：“道生气，气生阴，阴生阳，阳生天地。天地立，然后有寒暑、燥湿、日月、星辰、四时，而万物备。”[③]同时，范蠡继承了老子的对立统一思想，提出“阴阳进退者，固天道自然”。[④]并将阴阳的内涵进一步扩大，使其由“阴阳二气”上升为宇宙万物中普遍存在的一切对立面的抽象性概念。他第一个将阴阳学说与政治结合起来，提出“阴阳刑德”说。认为刑德在宇宙万物中是普遍存在的，是天道阴阳规律的表现。《越绝书·计倪内经》记计倪之言说：“阴阳万物，各有纪纲。日月星辰刑德，变为吉凶。……是故圣人能明其刑而处其乡，从其德而避其衡。”[⑤]这为刑德治国找到了终极理论依据。《黄帝四经》继承了范蠡的“阴阳刑德”思想，提出“刑晦而德明，刑阴而德阳，刑微而德章（彰）”[⑥]，这也是黄老政治学说的重要组成部分。

事实上，《老子》中关于“天道”的思考排除了一切占星术方面的内容，

---

① 陈鼓应注译：《黄帝四经今注今译》，第 115 页。
② 陈鼓应注译：《黄帝四经今注今译》，第 166 页。
③ 转引自徐斌：《论范蠡对黄老道家思想体系的理论贡献》，《长江大学学报（社会科学版）》2017 年第 1 期。
④ 转引自徐斌：《论范蠡对黄老道家思想体系的理论贡献》，《长江大学学报（社会科学版）》2017 年第 1 期。
⑤ 转引自徐斌：《论范蠡对黄老道家思想体系的理论贡献》，《长江大学学报（社会科学版）》2017 年第 1 期。
⑥ 陈鼓应注译：《黄帝四经今注今译》，第 265 页。

还重新创造了一个作为宇宙本原的"道"，这与中原的古代天道思想之间存在着巨大的差异，它与范蠡的思想一样，均产生于南方。浅野裕一这样描述《老子》与《范蠡》的三重关系：

> 本来，《老子》与范蠡式思想就拥有同样的起源，都是出自周王室的瞽史所形成的古代天道思想。而且，在《老子》的形成上，范蠡式思想予以了深刻的影响。所以，这二者作为古代天道思想的末裔。成为兴起于南方的思想的双璧，自产生时起就已经是兄弟关系了。之后，范蠡式思想从越国传入齐国，在稷下吸收战国时期的诸思想，发展为在《经法》《十六经》《称》《道原》中所见的形态。其时，给予以天道为主体的范蠡式思想最为深刻的影响的，是由环渊从楚国传入齐国的《老子》的思想。《老子》创出宇宙本体及根源的道，被广泛地运用在了法源的设定，形名参同的依据以及说明恶的产生理由上，成为范蠡式思想发展形态的一个特征。
>
> 之后，这样的范蠡式思想，与西方的周的古代天道思想的末裔——阴阳家以及天文历法家的思想，在遥远的东端再会相遇，又假托于黄帝，形成如《十六经》这样的黄帝书。就这样，假托于黄帝的范蠡式思想是将《老子》的思想收纳在自己内部的。另外，《老子》中残存有天道思想，所以范蠡式思想与《老子》的思想被看作是具有相同倾向的思想，最终使得黄帝老子被连称，像《乐毅列传》中的系谱那样，形成了一个完全同一的学派，也就是说，《老子》与黄帝书，来自于共通的渊源，其后又经过了先后三次的交汇融合，以至于最终形成黄老道。①

综上所述，《国语·越语下》中范蠡的观点与《黄帝四经》颇有共通的地方，

① ［日］浅野裕一著，韩文译：《黄老道的形成与发展》，凤凰出版社，2021年，第191页。

乃至有十六条重合互见之处。不仅如此，我们可以看到范蠡对于老子“天道”等思想的总结与改造，这种改造最后被《黄帝四经》所吸收运用。使得《黄帝四经》得以呈现出与《老子》不同的面目。

二　范蠡思想在吴越战争中的运用

在范蠡的影响下，越王勾践在吴越战争期间，采用了一种特殊的治国之术。如今看来，这种治术与后人所称的“黄老”政治颇有相似之处。

1. 无为而治。无为而治是黄老思想重要内容之一。但黄老的无为与老学的无为是大不相同的。越王勾践在战败后卧薪尝胆，“内修其德，外布其道。君不名教，臣不名谋，民不名使，官不名事。国中荡荡，无有政令”①。这种君主的教化，大臣的谋略，对老百姓的驱使，官员们的办事方式，都是有条不紊、悄无声息的。所以国家虽有政令，但老百姓感觉不到，就像没有一样。这就是无令胜有令的无为而治。恰如《黄帝四经》中的《十六经·名刑》所说：“欲知得失，请必审名察刑（形）。刑（形）恒自定，是我俞（愈）静。事恒自乜（施），是我无为。”②这种“无为”指的是既定的法律秩序下，以下层的有为来构成上层的无为。③在这种思想的指导之下，“越王内实府库，垦其田畴，民富国强”④。越国的大臣文种进一步解释这种治国政策时说：“无夺民所好，则利之；民不失其时，则成之；省刑去罚，则生之；薄其赋敛，则与之；无多台游，则乐之；静而无苛，则喜之。民失所好，则害之；农失其时，则败之；有罪不赦，则杀之；重赋厚敛，则夺之；多作台游以罢民，则苦之；劳扰民力，则怒之。臣闻善为国者，遇民如父母之爱其子，如兄之爱其弟，闻有饥寒为之哀，

① ［汉］赵晔原著，张觉撰：《吴越春秋校证注疏》（增订本），岳麓书社，2019 年，第 323 页。
② 陈鼓应注译：《黄帝四经今注今译》，第 336 页。
③ 余明光：《黄帝四经与黄老思想》，黑龙江人民出版社，1989 年，第 120 页。
④ ［汉］赵晔原著，张觉撰：《吴越春秋校证注疏》（增订本），第 323 页。

见其劳苦为之悲。”[①] 此之谓：“利之无害，成之无败，生之无杀，与之无夺。”[②] 可见，越国所实行的治国方略，就是《黄帝四经》中所总结的无为而治的理论。

2. 刑德并用。刑德并用是黄老思想的主要特征。《十六经·果童》说：“静作相养，德虐相成。”[③]《十六经·姓争》说：“刑德皇皇，日月相望，以明其当。”[④] 这种思想也可以在越国之政中找到根源。越王二十一年（前475），越王请八大夫议政，大夫曳庸说：“审赏则可战也。审其赏，明其信，无功不及。”[⑤] 大夫苦成说：“审罚则可战。审罚，则士卒望而畏之，不敢违命。”[⑥] 后来越王在誓师大会上宣誓说：“吾欲士卒进则思赏，退则避刑。”[⑦] 都是强调赏罚分明，刑德并举。

3. “术”与“分”。“术”和“分”也是黄老思想特征之一。在“老学”中没有“术”和“分”的思想，在《黄帝四经》中，“术”与“分”是黄老政治思想的一个重要组成部分。如《经法·六分》说：“然而不知王述（术），不王天下。”[⑧] 这句话也见诸吴越战争期间的越国之政。当越王询问大夫文种破吴之计，文种说：“夫欲报怨复仇，破吴灭敌者，有九术，君王察焉？”[⑨] 接着文种叙述了灭吴的九种术。最后说：“凡此九术，君王闭口无传，守之以神，取天下不难，而况于吴乎？”[⑩] 可见，“术”是“君王闭口无传”的秘密法宝，是可“取天下”的妙方。

关于“分”的思想，《黄帝四经》的《道原》篇中明确地说：“分之以其分，

---

① ［汉］赵晔原著，张觉撰：《吴越春秋校证注疏》（增订本），第323—324页。
② ［汉］赵晔原著，张觉撰：《吴越春秋校证注疏》（增订本），第323页。
③ 陈鼓应注译：《黄帝四经今注今译》，第241页。
④ 陈鼓应注译：《黄帝四经今注今译》，第265页。
⑤ ［汉］赵晔原著，张觉撰：《吴越春秋校证注疏》（增订本），第387页。
⑥ ［汉］赵晔原著，张觉撰：《吴越春秋校证注疏》（增订本），第387页。
⑦ ［汉］赵晔原著，张觉撰：《吴越春秋校证注疏》（增订本），第380页。
⑧ 陈鼓应注译：《黄帝四经今注今译》，第90页。
⑨ ［汉］赵晔原著，张觉撰：《吴越春秋校证注疏》（增订本），第337页。
⑩ ［汉］赵晔原著，张觉撰：《吴越春秋校证注疏》（增订本），第338页。

而万民不争。”[①] 此处的“分”即“份位”“本分”，也就是《经法·道法》所说的“天地有恒常，万民有恒事，贵贱有恒立（位）”。[②] 当越王于五年（前492）五月入吴为臣虏时，曾召集大臣开了一次会，征询如何处理破败局面，大夫苦成说：“发君之令，明君之德，……统烦理乱，使民知分，臣之事也。”[③] 黄老学说对此进一步发挥，在《黄帝四经》内将“分”理论化、概念化了。

4. 祸福转化。范蠡与文种在劝勉越王时说：“处卑而不以为恶，居危而不以为薄”[④]，“二国争道（按：指天道），未知所就。……夫吉者，凶之门；福者，祸之根。今大王虽在危困之际，孰知其非畅达之兆哉？”[⑤] 这种祸福相互依存转化的思想，当然是上承老子的理论，并融合了吴越相争的历史背景，显得真实可感。《黄帝四经》的《经法·道法》说：“绝而复属，亡而复存，孰知其神。死而复生，以祸为福，孰知其极。”[⑥] 又说：“故同出冥冥，或以死，或以生；或以败，或以成。祸福同道，莫知其所从生。”[⑦] 这正是对吴越两国命运结局的总结。

余明光先生认为，黄老思想中“道论”的一些基本内容，如刑德并用、无为而治、祸福转化、不争与争，特别是“术”与“分”概念的形成等等，都可以在吴越战争中双方的治国政策中表现出来，可以说，黄老思想一些基本理念，均可在吴越相争的史实中，找到它的源头。[⑧] 这个源头的重要思想基础，便来自范蠡。

根据《史记》等史书的记载，范蠡在辅佐越王勾践灭吴霸越之后，急流勇退，

---

① 陈鼓应注译：《黄帝四经今注今译》，第 409 页。
② 陈鼓应注译：《黄帝四经今注今译》，第 25 页。
③ ［汉］赵晔原著，张觉撰：《吴越春秋校证注疏》（增订本），第 280 页。
④ ［汉］赵晔原著，张觉撰：《吴越春秋校证注疏》（增订本），第 270 页。
⑤ ［汉］赵晔原著，张觉撰：《吴越春秋校证注疏》（增订本），第 270 页。
⑥ 陈鼓应注译：《黄帝四经今注今译》，第 16 页。
⑦ 陈鼓应注译：《黄帝四经今注今译》，第 10 页。
⑧ 余明光：《黄老思想的起源与吴越战争的关系》，《湘潭大学社会科学学报》2002 年第 2 期。

“浮海入齐”，定居于陶（今山东定陶），开始了后半生的实业生涯，成为远近闻名的“陶朱公”。他所传承的老子思想也随之在齐国传播，由此我们就可以解释《国语·越语下》同《黄帝四经》《管子》等战国黄老作品为什么有那么密切的思想联系，也可以解释为什么齐国稷下学宫是培育黄老学说的摇篮。

总之，范蠡是从老学到黄老之学的重要中间环节，他是黄老道家思想的最重要的奠基人之一。我们研究黄老思想，必须以范蠡的思想为起点。

第二节
《黄帝四经》政治思想的现实土壤——稷下学宫

春秋末年是一个社会急剧变化的年代，周王室势力日渐衰微，对于诸侯国的控制减弱。诸侯国割据一方，混战不休。此之谓“礼崩乐坏”，“礼乐征伐自诸侯出”。礼制下行使社会阶层也发生了变化：王室贵族没落，中小贵族乃至军功贵族兴起，“士”阶层逐步壮大，从而促进了形而上问题的思索。诸侯国统治者意识到这一新兴阶层的力量，加以特别重视与扶持，为其成长壮大提供了有力的政策支持。而齐国政治格局出现了“田氏代齐”的情况，为了使得“窃国者”的统治合法化，预防在自己的肘翼之下孵化出新的“窃国者”造成对政权的威胁，齐国制定了一套高级文化政策，用优惠的物质条件招徕大批文学游说之士，利用他们所宣传的思想主张，来化除人民的“异志”。“在这个目标上，杨、老学说是最为适用的武器。”[①]为了自己的政治目的，田氏齐国重视人才，繁荣学术，推动思想自由，成为了诸侯国中对“士”最为友好的国家。

齐国重视学术之风始于春秋时期的齐国名相管仲、晏婴。晏婴有云：“君子居必择邻，游必就士，择居所以求士，求士所以辟患也。婴闻汩常移质，习

① 郭沫若：《十批判书·稷下黄老学派的批判》，《郭沫若全集·历史编》第2卷，人民出版社，1982年，第162页。

俗移性，不可不慎也。”[1]战国时期，齐威王的父亲，桓公陈侯午在位时（前374—前357），始立稷下学宫：“齐桓公立稷下之官（案：郭沫若以为当为‘宫’），设大夫之号，招致贤人而尊宠之，自孟轲之徒皆游于齐。”[2]齐威王（前356—前320年在位）、齐宣王（前319—前301年在位）继承了桓公、晏婴礼贤下士、重视人才的优秀传统，重视学术，以丰厚的待遇吸引了包括孟轲在内的各国著名学者到齐都游学，任其专门从事著书立说，开展自由论辩的学术活动，成就了齐都稷下学宫一时之盛。正如郭沫若所说：“齐国在威宣时代，还承继着春秋末年养士的风习，曾成为一时学者荟萃的中心，周秦诸子的盛况是在这儿形成了一个高峰的。”[3]《史记·孟子荀卿列传》记载：“孟轲，驺人也。受业子思之门人。道既通，游事齐宣王，宣王不能用。……天下方务于合从连横，以攻伐为贤。而孟轲乃述唐、虞三代之德，是以所如者不合。退而与万章之徒，序《诗》《书》，述仲尼之意，作《孟子》七篇。”[4]孟子虽然没有为齐宣王所用，但据桓宽《盐铁论》记载，他被封享上大夫之禄[5]，可以安心从事学术活动，退而与弟子万章之徒阐述儒家思想学说，撰成《孟子》七篇。齐宣王是田氏齐国的第三位君主，其在位时间为公元前320年至前301年，司马迁《史记·田敬仲完世家》详细记载了齐宣王在位时期稷下学宫的盛况：“（齐）宣王喜文学游说之士，自如驺衍、淳于髡、田骈、接予、慎到、环渊之徒七十六人，皆赐列第，为上大夫，不治而议论。是以齐稷下学士复盛，且数百千人。”[6]聚于稷下学宫的人才包括了名、法、儒、道、阴阳等诸多学派的学者，形成了百花齐放、百家争鸣的局面。《史记·孟子荀卿列传》记载：

---

① 石磊：《晏子春秋译注》卷五《内篇上》，黑龙江人民出版社，2003年，第574页。
② ［汉］徐幹：《中论》卷下，上海古籍出版社，1990年，第44页。
③ 郭沫若：《十批判书·稷下黄老学派的批判》，《郭沫若全集·历史编》第2卷，第157页。
④ ［汉］司马迁撰：《史记》，第2343页。
⑤ ［汉］桓宽：《盐铁论·论儒》，上海古籍出版社，1990年，第40页。
⑥ ［汉］司马迁撰：《史记》，第1895页。

“自驺衍与齐之稷下先生，如淳于髡、慎到、环渊、接子、田骈、驺奭之徒，各著书言治乱之事，以干世主，岂可胜道哉！”[①]又云：“于是齐王嘉之，自如淳于髡以下，皆命曰列大夫，为开第康庄之衢，高门大屋，尊宠之。览天下诸侯宾客，言齐能致天下贤士也。荀卿，赵人。年五十始来游学于齐。……田骈之属皆已死。齐襄王时，而荀卿最为老师。齐尚修列大夫之缺，而荀卿三为祭酒焉。”[②]齐襄王在位期间，荀子多次被任命为主盟学宫的祭酒之职，继续孟子的未竟事业，“嫉浊世之政，亡国乱君相属，不遂大道而营于巫祝……如庄周等又猾稽乱俗，于是推儒、墨、道德之行事兴坏，序列著数万言而卒”[③]。齐襄王公元前283年至前265年在位，距离齐桓公在位时期（前374—前357）百余年，齐国稷下学宫此刻已延续百年左右。

郭沫若这样分析司马迁《史记》所提到的稷下学宫学者的派别：“孟、荀是儒家，驺衍、驺奭是阴阳家，田骈、慎到、环渊、接子，还有宋钘、尹文，都是道家，淳于髡‘其学无所主’是一位无所谓派，此外有确实可考的如儿说是倡导‘白马非马’的人，田巴服徂丘，议稷下，离坚白、合同异，当然是名家者流。派别可以说很复杂，或者也就是很自由，然而这里面没有墨家，而道家是占大多数的。”[④]事实上，田骈、慎到、环渊、接子、宋钘、尹文，并非都是道家。田骈、慎到，一般被归于法家。从署名慎到的作品《威德》《因循》《民杂》《德立》《君人》《知忠》《君臣》这些篇目看，他的学术主张更多地具有早期法家的思想倾向。《汉书·艺文志》也列《慎子》四十二篇于法家类，且谓其“先申韩，申韩称之”[⑤]。就连郭沫若自己也说过：“慎到、田骈的一派是把道家的理论向法理一方面发展了的。严格地说，只有这一派

① ［汉］司马迁撰：《史记》，第2346页。
② ［汉］司马迁撰：《史记》，第2347—2348页。
③ ［汉］司马迁撰：《史记》，第2348页。
④ 郭沫若：《十批判书·稷下黄老学派的批判》，《郭沫若全集·历史编》第2卷，第157页。
⑤ ［汉］班固撰，［唐］颜师古注：《汉书》，中华书局，1962年，第1735页。

或者慎到一人才真正是法家。”[①] 而宋钘、尹文一派的学术主张，大要就是“不累、不饰、不苟、不忮”等“别囿”理论，看起来跟名家多有相似处。《尹文子》在班固《汉书·艺文志》中被列为名家。[②]《韩非子·外储说左上》：“言有纤察微难而非务也，故季、惠、宋、墨，皆画策也。”[③] 把宋钘归于名家。荀子把墨翟、宋钘归于一类：“不知壹天下建国之权称，上功用，大俭约而僈差等，曾不足以容辨异，县君臣，然而其持之有故，其言之成理，足以欺惑愚众。是墨翟宋钘也。”[④] 宋钘又被归于墨家。同时孟子、荀子都尊敬宋钘，而且受了他的影响，可见他与儒家的关系也并不坏。[⑤] 由上可知，宋钘的思想不纯粹是道家，而是包含了名家、墨家乃至儒家在内的多家思想成分。这与淳于髡的情况相似。淳于髡被郭沫若划为“其学无所主”的“无所谓派”，但按照《史记·滑稽列传》对淳于髡的叙述来看，他是稷下学宫的元老之一，擅长用“隐语”规劝君王，言辞滑稽诙谐，用意巧妙深刻，能够达到很好的讽喻效果。像流传至今的“不鸣则已，一鸣惊人”典故、“酒极则乱，乐极则悲”的哲理之言等[⑥]，对于齐国的政坛及诸侯列国间具有重大影响，可称为纵横家。同时，他规劝君主勤政节俭，颇与儒家相似；注重法制规则，又类于法家。

由此，我们可以看出，稷下学宫汇聚了列国的学者，容纳了几乎所有学派的代表人物，迅速成为了列国的学术文化中心。在稷下学术的推动下，战国中后期的学术思想迅速进入了发展的黄金时代，真正意义的百家争鸣就此开始。正如余英时先生所说：“先秦所谓‘百家争鸣’的时代主要是和稷下时代相重叠

---

① 郭沫若：《十批判书·稷下黄老学派的批判》，《郭沫若全集·历史编》第 2 卷，第 167 页。
② ［汉］班固撰，［唐］颜师古注：《汉书》，第 1737 页。
③ ［战国］商鞅、韩非子：《商君书·韩非子》，岳麓书社，1990 年，第 184 页。
④ 梁启雄：《荀子简释·非十二子》，中华书局，1983 年，第 61 页。
⑤ 郭沫若：《青铜时代·宋钘尹文遗著考》，《郭沫若全集·历史编》第 1 卷，第 551 页。
⑥ ［汉］司马迁撰：《史记》，第 3197—3199 页。

的。”[①] 郭沫若先生也说过：“这稷下学宫的设置，在中国文化史上实在是有划时代的意义，它似乎是一种研究院的性质，和一般的庠序学校不同。发展到能够以学术思想为自由研究的对象，这是社会的进步，不用说也就促进了学术思想的进步。”[②]

在稷下百家争鸣的学术环境中，各家学说互相吸取、互相渗透、互相贯通，学术思想的发展逐渐呈现出交融、趋同、综合的趋势，在很多问题的看法上逐步形成了共识，从而产生了一些新的理论、新的流派。例如，黄老之学、荀子之学、精气理论、阴阳五行学说等，都是学术思想综合创新的结果。同时，这些学说又影响了当时学术思想的发展。尤其黄老学说，影响了慎到、田骈、接子、环渊等人，他们都是战国中期著名的稷下先生。《史记·孟子荀卿列传》中列举了一批“学黄老道德之术”的思想家：“慎到，赵人。田骈、接子，齐人。环渊，楚人。皆学黄老道德之术，因发明序其指意。”[③] 对于“皆学黄老道德之术”一语，需要结合当时学术思想发展的状况加以判断，而不可望文生义，简单地理解为先有一个现成的黄老之学，慎到等人皆学之而成名。蒙文通先生对此曾有过专门论述，他说：“是稷下各派学者集合（或融合）而形成了黄老一派，……不是黄老之学在先，而是百家融为黄老，……黄老之学是由各种学派渐趋接近的结果。”[④]“百家融为黄老”，具体就表现为战国中期的慎到、田骈、尹文等人的学说和大约同时的《管子》以及《黄帝四经》中的黄老思想。也就是说，黄老之学是在战国中期诸子百家的学说经过充分的交流争鸣之后，学术思想的发展逐渐呈现出交融、趋同、综合的趋势的学术条件下才得以形成的。在这个形成的过程中，培育了慎到、田骈、宋钘、淳于髡等稷下学者，这

---

① 余英时：《士与中国文化》，上海人民出版社，1987 年，第 61 页。
② 郭沫若：《十批判书·稷下黄老学派的批判》，《郭沫若全集·历史编》第 2 卷，第 157 页。
③ [汉] 司马迁撰：《史记》，第 2347 页。
④ 蒙文通：《略论黄老学》，载《蒙文通文集》第一卷《古学甄微》，巴蜀书社，1987 年，第 276 页。

些学者的思想都体现了黄老学说的某些特性，后来有的成为法家，有的成为儒家，有的成为名家、阴阳家等。可见黄老学说的影响力。而黄老学派也随之诞生，在《史记·乐毅列传》中，司马迁这样描述黄老学说的谱系传承："乐氏之族，有乐瑕公、乐臣公，赵且为秦所灭，亡之齐高密。乐臣公善修黄帝、老子之言，显闻于齐，称贤师。……乐臣公学黄帝、老子，其本师号曰河上丈人，不知其所出。河上丈人教安期生，安期生教毛翕公，毛翕公教乐瑕公，乐瑕公教乐臣公，乐臣公教盖公。盖公教于齐高密、胶西，为曹相国师。"[①] 按照这一记载，乐瑕公与乐臣公逃亡齐国之时，是"赵且为秦所灭"的时期，也就是公元前 228 年，赵国国都邯郸被秦将王翦攻陷，幽缪王被抓，其兄赵嘉在北边的代国苟延残喘。由此可以推测，大约在公元前 250 年左右，黄老学说已经在齐国形成，之后并有着"河上丈人—安期生—毛翕公—乐瑕公—乐臣公—盖公—曹参"的传承体系。

由是，黄老政治思想是在列国制度之下及稷下学宫"兼容并蓄"的治学理念之下逐步建立起来的，具有强烈的现实政治性与明显的综合百家之倾向，与老子、庄子的治世方式和治世理想具有明显的不同，这是由黄老道家兼采儒、墨、名、法、阴阳等各家学派思想的综合性特色决定的，尤其对于法家思想的采纳是黄老治国论区别于老庄的根本原因。黄老道家对治国问题的思考比老庄道家更为客观具体，其根源在于黄老道家对于道论的气化、形下化解析，使得其政治哲学的形上性、玄思性减弱，而现实性、客观性凸显，他们遵循的是"道法结合"的路径。"援法入道"的思路表明，黄老道家开始更加积极地参与社会治理，并寻求可执行的治国方略，在"因人之情"的原则下，既继承老庄道家自然无为的哲学旨趣，同时按照"因性制法"的原则探讨社会制度和国家法治的建构，在更深层次上思考道与法、天与人、人性与制度的关系，为"无为

---

① ［汉］司马迁撰：《史记》，第 2436 页。

而无不为”的治国思想寻找哲学上的理论依据和现实中的操作方法，这是黄老道家为适应战国末期百家争鸣的思想环境以及列国变法图强的社会需要而做出的理论调适，丰富了道家治国论的理论形态，是先秦道家治国论的新阶段、新形态。[①]

① 白延辉：《黄老道家治国论的内在逻辑》，《内蒙古社会科学（汉文版）》2019 年第 2 期。

第三章 从『德礼』到『道法』的哲学突破

郑开提出，在中国哲学发展过程中，前轴心时期到轴心时期发生了“德礼体系”到“道法体系”的转折。他认为：“如果说轴心时期的诸子哲学是从前轴心时期的德礼文化中突破出来的话，那么我们似乎可以说，儒家重视仁礼、仁政，维系、延续了前轴心时代德礼体系的‘命脉’，而道家和法家则沿着不同于儒家的思想方向推陈出新：他们所提出的‘道’与‘法’，在抗衡德礼体系的同时，也吸纳了其精华，并最终部分地瓦解了德礼体系。”[①]这一“道法体系”主要是由黄老学派建立起来的，先秦儒道之争实为“德礼体系”与“道法体系”之争。

“德礼体系”是周以蕞尔小邦克大邦殷之后，为论证自身政权的合法性，在殷商“天命论”的基础上建立的。这一体系的建立以周公制礼为标志。周人在敬天祭神的同时，把施政着眼点放在下民意志与自身德性身上，淡化了周王统治的宗教色彩，初步确立了在天人合一的思想前提下以人为本位的伦理体系。在礼崩乐坏的春秋时期，原有政治力量的均势被打破，周礼固定下来的利益分配格局难以持续下去。以孔子为代表的儒家对周礼的精神进行了重新阐发，并希冀以此为理论基础重新安排各阶层的利益关系。孔孟等儒家把“德”从周代以降的政治之“德”迁移到内在之“德”，把纷然杂陈的德目逐渐收敛于“忠信孝悌”与“仁义礼智”等内在修为方面的概念，从而使得儒家哲学开始脱离于德礼传统而独立存在。而黄老学说则从批判儒家的“仁义礼智信”着手，引入《老子》的“道”及“天道”思想，认为礼法制度首先得符合“天道”，亦即符合人的良知、万物情理等，“刑（形）名相辅”，进而符合“德”，最后才能逐渐接近“道”的要求，制定符合“道”的“刑德”措施，从而形成良法。此即黄老学派的“道法体系”。

本章从哲学核心词汇“道”“德”概念、意蕴的变迁入手，论述从“德

---

① 郑开：《德礼之间——前诸子时期的思想史》，生活•读书•新知三联书店，2009年，第392页。

礼体系”到“道法体系”的发展过程。“德”在西周最紧要的功能在于解释周文王、武王变革天命的正当性，此为“以德受命”。同时“德者”即能“得也”。“德”是天留存在人体内的物质，人是天所生成，与天有拟血缘关系。并以“德”为基础建立了一整套礼法制度。儒家把“德”从周代以降的政治之“德”迁移到内在之“德”，以此改变了周礼以血缘、出身为标准分配社会资源和权力的原则，使内在的“德性”成为人们配享礼乐的前提条件。具体而言，在“古之道术为天下裂”的情形之下，儒家把纷然杂陈的德目逐渐收敛于“忠信孝悌”与“仁义礼智”等内在修为方面的概念，并极大地突出了传统德目中的“仁”，以“仁”移植了“德”的部分内涵，且把“仁”“义”观念发展为内化的“德”中最根本的概念，这使得道德伦理问题从而成为了儒家优先关注的问题。而老子从“德”的“属性”“本质”这一含义着手，提出“德”是人性中潜藏着的东西，从而把“德”与自然规律、万物情理、社会发展规律融合起来，并以“天道”“道”来统摄其德目。庄子进一步强调，“德”是指万物“得”之于“道”的先天属性，提倡个人生活及社会治理中未经过人为加工的真实的自然状态。《管子》四篇中出现了以“精”“气”论“道”和“德”的情况，为了“知得”，为了体认“道之精”，尤其重视“心术”与“内德”的修养，“养气以成德，成德以治国”，强调统治者的“政治德性”的重要。《黄帝四经》以“道”指称天地化生万物的准则，“德”则是天地化生万物的德行，这是全书的思想基础。《黄帝四经》的“德”有宇宙论、治理原则、治理措施三个维度。当“德”由主政者涵养于内并形之于外的时候，它便落实、运行于人类社会，产生良好的效应。故而有“玄德”“明德”这些政治原则。在具体操作中，“德”与“刑”相辅相成，奖惩分明，赏罚得当，由此延伸出“道生法”。可见，《黄帝四经》的政治思想的主要方面“道法体系”是在对儒家德目的批判下，经由哲学核心概念“道”“德”的发展，而逐步建立起来的。它是对“德礼体系”的突破，也是对哲学核心词汇意蕴的突破与拓展。

第一节
“德礼”体系的哲学意蕴

一般认为，“德”字并不见于甲骨文，这个字在周代的金文中才大量出现。如侯外庐先生认为，不但甲骨文中未见“德”字，道德观念在卜辞中也没有痕迹。郭沫若先生也认为，在殷人的卜辞中没有“德”字。他说：“（周人的）这一套思想，以天的存在为可疑，然而在客观方面要利用它来做统治的工具，而在主观方面却强调着人力，以天道为愚民政策，以德政为操持这政策的机柄，这的确是周人所发明出来的新的思想。”[①] 然而徐中舒先生的《甲骨文字典》认为，在甲骨文中已经有了“德”的初字。他提出殷商的几句卜辞作为例证：“口丑卜，王侯弗若△？”（《续编》6·8·4） “丁亥卜，元△？”（《明初》1370） “丁亥卜，亘贞，……唯不△？”（《缀合》273） “戌庚卜，口贞，改王△，于之若？”（《缀合》299）[②] 例证中的“△”都是表示图形的“德”字。只是学界对于卜辞中的“△”是否确定为“德”字尚有争议。若把这几句卜辞与传世文献中有关“德”的记述进行比照，“弗若德”“元德”“不德”“王德”亦见于《尚书·商书》等典籍，其表达特征也比较类似。事实上，正如李若晖先生所说，我们所见的殷商史料有限，不能仅仅根据甲骨文中是否出现，

① 郭沫若：《文史论集》，人民出版社，1961 年，第 345 页。转引自郑开：《德礼之间——前诸子时期的思想史》，第 44 页。

② 徐中舒主编：《甲骨文字典》，四川辞书出版社，1989 年，第 168—169 页。

而作为某一事物、观念在殷代有无的唯一根据。[①] 虽不能说“德”字一定在殷商卜辞中出现过，但从周代对于殷商的继承及“德”在西周典籍、金文中的运用可以推知，殷商或许就已经有了“德”的观念。

殷商时期延续了原始部落氏族时期对某种神秘力量的敬畏与服从精神，但这种神秘力量的名称并不统一，或为“大”，或为“帝”，还有其他称谓，如“天命”等等。在甲骨文、金文中，“命”多写作“令”。卜辞中的“令”和“受令”，读作“命”和“授命”，是殷人崇拜的“命运之神”。[②] 这就意味着“命”这个词常常与上位者联系在一起。尤其是“天命”，更意味着至高无上、不可抗拒的力量，是人间权力的依据所在。殷王在“率民事神”的祭祀礼仪中张扬了其“神性”权威心理。在《尚书·西伯戡黎》中，纣王闻周师西来云：“呜呼！我生不有命在天？”[③]《史记·周本纪》则记录得更为清楚：“纣曰：‘不有天命乎？是何能为！’”[④] 殷人认为天命不移，自有天帝与祖先神的庇佑。一旦失势，是“天弃我”，只能接受天命的安排。当周以蕞尔小邦克大邦殷后，周人开始反省“天命”到底为何，在他们看来，有德是获得天命的必要条件，而修德保民则是永葆天命的唯一手段。《尚书·蔡仲之命》云：“皇天无亲，惟德是辅；民心无常，惟惠之怀。”[⑤] 同时，周人在克商之后，又一定程度上继承了殷商的“天命不易”思想，《尚书·大诰》云“尔亦不知天命不易”[⑥] 等。这主要出于政治宣传、维护政权稳定的目的，与“天命靡常”思想并不相悖。恰恰相反，二者是西周“天命观”相辅相成的两个组成部分。“无常”是指天

---

① 李若晖：《以“天”代“帝”——周人对于君权正当性之反思及“德”之初步独立》，载周强、陈望衡主编《儒源新探——周先祖与中国文化》，中国社会科学出版社，2012 年，第 86—95 页。

② 夏渌：《卜辞中的天、神、命》，《武汉大学学报（人文科学版）》1980 年第 2 期。

③ ［汉］孔安国传，［唐］孔颖达疏：《尚书正义》，北京大学出版社，2000 年，第 309 页。

④ 转引自胡兆东：《殷周之际“天命”思想的重新建构与历史化演变》，《太原学院学报（社会科学版）》2019 年第 4 期。

⑤ ［汉］孔安国传，［唐］孔颖达疏：《尚书正义》，第 534—535 页。

⑥ ［汉］孔安国传，［唐］孔颖达疏：《尚书正义》，第 415 页。

所命赐给某一王朝的人间统治权不是永恒的，是可以改变的；“有常”是指天意天命不是喜怒无常，而是有确定的规律与逻辑的。天命靡常，皇天无亲，意味着上天不再是殷商伦理中只垂恩于一邦的宗神。惟德是辅，这表明上天辅佐有德者是确定不移的。所以陈来先生说：“西周的天命观也肯定天命神意的主宰作用，但这种主宰作用不是体现为宇宙和人类安排了一个必然性的链条，而是根据事物的发展和人类的状况随时加以控制、干预和调整。……是伦理宗教面对社会历史、人类命运所产生的一种理解、要求、思想，并把这种要求诉诸天命论的形式。”①

叶树勋指出，“德”在西周最紧要的功能在于解释周文王、武王变革天命的正当性。殷人无“德”而周人有“德”，天帝便做出新的任命，故而政权从殷人转移到周人。②“桀德惟乃弗作往任，是惟暴德，罔后。亦越成汤陟，丕釐上帝之耿命，乃用三有宅，克即宅，曰三有俊，克即俊。严惟丕式，克用三宅三俊。其在商邑，用协于厥邑。其在四方，用丕式见德。呜呼！其在受德暋，惟羞刑暴德之人，同于厥邦，乃惟庶习逸德之人，同于厥政。帝钦罚之，乃伻我有夏，式商受命，奄甸万姓。亦越文王、武王，克知三有宅心，灼见三有俊心，以敬事上帝，立民长伯。”（《尚书·立政》）③“暴德”“见德”“受德”“逸德”，这些词显示了，“德”是指能得到天帝之眷顾的一种整体状态，这种状态源于其内在的品质和心意，表现为诸种政治行为和宗教行为。也就是说，“德者，得也”，说明“德”是“得天命”的结果，或是一种状态。而以周代殷后，更强调“以德受命”，“德”则成为了“得天命”的重要条件。于是，“德”作为一种心志或行为的意义便得到彰显。

自上古时代“绝地天通”后，统治者垄断了与上天的沟通权，商王既是

---

① 陈来：《古代宗教与伦理：儒家思想的根源》（增订本），北京大学出版社，2017 年，第 224 页。
② 叶树勋：《先秦道家“德”观念研究》，中国社会科学出版社，2022 年，第 68—69 页。
③ ［汉］孔安国传，［唐］孔颖达疏：《尚书正义》，第 552—556 页。

政治领袖，同时为具有与天、神灵、祖宗沟通能力的百巫之长。人间事务皆要通过占卜、祭祀来请示上帝的意志；而周人则在敬天祭神的同时，把施政着眼点放在下民意志与自身德性身上，其宗教色彩趋于淡化。这体现在天人合一的思想前提下以人为本位的伦理体系的确立。“既然天是有伦理理性的可知的存在，人所要做的，就是集中在自己的道德行为上……而社会的统治者尤必须了解，天命即体现为民众的欲求。”[①]《尚书·牧誓》云：“今商王受惟妇言是用，昏弃厥肆祀弗答，昏弃厥遗王父母弟不迪。……今予发惟恭行天之罚。”[②]“昏弃厥遗王父母弟”“暴虐百姓”这些行为会被“恭行天罚”。为了保天之命，则必以德治政，即“王敬作所不可不敬德”[③]、“王其德之用，祈天永命”（《尚书·召诰》）[④]。陈梦家认为，周代的“德”影响下的天人关系有两个基本面向：第一，黎民均与天有直接的内在联系，可称为拟血缘关系；第二，不同宗族通过对本宗族本职的努力修习，满足宗族成员的正当欲望——善抚黎民即恭敬天命、顺应天意，可以养德。[⑤]人是天所生成，与天有拟血缘关系，德是天留存在人体内的物质。《国语·楚语上》子革曰：“民，天之生也。知天，必知民矣。”[⑥]《吕氏春秋·本生》阐述为“始生之者，天也；养成之者，人也”[⑦]；《大乐》继续提及“始生人者天也”[⑧]。郭店楚简《成之闻之》第37—38号简记载：“昔者君子有言曰‘圣人天德’曷？言慎求之于己，而可以至顺天常矣。”[⑨]

---

① 陈来：《古代宗教与伦理：儒家思想的根源》（增订本），第230页。
② ［汉］孔安国传，［唐］孔颖达疏：《尚书正义》，第338—339页。
③ ［汉］孔安国传，［唐］孔颖达疏：《尚书正义》，第470页。
④ ［汉］孔安国传，［唐］孔颖达疏：《尚书正义》，第472页。
⑤ 陈梦家：《尚书通论》，中华书局，2005年，第180页。
⑥ ［春秋］左丘明撰，李维琦、张幼军注译：《国语》，岳麓书社，2024年，第448页。
⑦ 杨坚点校：《吕氏春秋·淮南子》，岳麓书社，1989年，第2页。
⑧ 杨坚点校：《吕氏春秋·淮南子》，第30页。
⑨ 转引自周凤五：《读郭店楚简〈成之闻之〉札记》，载楚文化研究会主编《古文字与古文献》试刊号，台北，1999年，第42—43页。

第39—40号简又说：“是故君子慎六位以巳（翼）天常。”[①]“巳”读为“翼”，敬也，意思是圣人之“德”乃敬顺“天常”才能获得的赠品，是“天”之产物。由上述解释来看，拟血缘关系是周初天人关系的基本立足点。[②]而“德”则是把天人关系变成拟血缘关系的重要媒介，或者更为准确地说，周代以“德”的观念强化了殷商天人关系中拟血缘关系的内涵，从而为周代之后的“德—礼”系统打下了理论基础。

郭沫若指出：“从《周书》和周彝看来，德字不仅包括着主观方面的修养，同时也包括着客观方面的规模——后人所谓的‘礼’。礼是后起的字，周初的彝铭中不见这个字。礼是由德的客观方面的节文所蜕化下来的，古代有德者的一切正当行为的方式汇集下来便成为了后代的礼。”[③]他认为周代的“宗教、政治、道德之三者实三位一体”，并认为德分为“得之于内者”与“得之于外者”。前者乃道德、品德之酝酿，后者在于“崇祀鬼神，帅型祖德。……有德者得其寿，得其禄，得延其福泽于子孙。德以齐家，德以治国，德以平天下。德大者配天，所谓大德者必在位也”[④]。事实上，由德与天命的关系在殷周的发展可知，德与巫史传统密不可分。李约瑟先生认为“德”的词源里，除了德行之外，还包含权力、性能和神性。他推测，“德”的本来意义可能与“神性”和“（宗教意义上的）美德（virtus）”的意义极为相似。[⑤]李泽厚先生及张光直先生也曾论证过德与巫史传统的关系。李泽厚先生推测，“德”大概最先与献身牺牲祖先的巫术有关，是巫师具有的神奇品质，继而转化为“各氏族的习惯法规”。他说：“德似乎首先是一套行为，但不是一般的行为，主要是以氏族部落的祖

---

① 转引自周凤五：《读郭店楚简〈成之闻之〉札记》，载楚文化研究会主编《古文字与古文献》试刊号，第42—43页。

② 曲柄睿：《天命、天道与道论：先秦天人关系理论的形成与发展》，《史学理论研究》2021年第4期。

③ 郭沫若：《青铜时代》，《郭沫若全集·历史编》第1卷，人民出版社，1982年，第336页。

④ 郭沫若：《金文丛考》，《郭沫若全集·考古编》第5卷，科学出版社，2002年，第75—80页。

⑤ ［英］李约瑟著，何兆武等译：《中国科技史》第2卷，科学出版社、上海古籍出版社，1990年，第252页。

先祭祀活动的巫术礼仪紧密结合在一起，逐渐演变而成维系氏族部落生存发展的一整套的社会规范、秩序、要求、习惯等非成文法规。”[①]在周初的时候，“德”发生了质的转变。“到周初，这个中国上古‘由巫而史’的进程，出现了质的转折点。这就是周公旦的‘制礼作乐’。它最终完成了‘巫史传统’的理性化过程，从而奠定了中国文化大传统的根本。‘德’与‘礼’是这一理性化完成形态的标志。”[②]

众所周知，“礼”跟周初的周公制礼作乐有莫大关联，甚至可以说，在先秦典籍中，作为某种统摄概念的“礼”大多指的是周礼。或者说，在中国思想史中，周礼是与“礼”的内涵最契合的一种。王国维在《殷周制度论》中提出，周礼旨在“纳上下于道德，而合天子、诸侯、卿大夫、士、庶民以成一道德之团体”[③]。“周之制度典礼乃道德之器械，而亲亲、尊尊、贤贤、男女有别四者之结体也。此之谓‘民’彝。”[④]《左传·僖公七年》载管仲之言曰：“招携以礼，怀远以德。德、礼不易，无人不怀。”[⑤]这些都说明了周礼的精神实质是一个“德礼体系”。《礼记·表记》描述夏礼、殷礼、周礼的区别云：“夏道尊命，事鬼敬神而远之，近人而忠焉，先禄而后威，先赏而后罚，亲而不尊；……殷人尊神，率民以事神，先鬼而后礼，先罚而后赏，尊而不亲；……周人尊礼尚施，事鬼敬神而远之，近人而忠焉，其赏罚用爵列，亲而不尊。”[⑥]可见，夏商周三代的“礼”各有侧重点。周礼延续了殷礼祖先崇拜、鬼神观念。张舜徽先生说：“从宗教上看，商人宗教的几个根本特征，在武王伐纣以后，多为周人所继承。例如，繁缛的祖先崇拜与上帝的观念，都是自商到西周一贯

① 李泽厚：《中国古代思想史论》，人民出版社，1986年，第86—87页。

② 李泽厚：《历史本体论·己卯五说》，生活·读书·新知三联书店，2003年，第172—173页。

③ 洪治纲编：《王国维文选》，上海大学出版社，2023年，第169页。

④ 洪治纲编：《王国维文选》，第181页。

⑤ ［春秋］左丘明传，［晋］杜预注，［唐］孔颖达正义：《春秋左传正义》，北京大学出版社，2000年，第401页。

⑥ ［汉］郑玄注，［唐］孔颖达疏：《礼记正义》，北京大学出版社，2000年，第1732—1734页。

相承的。”[①]而周礼正如《论语》所说，是在殷礼的基础上“损益”形成的。“殷因于夏礼，所损益，可知也；周因于殷礼，所损益，可知也。”（《论语·为政》）[②]其“损益”的重点在于宗教模式与政治模式。

狭义的“礼”仅指“仪”，是指“当时封建贵族阶级在生活中一切行动所应遵守的礼节或仪式，它往往与其他各项制度并列，例如《礼记·乐记》：‘礼、乐、刑、政，其极一也。’这种狭义的礼，如表现在冠、昏、丧、祭，以及飨宴、朝聘等等，是一般人通用的概念”。[③]广义的“礼”则涉及一切仪式性、符号性的范畴。周礼的内容涉及广泛，几乎覆盖了社会生活的方方面面，如《汉书·礼乐志》所说：“人性有男女之情，妒忌之别，为制婚姻之礼；有交接长幼之序，为制乡饮之礼；有哀死思远之情，为制丧祭之礼；有尊尊敬上之心，为制朝觐之礼。”[④]尤其政治层面的“礼”包括“继统（继承王位）、封建、赐命、征伐、巡狩、封禅、刑法、朝贡、盟会”等等，其实质即为在宗法政治结构中进行权力的分配与运行。西周通过“制礼作乐”，奠定了以注重德教、礼治的核心内容和主要特征的“周政”，大体由“分封建制”“宗法制度”“礼乐制度”组成。其中，“分封建制”与“礼乐制度”都是建立在以血缘关系为纽带的“宗法制度”的基础之上的。周王朝把嫡长子与其他庶子、女儿区分开来，分为大宗、小宗，嫡长子继承王位、爵位及宗族中的族长地位，为大宗，其余诸子为小宗。这一以嫡长子为中心的宗法政治结构由王室到公侯伯子男等贵族逐级向下推行，一直到士阶层，并在实际的操作中诉诸繁缛的礼仪，详细地规定了君臣、上下、长幼、尊卑、亲疏、男女的差别和次序，并以其作为社会共同遵循的行为规范。

---

① 张舜徽：《周秦道论发微》，中华书局，1982 年，第 305—306 页。

② ［魏］何晏注，［宋］邢昺疏：《论语注疏》，北京大学出版社，2000 年，第 25—26 页。

③ 赵光贤：《周代社会辨析》，人民出版社，1980 年，第 98—99 页。

④ ［汉］班固撰，［唐］颜师古注：《汉书》卷二十二，中华书局，1962 年，第 1027—1028 页。

根据与周天子血缘关系的远近亲疏，不同等级的贵族在封地、祭祀、礼仪、享乐等社会生活的各方面所获得的是不一样的。这一点恰与“德”的内涵相同，不论是“德者，得也”，还是“以德受命”，“德”都是“获得”的充分必要条件。在周礼对殷礼的“损益”中，周人以“德”来替代血缘纽带，提出“天命靡常”，不仅有氏族贵族血缘关系的王室才可以得天命，还可“以德受命”，“德者”即能“得也”。德是天留存在人体内的物质，人是天所生成，与天有拟血缘关系。李玄伯（宗侗）早在1948年就提出了“德为图腾”这一论断，并且指出：“最初的德与性的意义相类。如贾谊《新书·道德》篇说‘所得以生谓之德’，《晋语》：‘异姓则异德，异德则异类，……’这团名为性，另团名为德，其实代表的仍系同物，皆代表图腾的生性。最初说同德即等于说同姓（同性）。”[①] 而周王朝在东征后，“选建明德，以屏藩周”，除了分封周王室成员外，也“授民”“授土”给夏、商旧朝贵族及当地土著。“……聃季授土，陶叔授民，命以《康诰》，而封于殷虚。皆启以商政，疆以周索。分唐叔以大路、密须之鼓、阙巩、沽洗，怀姓九宗，职官五正。命以《唐诰》而封于夏虚，启以夏政，疆以戎索。”（《左传·定公四年》）[②] 通过“封建”与“建德”，把周的亲族、殷民旧族和当地土著结合起来。分封下的诸侯国，一方面保持了宗祖族群的特点，另一方面与原住民融合而成为地缘性的政治单位，遂逐渐演变成春秋的列国制度。也就是说，“天子建国，诸侯立家，卿置侧室，大夫有贰宗，士有隶子弟”（《左传·桓公二年》）[③] 的“家—国—天下”的政治结构，是在“尚德”的大旗下构建而成的，它是宗法精神的外在表现。而宗法是由氏族部落成法、原始宗教信仰、部落图腾“姓”发展而来的，其一以贯之的内核便是“德”。

---

① 李玄伯：《中国古代社会新研》，上海开明书店，1949年，转引自郑开：《德礼之间——前诸子时期的思想史》，第229页。

② [春秋]左丘明传，[晋]杜预注，[唐]孔颖达正义：《春秋左传正义》，第1783—1784页。

③ [春秋]左丘明传，[晋]杜预注，[唐]孔颖达正义：《春秋左传正义》，第177—178页。

第二节
“道—德”场域的建立

“道”字虽然早在西周时期就已经出现，但仅仅是作“道路”或“引导”的意思，并不是一个重要的伦理名词，更不是指导周文化的哲学概念，远没有“德”与“天”在周人思想观念中那样的地位。最能反应周初思想的八诰中，只有《尚书康诰》中提及“道”：“既道极厥辜，时乃不可杀。”[①]这里的“道”，是作“说”的意思。“道”作为一个抽象化的概念大约是西周末年的事情，首先是指人世间的规律的。如《诗经·桧风·匪风》有云：“匪风发兮，匪车偈兮。顾瞻周道，中心怛兮。匪风飘兮，匪车嘌兮。顾瞻周道，中心吊兮。”[②]《毛传》曰：“匪风，思周道也，国小政乱，忧及祸难而思周道焉。”郑笺注曰：“周道，周之政令也。”[③]《诗经·大雅·韩奕》又云：“奕奕梁山，维禹甸之，有倬其道。”[④]《毛传》：“宣王平大乱，命诸侯有倬其道，有倬然之道者也受命，受命为侯伯也。”[⑤]郑笺注：“厉王之乱，天下失职，今有倬然者，明复禹之功者韩侯，受王命为侯伯。”[⑥]孔颖达疏：“复禹之功有倬然著明其道

① ［汉］孔安国传，［唐］孔颖达疏：《尚书正义》，第 429 页。
② ［清］阮元：《十三经注疏·毛诗正义》，中华书局，1980 年，第 382—383 页。
③ ［清］阮元：《十三经注疏·毛诗正义》，第 382—383 页。
④ ［清］阮元：《十三经注疏·毛诗正义》，第 570 页。
⑤ ［清］阮元：《十三经注疏·毛诗正义》，第 570 页。
⑥ ［清］阮元：《十三经注疏·毛诗正义》，第 570 页。

德者，韩侯也。韩侯以此明德受天子之命为侯伯也。”[1]诗中“道”与“德”的含义相近。该诗作于周宣王时期，可据此推之，大约在西周末年，“道”已经抽象成了一个与治国修身相关的概念。

自平王东迁以后，周代社会权力层层下移，以至于“陪臣执国命”，以下犯上，礼崩乐坏，“弑君三十六，亡国五十二”。在不断涌现的窃国篡权和武力征伐中，“德”的号召力与约束力显得过于软弱。自称“天命有德”的周王室显然不再受到上天庇护。同时，诸侯国之间的政治斗争往往无德者胜，有德者反而覆亡。统治者要想长久居于高位，只需要具备执政之德，即是否安邦利民。至于其是以何种手段取得政权，以及如何对他国进行武力征伐，甚至不论其夺权与征伐的手段是何其的卑鄙与惨烈，那也是天命之所属。这种情形明显违背了周初“德”的精神。在这种情况下，“德”已不是取得天命的唯一途径，人们必须得重新认识天人关系。于是，以孔子为首的、以恢复周礼为己任的思想家们为了维护“周德”的正当性，全面规范人们（尤其是统治者）的行为，不断地对“德”进行补充、完善及细化、升级，把“德”细化为仁、义、忠、孝、容、贞、信等等不同方面的内容。[2]同时，“道”与“天命”结合起来，并抽象成了一个与治国修身相关的概念。

《左传·庄公四年》第一次提到“天之道”：“邓曼叹曰：王禄尽矣。盈而荡，天之道也。”[3]这里的“天道”指代了“天命”，是指“天”的运行规律。《左传·桓公六年》第一次单独提到了“道”：“臣闻小之能敌大也，小道大淫。所谓道，忠于民而信于神也。上思利民，忠也；祝史正辞，信也。”[4]《左传·僖公十三年》又说：“天灾流行，国家代有，救灾恤邻，道也。行道

① ［清］阮元：《十三经注疏·毛诗正义》，第570页。
② 吴龙辉：《原始儒家考述》，中国社会科学出版社，1996年，第65页。
③ ［清］阮元：《十三经注疏·春秋左传正义》，中华书局，1980年，第1764页。
④ ［清］阮元：《十三经注疏·春秋左传正义》，第1749页。

有福。"[①]这里的"道"成了一系列周代伦理行为及意识的总和，与"德"的含义大致相同。这样的 "道"是人类社会的规范和准则，或可称之为"人道"。郑国子产说过："天道远，人道迩。"[②]但天道与人道有时候也高度重合："君人执信，臣人执共，忠信笃敬，上下同之，天之道也。君自弃也，弗能久矣！"（《左传·襄公二十二年》）[③]此处的"天之道"完全就以人的行为来体现。可见，春秋时代周人所提出的"道"并没有一个明确的定义，可以随着具体事件的发生而作不同的解释，它既代表人间的伦理规范与行为准则，也能够用来解释"天命"为什么不再眷顾有"德"之人（主要指君主），这是基于"礼崩乐坏"的现实对西周"天命有德"思想的反思。"道"囊括了一切事物发展的必然性与存在的合理性，其含义比"德"扩大了，从而成为了沟通天人之际的新的介质，也更具有某些哲学思辨的意味。

一 "德"谱系的分野——儒家与老庄分袂的哲学思考

在百家争鸣的春秋战国时期，随着"德"概念的分散，各学派对于"德"的继承与阐释也出现了微妙的不同。这是"德—道"体系建立的重要过程，也是中国哲学体系诞生的基石所在。其中，儒家、墨家皆以《诗经》《尚书》为本对"德"进行阐释与发展，可归于一类；而老庄、阴阳家有着共同的史官传统与天象观测为思想基础，二者对"德"的发展亦是相同的路径。故此，本文以儒家与老庄为例，考察"德"的涵义在诸子时期的推移与嬗递。

（一）儒家："德"收于"仁义"

不同于《尚书》《左传》中比比皆是"德"的话语，《论语》中"德"大约出现了 40 处，常用来表达一种正面价值，是判断人的行为是否符合社会价

① ［清］阮元：《十三经注疏·春秋左传正义》，第 1803 页。

② ［春秋］左丘明传，［晋］杜预注，［唐］孔颖达正义：《春秋左传正义》，第 1581—1582 页。

③ ［春秋］左丘明传，［晋］杜预注，［唐］孔颖达正义：《春秋左传正义》，第 1126 页。

值的一种标准。例如孔子说“民德归厚矣”，此处的“德”主要指民的行为。“天生德于予”，则说的是上天赐予的善良的、好的本性。在《论语》中，孔子更习惯把“德”细化成仁、义、忠、信、孝、悌等可操作的价值理念，借用对于具体道德品质的描述，来指代《尚书》《左传》中随处可见的“德”。例如《学而》中提到的“温、良、恭、俭、让”。《阳货》中提到的“恭、宽、信、敏、惠。恭则不侮，宽则得众，信则人任焉，敏则有功，惠则足以使人”。《述而》更有云曰：“子以四教：文、行、忠、信。”[①]《季氏》中也明确提到君子九思：“君子有九思：视思明，听思聪，色思温，貌思恭，言思忠，事思敬，疑思问，忿思难，见得思义。”[②]可见，强调实践方面的“行”是孔子对于“德”的阐释的重要特征。一方面，孔子强调了“德”的内向性，凸显了仁、孝、智、勇、忠、信观念的伦理意义。另一方面，孔子强调了“德”的实践性，也就是说，“德”的观念不能游离于“礼”的结构，只能在“礼”的框架中以具体行为体现出来，此为“克己复礼为仁”。《论语•颜渊》曰：“颜渊问仁。子曰：‘克己复礼为仁。一日克己复礼，天下归仁焉。为仁由己，而由人乎哉？’颜渊曰：‘请问其目。’子曰：‘非礼勿视，非礼勿听，非礼勿言，非礼勿动。’”[③]这段文字很好地说明了在“礼”的制度规范下，“仁”诉诸内在道德的约束。“反求诸己”即是“德”的本质特征。

尤其值得注意的是，《学而》中孔子直接用“君子之道”取代了“君子之德”。“有君子之道四焉：其行己也恭，其事上也敬，其养民也惠，其使民也义。”此处的“君子之道”即君子之德行，可见孔子已经用“道”的概念代替“德”了。

《孟子》比《论语》体量大，但是《孟子》中仅有37处直接提及“德”字。故而郑开认为，“德”字在孔孟书籍中与《诗经》《尚书》中出现的频率相比

---

① ［魏］何晏注，［宋］邢昺疏：《论语注疏》，第103页。
② ［魏］何晏注，［宋］邢昺疏：《论语注疏》，第260页。
③ ［魏］何晏注，［宋］邢昺疏：《论语注疏》，第177页。

是急剧下降的，这说明“德”的重要地位悄然下降，而“仁”“义”在林林总总的“德目”中脱颖而出，孔子和孟子正是这一过程的推动者。[①]与孔子不同的是，孟子提出了一个与“仁”同等重要的概念“义”，此之谓“孔曰成仁，孟曰取义”。孟子曰：“仁，内也，非外也；义，外也，非内也。”（《告子上》）[②]在孟子看来，作为“德性”的“仁”，是反求诸己的内在秉性。而“义”是与“仁”并列的，也是“德性”的外在表现。他指出：“恻隐之心，仁之端也；羞恶之心，义之端也；辞让之心，礼之端也；是非之心，智之端也。”（《公孙丑上》）[③]把德行的种种表现与“心”紧密地结合起来。同时，孔孟的“仁”的思想基础在于“亲”。例如：

> 仁者，人也，亲亲为大；义者，宜也，尊贤为大；亲亲之杀，尊贤之等，礼所生也。（《礼记 · 中庸》）[④]
>
> 亲亲，仁也；敬长，义也。无他，达之天下也。（《孟子 · 尽心上》）[⑤]
>
> 仁之实，事亲是也；义之实，从兄是也；智之实，知斯二者弗去是也；礼之实，节文斯二者是也；乐之实，乐斯二者。（《孟子 · 离娄上》）[⑥]

前文曾经说过，“德”最初的概念中含有氏族、血缘之意。“德者，得也”，“有德者”及“有得者”最初指的都是能够获取权力尊荣的氏族贵族。周公制礼作乐之后，礼的形式内容与血缘亲疏远近密不可分，礼乐制度等体系都是建立在“德”的基础之上的。孔孟把“仁”与“亲亲”结合起来，一方面，“仁”

---

① 郑开：《德礼之间——前诸子时期的思想史》，第 347 页。

② ［汉］赵岐注，［宋］孙奭疏：《孟子注疏》，北京大学出版社，2000 年，第 349 页。

③ ［汉］赵岐注，［宋］孙奭疏：《孟子注疏》，第 113 页。

④ ［汉］郑玄注，［唐］孔颖达疏：《礼记正义》，北京大学出版社，2000 年，第 1683 页。

⑤ ［汉］赵岐注，［宋］孙奭疏：《孟子注疏》，第 422 页。

⑥ ［汉］赵岐注，［宋］孙奭疏：《孟子注疏》，第 248 页。

分担了“德”的部分内容，“仁”的对象首选有血缘关系的“亲”，在实施过程中依旧是亲疏有别，爱有等差。“仁”的实施范畴依然是在宗族结构的框架之中，其外在表征依然需要“礼”来实现。另一方面，“仁”也对“德礼”体系进行了某些擢升与突破。儒家之“仁”基于“亲亲”，但并不局限于“亲亲”。事实上它体现为一种秩序与过程，先亲亲，然后逐步推爱于他人，达到“天下大同”的理想，甚至推及宇宙万物，达到上下与天地合流的天人合一的精神境界。[①]

宏观地看，“德”的观念经过西周、春秋数百年的发展，不断兼容政治理念、行为准则、价值观念、伦理规范和道德意识，发展出了众多的目类，《左传》《国语》中就经常有三德、四德、五德、六德、七德、九德的说法。《国语》中甚且有十一德、十二德的说法：“十一德：敬、忠、信、仁、义、智、勇、教、孝、惠、让。”（《周语下》）[②]“十二德：忠、信、义、礼、孝、仁、事、文、武、赏、罚、临。”（《楚语上》）[③]这些“德目”中附加了各种行为准则、社会原则、价值观念和生活规范，可以看成是“德”意义的拓展。这种拓展是内外双向进行的，其中既有“教”“让”“赏”“罚”等外在的行为表现，又有“敬”“忠”“信”“仁”“义”等内在秉性的修持要求。陈来先生说：“春秋文化的历史发展表明，‘德’越来越内在化了。外在化的德目是与礼仪文化相适应的，内在化的德目的要求正是与礼治秩序解体相伴相生的。”[④]而孔孟提出的仁义“内求诸己”体现了儒家为道德原则寻找根据的努力。正如王博所说：“这种寻找是从内外两个方向上进行的，这也是两个可能的向度。向内的寻找导致对人本身的关注，从而发展出人性、人情以及人心等论题，并着力探

① 郑开：《德礼之间——前诸子时期的思想史》，第350页。
② ［春秋］左丘明撰，李维琦、张幼军注译：《国语》，第71页。
③ ［春秋］左丘明撰，李维琦、张幼军注译：《国语》，第432页。
④ 陈来：《古代思想文化的世界》，生活·读书·新知三联书店，2002年，第285页。

讨从人性、人情以及人心中引申出道德原则的可能性。……向外的寻找最后一定会归结为天道，因为只有这样，外在的东西才有追求的合法性。……内外问题，在一定意义上可以转化为子贡所说‘性与天道’的问题。”[①] 总之，在“古之道术为天下裂”的情形之下，儒家把纷然杂陈的德目逐渐收敛于“忠信孝悌”与“仁义礼智”等内在修为方面的概念，并极大地突出了传统德目中的“仁”，以“仁”移植了“德”的部分内涵，且把“仁”“义”观念发展为内化的“德”中最根本的概念，这使得儒家哲学开始脱离于德礼传统而独立存在，道德伦理问题从而成为了儒家优先关注的问题。

（二）老庄：阐发“道德”之义

1. 老子：为“德”正名

众所周知，老子的思想结晶以《道德经》为名，可见“道”“德”概念在老子学说中的重要程度。较早的《老子》文本中，目前所见的出土文献有郭店战国楚简《老子》、马王堆汉墓帛书《老子》、北大汉简《老子》等，传世文献有《韩非子·解老》、严遵《道德指归》及王弼编订的通行本等。这些文本成书时代各自不同，如郭店楚简《老子》是战国年代的，马王堆汉墓帛书《老子》成书于汉初。其中，帛书《老子》甲本不避汉高祖刘邦、高后吕雉讳，抄写年代可能在汉高祖时期，约公元前 206 至前 195 年间；乙本避邦字讳，不避汉惠帝刘盈及文帝刘恒讳，抄写年代可能在文帝时期，即公元前 179 至前 169 年间。[②]《韩非子》中《解老》《喻老》都是战国末期对《老子》的阐释。严遵《道德指归》时代为西汉。王弼编订的通行本时代更晚。各种《老子》版本的基本内容大同小异，但在字句及文本顺序方面有较多的不同之处。以郭店楚简及马王堆汉墓帛书这两个出土文献对比：帛书甲本在郭店楚简甲本第 23 简文字前后

---

① 王博：《早期儒家仁义说的研究》，载《哲学门》第六卷第一期，北京大学出版社，2005 年，第 71—97 页。

② 国家文物局古文献研究室编：《马王堆汉墓帛书［壹］》，文物出版社，1980 年，出版说明第 2 页。

增加了“天地不仁，以万物为刍狗。圣人不仁，以百姓［为刍］狗”“多闻数穷，不若守于中”，意义比郭店楚简本更为明确；帛书甲本在楚简丙本第6简文字前增加了“夫兵者，不祥之器［也］。物或恶之，故有欲者弗居”，更体现了反战思想；帛书甲本在楚简甲本第14、15简相关文字中加入了“报怨以德。图难乎［其易也，为大乎细也］。天下之难作于易，天下之大作于细。是以圣人终不为大，故能［成其大。夫轻诺者必寡信］”，帛书乙本在楚简乙本第3简的基础上增加了“［将欲］取天下，恒无事。及其有事也。［又不］足以取天［下矣］”，此二处改动说明了对于“为”与“无为”认识的进一步深化；帛书乙本在楚简乙本第13简相对应的文字前后增加了“天下有始，以为天下母。既得其母，以知其子。既〇知其子，复守其母，没身不殆”“见小曰明，守［柔曰］强。用其［光，复归其明。无］遗身殃，是谓［袭］常”，这是对“道”的概念的进一步阐释。此外还有连词虚词的运用，如楚简甲本第2至5简，“江海所以为百谷王，以其能为百谷下，是以能为百谷王。圣人之在民前也，以身后之；其在民上也，以言下之。其在民上也，民弗厚也；其在民前也，民弗害也。天下乐进而弗厌”，帛书《老子》甲本改为“是以圣人之欲上民也，必以其言下之；其欲先［民也］，必以其身后之。故居前而民弗害也。居上而民弗重也”[①]，“是以”与“故”两个连词营造了文字内在的因果逻辑和层进关系。总之，与楚简本相比，马王堆汉墓帛书本《老子》核心思想更为突出，文字更为顺畅，逻辑层递关系更清楚，最重要的是对于“道”与“德”的理解日益深刻，从中我们可以看见《老子》在战国至汉初发展的过程中，表述日益概念化与哲学化。

细查这几个《老子》版本，在王弼通行本5000字的《老子》中，“道”字有 76个，“德”字有43个用例。在只有1600多字的郭店楚简本《老子》中，

---

① 刘晗：《〈老子〉文本与道儒关系演变研究》，陕西师范大学博士学位论文，2007年，第45—46页。

“道”字26个，“德”字8 例：

含德之厚者，比于赤子。（简本甲组，通行本第五十五章）[①]

上德如谷，…… 广德如不足，建德如偷，质真如愉。（简本乙组，通行本第四十一章）[②]

修之身，其德乃真；修之家，其德有余。修之乡，其德乃长。修之邦，其德乃丰。（简本乙组，通行本第五十四章）[③]

与儒家把“德”归于“仁义”的路径相比，老子的“德”在具备“好的”“善的”等价值判断的意味之外，更具有“属性”“本质”的主要含义。正如张岱年先生指出，道家所谓德，在德行品德之外，还有一层“万物生长的内在基础”的意思。也就是说“德”即“得”，乃“物所以得生”的内在根据。“这种内在根据，儒家谓之性，道家谓之德。”[④]那么，老子的“道生万物”，在这个生的过程中，万物都从普遍的道中获得了一些东西，这个过程就是德。德可以是道德的（virtue），也可以不关乎道德（power），一切自然的是什么，就是它的德。[⑤]由此，老子更是用“常德”“恒德”等词来表达品性、品质之义：

知其雄，守其雌，为天下溪。为天下溪，常德不离，复归于婴儿。

知其白，守其黑，为天下式。为天下式，常德不忒，复归于无极。

知其荣，守其辱，为天下谷。为天下谷，常德乃足，复归于朴。[⑥]

此三处“常德”在马王堆汉墓帛书《老子》及北大汉代简本中均作“恒德”，皆强调“德”的固有性与恒常性。老子认为，“德”并非是后天由外而内获得的，人需要做的是“知雄守雌”“知白守黑”“知荣守辱”，让自己本身具备

---

① 转引自刘晗：《〈老子〉文本与道儒关系演变研究》，第 38 页。

② 转引自刘晗：《〈老子〉文本与道儒关系演变研究》，第 38 页。

③ 转引自刘晗：《〈老子〉文本与道儒关系演变研究》，第 38 页。

④ 张岱年：《中国古典哲学范畴要论》，中国社会科学出版社，1989 年，第 154 页。

⑤ 冯友兰：《中国哲学简史》，北京大学出版社，1985 年，第 121 页。

⑥ ［魏］王弼注，楼宇烈校释：《老子道德经注校释》，中华书局，2016 年，第 73—74 页。

的“德”按照其“不离”“不忒”的本来面目充分地展现出来，此为“乃足”。然后就可以复归“婴儿”“无极”“朴”的“常德”状态。第五十五章有含义相仿的表述：

> 含德之厚，比于赤子。蜂虿虺蛇不螫，猛兽不据，攫鸟不搏。骨弱筋柔而握固。未知牝牡之合而全作，精之至也。终日号而不嗄，和之至也。知和曰常，知常曰明，益生曰祥，心使气曰强。物壮则老，谓之不道，不道早已。[①]

“含德不厚”，指的是对“德”的保持，然后才能“比于赤子”，也就是“复归于婴儿”。老子多次用“赤子”或“婴儿”来比喻“有德者”的状态：“专气致柔，能婴儿乎。”（通行本第十章）[②]“我独泊兮其未兆，如婴儿之未孩。”（通行本第二十章）[③]这种比喻旨在说明“德”的先天性，所谓“复归于婴儿”，其实是复归原有的“德”的本来面目。

“德”在老子的言说中有多种层次，如“上德”“下德”“广德”“建德”“玄德”“孔德”等等。“上德若谷，大白若辱，广德若不足，建德若偷，质真若渝。”（通行本第四十一章）[④]《老子》“德”篇曰：“上德不德，是以有德；下德不失德，是以无德。上德无为而无以为，下德为之而有以为。”[⑤]开篇便指出：对德念念不忘的人其实不可能有德，而真正有德的却是那些不会自许有德的人。老子提出“上德”与“下德”的对立，实则以“上德”批判“下德”。 有人认为老子批斥的对象是儒家的“德”，但老子生活的年代，“德”虽然加重了“心性”之含义，也有与“仁”结合的趋向，却并非是老子本人批判的重点。事实上，《老子》文本中对于儒家的批判，我们可以认为是老子学说在春秋战国时期的不断发展

① ［魏］王弼注，楼宇烈校释：《老子道德经注校释》，第145—146页。
② ［魏］王弼注，楼宇烈校释：《老子道德经注校释》，第22页。
③ ［魏］王弼注，楼宇烈校释：《老子道德经注校释》，第46页。
④ ［魏］王弼注，楼宇烈校释：《老子道德经注校释》，第112页。
⑤ ［魏］王弼注，楼宇烈校释：《老子道德经注校释》，第93页。

中，后人在抄录中不断修正而成的。正如叶树勋所说：“如果我们同意老子是春秋末期和孔子同时代的人物，而《老子》一书的主体内容在春秋战国之际已经形成，那么与其说老子此处是对儒家思想提出批评，倒不如说这是面向当时的文化环境，尤其是面向西周以来的思想传统进行反思和批判。”[①]叶树勋认为：“老子所要批判的是殷周以降借用‘德’的话语进行自我解释的王族，尤其是春秋以来纷纷标榜‘德’的名义而行弑逆攻伐之事的诸侯。在老子看来，‘德’在他们的借用和标榜中早已丧失了原本应有的政治价值，只能是一种用以自我粉饰的‘下’德。”[②]同时，“上德不德”中第二个“德”与“上德”之“德”不一样，词性由名词转为形容词，“上德”之人顺乎天性，浑不知何谓“德”，故此能保有“德”，“下德”之人执念于“德”，反而失去了“德”。“为之者败之，执之者失之。”（马王堆帛书《老子》）[③]“上德”意味着“无为”，“下德”意味着“有为”。王弼注解为：“德者，得也。常得而无丧，利而无害，故以德为名焉。何以得德？由乎道也。何以尽德？以无为用。”[④]要得到“德”和尽“德”之用，都不能离开“道”与“无”。由此可知，《老子》中的“上德”具有“虚无”“无为”的意涵。也就是说，只有内在的“德”觉醒与焕发，且不加以“有为”的矫饰，“修之于身，其德乃真”（第五十四章）[⑤]，然后才“见素抱朴”“质真若渝”，这样才是“上德”“孔德”，才能遵循“道”，“孔德之容，惟道是从”。

在对殷商以来“德”概念的梳理及对春秋时期“德不配位”的批判中，老子从“德”的“属性”“本质”这一含义着手，提出“德”是人性中潜藏着的东西，但是“德”很容易异化，在“上德”“下德”分类之后，老子继续写

---

① 叶树勋：《先秦道家“德”观念研究》，中国社会科学出版社，2022 年，第 127—128 页。

② 叶树勋：《老子对“德”观念的改造与重建》，《哲学研究》2014 年第 4 期。

③ 王弼通行本作“为者败之，执者失之”（第二十九章、第六十四章）。

④ ［魏］王弼注，楼宇烈校释：《老子道德经注校释》，第 93 页。

⑤ ［魏］王弼注，楼宇烈校释：《老子道德经注校释》，第 143 页。

道："上德无为而无以为，下德为之而有以为。上仁为之而无以为；上义为之而有以为。上礼为之而莫之应，则攘臂而扔之。故失道而后德，失德而后仁，失仁而后义，失义而后礼。夫礼者，忠信之薄而乱之首。前识者，道之华而愚之始。是以大丈夫处其厚，不居其薄；处其实，不居其华。故去彼取此。"（通行本第三十八章）[①]马王堆汉墓帛书《老子》乙本中这一段的文字有所出入："上德无为而无以为也。上仁为之而无以为也。上德〈义〉为之而有以为也，上礼为之而莫之應（应）也，则攘臂而乃（扔）之。故失道而句（后）德，失德而句（后）仁，失仁而句（后）义，失义而句（后）礼。夫礼者，忠信之泊（薄）也，而乚（乱）之首也。前识者，道之华也，而愚之首也。是以大丈夫居亓（其）厚不居亓（其）泊（薄），居亓（其）实而不居亓（其）华。故去罢（彼）而取此。"[②]帛书《老子》乙本中没有"上德""下德"的直接对立，但是也有"德—仁—义—礼"的叙事逻辑。

叶树勋解释这一段说，第一句"上德无为而无以为也"，说的是"上德"不会以"德"为念，也没有别的意图；第二句"上仁为之而无以为也"，是说"上仁"之人把"仁"当成目标去实现，但他还没有产生别的意图；第三句"上义为之而有以为"说的是，"上义"之人在把"义"当目标外，还有别的企图；第四句"上礼为之而莫之应，则攘臂而扔之"，说"上礼"之人在其企图无法达成时，还伸出胳膊，采取强硬手段，逼迫他人就范。[③]老子接下来概括道："故失道而后德，失德而后仁，失仁而后义，失义而后礼。"叶树勋认为，此处的"德"指的是"下德"，因为"道"与"德"在老子的全部论述中并不对立，"失道而后德"应该说的是"失道而后下德"。"下德"的状态又包括了"仁""义""礼"三种依次衰退的情形。老子对于"仁""义""礼"显然

① ［魏］王弼注，楼宇烈校释：《老子道德经注校释》，第 93 页。
② 裘锡圭主编：《长沙马王堆汉墓简帛集成・肆》（修订本），中华书局，2024，第 223—224 页。
③ 叶树勋：《先秦道家"德"观念研究》，第 124 页。

持批评态度，其中对“礼”的批评尤为严厉：“夫礼者，忠信之泊也，而乱之首也。”他认为到了“礼”的环节，忠信之德已经非常薄弱，这是造成祸乱的罪魁祸首。[①]

可见，老子对他生活的年代流行把“德”分为“仁”“义”“礼”等“德目”是不赞成的。这不是对于儒家的批判，而是因为这是春秋时期“德”观念发展的主流，其他学派也有把“德”分为“仁”“义”“礼”的论述，即以《左传》《国语》为例，其中记载了不少对话与言论，便多次提到了“仁”“义”“礼”“智”“信”：

四德：亲、仁、祥、义。（《左传 · 僖公十四年》）

四德：仁、信、忠、敏。（《左传 · 成公九年》）

四德：忠、仁、信、义。（《国语 · 周语上》）

五德：义、祥、仁、顺、正。（《国语 · 周语下》）

十一德：敬、忠、信、仁、义、智、勇、教、孝、惠、让。（《国语 · 周语上》）

三德：仁、智、勇。（《国语 · 晋语二》）

四德：仁、智、勇、学。（《国语 · 晋语七》）

十二德：忠、信、义、礼、孝、仁、事、文、武、赏、罚、临。（《国语 · 楚语上》）

六德：信、仁、智、勇、衷、周。（《国语 · 楚语下》）[②]

由上可见，“德”一直是西周王室用来解释“周武革命”“周代商”的正当性的工具。春秋时期诸侯争霸，“德”又成为了诸侯及卿大夫论证自己行为合法性的依据。老子把德分为“上德”“下德”，就是为了揭露“德”的异化，

① 叶树勋：《先秦道家“德”观念研究》，第 125 页。

② 转引自郑开：《德礼之间——前诸子时期的思想史》，第 338 页。

比如打着“德”的旗号攻占侵伐其他国家，即使有“礼”作为借口，仍然是属于“为之而莫之应，则攘臂而扔之”的“下德”之事。不仅如此，老子认为，“德”的异化是因为“前识”：“前识者，道之华而愚之始。是以大丈夫处其厚，不居其薄；处其实，不居其华。故去彼取此。”（通行本第三十八章）[①]《韩非子·解老》解释说：“先物行、先理动之谓前识，前识者，无缘而妄意度也。”[②]这是说“前识”预设了“仁”“义”“礼”种种概念，并非按照事物本身开展行动。有“前识”便会“有以为”。老子并非否定“仁”“义”“礼”，而是否定“前识”驱动下去“为之”的“仁”“义”“礼”。老子在对他的时代流行的种种“德目”的批判中揭示出德的真实质地，“朴”“真”“赤子”“婴儿”等“自然”“自发”的状态，才是“上德”。故而有学者指出，老子所做的工作其实是为服务于周人“革命”的“德”正名。[③]

老子认为：“大道废，有仁义；智慧出，有大伪；六亲不和，有孝慈；国家昏乱，有忠臣。”（通行本第十八章）[④]马王堆帛书《老子》乙本此段文字为：“故大道废，安有仁义；知（智）慧出，安有大[伪]；六亲不和，安又（有）孝兹（慈）；国家閺乁（乱），安有贞臣。”[⑤]郭店竹简本云：“故大道废，安有仁义；六亲不和，安有孝慈；邦家昏乱，安有正臣。”[⑥]比较这三个版本，可知帛书《老子》与简本《老子》此处文句还大致相同，到了通行本，已经把“仁义”“孝慈”“忠臣”置于被贬斥的地位了。按照陈鼓应先生的说法：“衡诸春秋末年到战国初的史实，老、孔之间及其学说并未产生强烈的对立现象。简

---

① [魏]王弼注，楼宇烈校释：《老子道德经注校释》，第93页。
② [战国]商鞅、韩非子：《商君书·韩非子》，岳麓书社，1990年，第123页。
③ 江山：《自然神论》，世界宗教博物馆基金会，2013年，第444—445页。
④ [魏]王弼注，楼宇烈校释：《老子道德经注校释》，第43页。
⑤ 裘锡圭主编：《长沙马王堆汉墓简帛集成·肆》（修订本），第237页。
⑥ 转引自刘晗：《〈老子〉文本与道儒关系演变研究》，陕西师范大学博士学位论文，2007年，第105页。

本‘绝智弃辩’‘绝伪欺虑’正是反映了这一时期的思想气候。”[①]“‘绝圣弃智’‘绝仁弃义’这种与儒家针锋相对的语词，很可能是战国中后期百家争鸣儒道两家互相攻伐的产物。”[②]同时，正如丁四新先生所说：“先秦儒家各派均以‘仁义’的价值观念作为实质内容贯穿其学说，这样，道家在剽剥儒家仁义学说的过程中也就必须把握和呈现自己的核心观念，以与之相抗。就《老子》来说，崇《老》者也即是要收束和凝聚自身的思想主旨，将‘道’‘德’阐明为核心观念，特别是将道家的多种思想内涵收束在此二概念的统摄之下……‘无为’无疑是道家思想所着力宣扬的主旨，同时也是道家区别于其他诸家的界限所在，然而随着时代的发展，它必须在‘道德’的名目下获得阐释。”于是，“从先秦至汉代，《老子》具有逐步向‘道’‘德’等重要概念凝聚，并进而凸显这些观念的文本特征”[③]。

2. 庄子：突出“德”的个体属性

《庄子·天地》有云：“泰初有无，无有无名；一之所起，有一而未形；物得以生，谓之德。”[④]这是庄子对于“德”的总体解释。这一思想继承了西周至春秋战国时期以“得”释“德”的常规阐释，但庄子进一步认为，“德”是指万物“得”之于“道”的先天属性。《庄子·骈拇》有类似的说法：

> 且夫待钩绳规矩而正者，是削其性者也；待绳约胶漆而固者，是侵其德者也。屈折礼乐，呴俞仁义，以慰天下之心者，此失其常然也。天下有常然。常然者，曲者不以钩，直者不以绳，圆者不以规，方者不以矩，附离不以胶漆，约束不以纆索。故天下诱然皆生而

① 陈鼓应：《从郭店简本看〈老子〉尚仁及守中思想》，载陈鼓应主编《道家文化研究》第十七辑，生活·读书·新知三联书店，1999年，第69—70页。

② 刘晗：《〈老子〉文本与道儒关系演变研究》，陕西师范大学博士学位论文，2007年，第106页。

③ 丁四新：《早期〈老子〉“文本”的演变及对20世纪相关学术的反思》，《中国哲学年鉴2014》，哲学研究杂志社，2014年，第261—262页。

④ 陈鼓应注译：《庄子今注今译》，中华书局，2009年第2版，第335页。

不知其所以生，同焉皆得而不知其所以得。故古今不二，不可亏也。则仁义又奚连连如胶漆缠索而游乎道德之间为哉，使天下惑也！[①]

在庄子的学说里，“德”也是有多种形态的。

夫道未始有封，言未始有常，为是而有畛也，请言其畛：有左，有右，有伦，有义，有分，有辩，有竞，有争，此之谓八德。（《齐物论》）[②]

此处“八德”说的是“道”分化的结果，“道未始有封”，说明道本无界限，而到了现实世界，便形成了事物各自不同的规定，此为“有畛”。事物各种不同的规定即“德”。可见，“道”是无界限的“德”，“德”是有界限的“道”。

《庄子·徐无鬼》也论述了“道”与“德”的总分关系：

故德总乎道之所一，而言休乎知之所不知，至矣。道之所一者，德不能同也；知之所不能知者，辩不能举也；名若儒墨而凶矣。[③]

庄子认为，德之于道，就像语言与认知的关系。德统一于道，就像语言受制于认知。这里有点类似于老子的“玄德”，帛书《老子》乙本论述“玄德”云：“道生之，德畜之，物形之而器成之。是以万物尊道而贵德。道之尊也，德之贵也，夫莫之爵也，而恒自然也。道生之、畜之、长之、育之、亭之、毒之、养之、覆之，生而弗有，为而弗恃，长而弗宰，是谓玄德。”[④]道生万物，需要“德”来维持其存在，接下来才赋以形体。而“玄德”生长万物却不据为己有，协助万物却不自恃有功，导引万物却不主宰之，与“道”共同为宇宙的根本，或者说分有“道”的某些特性。

在庄子的著作中，“道”“德”即为总分关系，又为并列关系。如《天

① 陈鼓应注译：《庄子今注今译》，第260页。
② 陈鼓应注译：《庄子今注今译》，第83页。
③ 陈鼓应注译：《庄子今注今译》，第692页。
④ 高明：《帛书老子校注》，中华书局，1996年，第468页。

下》篇说：“天下大乱，贤圣不明，道德不一，天下多得一察焉以自好。”[①]此处的“道德不一”与“贤圣不明”并举，说明了“道德”如“贤圣”一样，是两种性质相同且可以统一的东西。还有《天地》所说：“形非道不生，生非德不明。”可见，“形”的“生”不仅依赖“道”，也依赖“德”。庄子认为，“道”与“德”是天地万物以生的基础：“故通于天地者，德也；行于万物者，道也；上治人者，事也；能有所艺者，技也。技兼于事，事兼于义，义兼于德，德兼于道，道兼于天。”（《庄子·天地》）[②]“故通于天地者，德也；行于万物者，道也。”此处为互文，“道”“德”意义相似。“技兼于事，事兼于义，义兼于德，德兼于道，道兼于天。”“技”“事”“义”“德”“道”“天”形成递进关系。则又一次地告诉我们“德”比“道”略低一层次。

《庄子》中不仅跟《老子》一样，“道”与“德”关系密切，还强化了“道”与“德”的联系，“道德”的概念共出现了 16 次。对此，徐复观先生认为，老子将“道”“德”分述，而庄子则常将二者连在一起，称为“道德”，实际上却偏重于“德”的意义方面。[③]如《骈拇》中有言：“多方乎仁义而用之者，列于五藏哉，而非道德之正也。”[④]“则仁义又奚连连如胶漆纆索，而游乎道德之间为哉，使天下惑也。”[⑤]“余愧乎道德，是以上不敢为仁义之操，而下不敢为淫僻之行也。”[⑥]《马蹄》篇也说：“道德不废，安取仁义。”[⑦]“毁道德以为仁义，圣人之过也。”[⑧]这些地方的“道德”是与“仁义”对立的一个词，与“仁义”一样指代人的品行，与“性”息息相关。也有不与“仁义”

① 陈鼓应注译：《庄子今注今译》，第 909 页。
② 陈鼓应注译：《庄子今注今译》，第 320 页。
③ 徐复观：《中国人性论史》，华东师范大学出版社，2005 年，第 224 页。
④ 陈鼓应注译：《庄子今注今译》，第 253 页。
⑤ 陈鼓应注译：《庄子今注今译》，第 260 页。
⑥ 陈鼓应注译：《庄子今注今译》，第 265 页。
⑦ 陈鼓应注译：《庄子今注今译》，第 270 页。
⑧ 陈鼓应注译：《庄子今注今译》，第 270 页。

并举的情况："若夫乘道德而浮游则不然。"（《山木》）[①]"外内韄者，道德不能持，而况放道而行者乎？"（《庚桑楚》）[②]"道德于此，则穷通为寒暑风雨之序矣。"（《让王》）[③]与"道德"相似，庄子还用"天德"来描述"德"之状：

> 天地虽大，其化均也；万物虽多，其治一也；人卒虽众，其主君也。君原于德而成于天，故曰：玄古之君天下，无为也，天德而已矣。（《天地》）[④]

> 圣人之生也天行，其死也物化；静而与阴同德，动而与阳同波；不为福先，不为祸始，感而后应，迫而后动，不得已而后起。去知与故，循天之理。故曰无天灾，无物累，无人非，无鬼责。不思虑，不豫谋。光矣而不耀，信矣而不期。其寝不梦，其觉无忧。其生若浮，其死若休。其神纯粹，其魂不罢。虚无恬淡，乃合天德。（《刻意》）[⑤]

> 形劳而不休则弊，精用而不已则竭。水之性，不杂则清，莫动则平；郁闭而不流，亦不能清；天德之象也。（《刻意》）[⑥]

> 舜曰："天德而土宁，日月照而四时行，若昼夜之有经，云行而雨施矣。"（《天道》）[⑦]

此四处的"天德"与庄子的"德"相比，皆强调了"德"的自然属性，用以描述"德"的本来面目，说明"德"乃先天固有，非人力所致。而在庄子的学说中，"天"不仅是一个代表或者指向自然的名词或形容词，它也具有"性""德"的含义，在某些情况下是与"德"并列的：

---

① 陈鼓应注译：《庄子今注今译》，第 534 页。
② 陈鼓应注译：《庄子今注今译》，第 641 页。
③ 陈鼓应注译：《庄子今注今译》，第 814 页。
④ 陈鼓应注译：《庄子今注今译》，第 320 页。
⑤ 陈鼓应注译：《庄子今注今译》，第 426 页。
⑥ 陈鼓应注译：《庄子今注今译》，第 429 页。
⑦ 陈鼓应注译：《庄子今注今译》，第 372 页。

彼将处乎不淫之度，而藏乎无端之纪，游乎万物之所终始，壹其性，养其气，合其德，以通乎物之所造。夫若是者，其天守全，其神无郤，物奚自入焉！夫醉者之坠车，虽疾不死。骨节与人同而犯害与人异，其神全也，乘亦不知也，坠亦不知也，死生惊惧不入乎其胸中，是故遻物而不慴。彼得全于酒而犹若是，而况得全于天乎？圣人藏于天，故莫之能伤也。（《达生》）①

今人之治其形，理其心，多有似封人之所谓，遁其天，离其性，灭其情，亡其神，以众为。（《则阳》）②

若弃名利，反之于心，则夫士之为行，不可一日不为乎！（《盗跖》）③

叶树勋对此解释道：“我们可看到‘天’在庄子思想中的两种重要角色，它既被用于说明‘德’的本然之状（‘德’是先天固有的），也被用于指示‘德’的实现原则（‘德’的培养应顺乎自然）。前者是对‘德’之在己的确认，后者则在传达关于如何行动的主张。”④正因为庄子的“德”强调了与“天”的联系，“德性”的核心内容便跟“自然”真实的“天（性）” 结合起来。“《庄子》充分展开了‘无所造作’意义上的‘天’这一概念，它不仅把老子中的‘自然’变成了‘天’的谓词或者同义语，而且也用‘无为’来描述‘天’，而在《老子》中‘无为’则是‘道’和‘圣人’的活动方式 。‘自然’与‘无为’通过‘天’这一桥梁变成了类似的东西。”⑤

庄子的“自然”在老子的“自然”的基础上获得了概念的延展。《老子》

---

① 陈鼓应注译：《庄子今注今译》，第 503 页。
② 陈鼓应注译：《庄子今注今译》，第 728 页。
③ 陈鼓应注译：《庄子今注今译》，第 840 页。
④ 叶树勋：《先秦道家“德”观念研究》，第 255 页。
⑤ 王中江：《早期道家的“德性论”和“人情论”——从老子到庄子和黄老》，《江南大学学报（人文社会科学版）》2012 年第 4 期。

第十七章说："悠兮其贵言，功成事遂，百姓皆谓我自然。"[①] 意思是圣人少发政令，便可事事顺遂，百姓都认为这是他们自己造就的。《庄子·应帝王》所说的"顺物自然而无容私焉，而天下治矣"[②] 亦与此意相同。《庄子》中"自然"一词凡八例， 比郭店楚简本《老子》的三例多五例。

吾所谓无情者，言人之不以好恶内伤其身，常因自然而不益生也。（《德充符》）[③]

汝游心于淡，合气于漠，顺物自然而无容私焉，而天下治矣。（《应帝王》）[④]

夫至乐者，先应之以人事，顺之以天理，行之以五德，应之以自然。然后调理四时，太和万物。四时迭起，万物循生。（《天运》）[⑤]

吾又奏之以无怠之声，调之以自然之命。（《天运》）[⑥]

古之人，在混芒之中，与一世而得淡漠焉。当是时也，阴阳和静，鬼神不扰，四时得节，万物不伤，群生不夭，人虽有知，无所用之，此之谓至一。当是时也，莫之为而常自然。（《缮性》）[⑦]

知尧、舜之自然而相非，则趣操睹矣。（《秋水》）[⑧]

老聃曰："不然。夫水之于汋也，无为而才自然矣。至人之于德也，不修而物不能离焉，若天之自高，地之自厚，日月之自明，夫何修焉！"（《田子方》）[⑨]

---

① ［魏］王弼注，楼宇烈校释：《老子道德经注校释》，第 40 页。
② 陈鼓应注译：《庄子今注今译》，第 235 页。
③ 陈鼓应注译：《庄子今注今译》，第 181 页。
④ 陈鼓应注译：《庄子今注今译》，第 235 页。
⑤ 陈鼓应注译：《庄子今注今译》，第 395、397 页。据陈鼓应先生注，"夫至乐者……太和万物"为通行本内容，疑系郭象注文羼入。
⑥ 陈鼓应注译：《庄子今注今译》，第 396 页。
⑦ 陈鼓应注译：《庄子今注今译》，第 434 页。
⑧ 陈鼓应注译：《庄子今注今译》，第 452 页。
⑨ 陈鼓应注译：《庄子今注今译》，第 577 页。

> 真者，所以受于天也，自然不可易也。故圣人法天贵真，不拘于俗。愚者反此。不能法天而恤于人，不知贵真，禄禄而受变于俗，故不足。（《渔父》）[①]

可见，《老子》的“自然”主要是指“万物”和“百姓”的“自发活动”或“自己如此”，《庄子》中的“自然”大都指称“原本的未经过人为加工的真实的东西或状态”。《庄子·秋水》篇也说过：“牛马四足，是谓天；落马首，穿牛鼻，是谓人。”此处的“天”与“人”相对立，“天”即人力之外的“自然”，亦即“无为”，而“人”指的是人力穿凿，亦即“有为”。正是在这种意义上，“无为”同“自然”合流了，而不再像《老子》中那样单纯指“道”或统治者的活动方式，而是指“没有人为性的自然而然性”。[②]

与老子一样，庄子也批判了“德”的异化，前文所述，老子认为“德”的异化主要是因为“前识”，亦即对“仁”“义”“礼”种种概念的预设。庄子进一步对“仁”“义”“礼”“智”“信”种种概念进行批判，且直接以孔子为例说明何为“德之衰”：

> 孔子适楚，楚狂接舆游其门曰：“凤兮凤兮，何如德之衰也！来世不可待，往世不可追也。天下有道，圣人成焉；天下无道，圣人生焉。方今之时，仅免刑焉。福轻乎羽，莫之知载；祸重乎地，莫之知避。已乎已乎。临人以德！殆乎殆乎，画地而趋！迷阳迷阳，无伤吾行！郤曲郤曲，无伤吾足。”（《人间世》）[③]

此处庄子借楚狂接舆之口批评了孔子“临人以德”的行为，在庄子看来，以“德”自律的孔子因为到处传播“德”的精神，到处摆出有德者的姿态，反

---

① 陈鼓应注译：《庄子今注今译》，第875页。

② 王中江：《早期道家的“德性论”和“人情论”——从老子到庄子和黄老》，《江南大学学报（人文社会科学版）》2012年第4期。

③ 陈鼓应注译：《庄子今注今译》，第154页。“吾行郤曲”陈鼓应注据阙误引张君房本改为“郤曲郤曲”。

而损伤了“德”的天然状态，此即“德衰”。进而言之，庄子认为“德”在世人心目中具有自为性，有心传播德，便损坏了德的“自然”“无为”。

庄子进一步论述：“且若亦知夫德之所荡，而知之所为出乎哉？德荡乎名，知出乎争。名也者，相轧也；知也者，争之器也。二者凶器，非所以尽行也。”（《人间世》）①此处的“荡”很形象地描绘了“德”的外溢和流失，“德荡乎名”指的是为了名声让“德”表征于外，这是自身美德的丧失。不仅如此，外立其德还会扰乱天下：“彼曾、史、杨、墨、师旷、工倕、离朱，皆外立其德而以爚乱天下者也，法之所无用也。”（《胠箧》）②原因在于，“外立其德”会伴随礼乐教化，这将导致天下纷乱。“礼乐遍行，则天下乱矣。彼正而蒙己德，德则不冒，冒则物必失其性也。”③故而德不能显露外冒，否则会使他人丧失本性。

在批判以“仁义”为中心的“德目”的同时，老子提出了“柔弱”“守雌”“处下”等行为准则，并以“慈”“俭”“不敢为天下先”为“三宝”：“我有三宝，持而保之。一曰慈，二曰俭，三曰不敢为天下先。慈，故能勇；俭，故能广；不敢为天下先，故能成器长。”（通行本第六十七章）④庄子则强调“虚静”“无为”才是“天德之象”：

> 夫虚静恬淡寂漠无为者，天地之本，而道德之至，故帝王、圣人休焉。休则虚，虚则实，实者备矣。虚则静，静则动，动则得矣。静则无为，无为也则任事者责矣。无为则俞俞，俞俞者忧患不能处，年寿长矣。夫虚静恬淡寂漠无为者，万物之本也。（《天道》）⑤
>
> 故曰：夫恬惔寂漠虚无无为，此天地之平而道德之质也。故圣

---

① 陈鼓应注译：《庄子今注今译》，第 120 页。
② 陈鼓应注译：《庄子今注今译》，第 284 页。
③ 陈鼓应注译：《庄子今注今译》，第 432 页。
④ ［魏］王弼注，楼宇烈校释：《老子道德经注校释》，第 170 页。
⑤ 陈鼓应注译：《庄子今注今译》，第 364 页。

人休焉，休则平易矣。平易则恬惔矣。平易恬惔，则忧患不能入，邪气不能袭，故其德全而神不亏。故曰：圣人之生也天行，其死也物化；静而与阴同德，动而与阳同波；不为福先，不为祸始；感而后应，迫而后动，不得已而后起。去知与故，循天之理。故曰无天灾，无物累，无人非，无鬼责。不思虑，不豫谋。光矣而不耀，信矣而不期。其寝不梦，其觉无忧。其生若浮，其死若休。其神纯粹，其魂不罢。虚无恬淡，乃合天德。故曰：悲乐者，德之邪；喜怒者，道之过；好恶者，心之失。故心不忧乐，德之至也；一而不变，静之至也；无所于忤，虚之至也；不与物交，惔之至也；无所于逆，粹之至也。故曰：形劳而不休则弊，精用而不已则竭。水之性，不杂则清，莫动则平；郁闭而不流，亦不能清；天德之象也。故曰：纯粹而不杂，静一而不变，惔而无为，动而以天行，此养神之道也。（《刻意》）①

庄子《刻意》描摹了圣人虚无恬淡的生活状态，圣人一定是无悲无喜，无怒无嗔，无好无恶，因为“悲乐者，德之邪；喜怒者，道之过；好恶者，心之失”，喜怒哀乐等情绪是会损伤“道”“德”的。只有思维纯粹安静，恬淡无为，动则符合天行，才是“养神之道”。但庄子也不是一味否定情感，他否定的只是为外物所累的情绪，在《德充符》中他借与惠施的问答解释自己所说的“无情”：

有人之形，无人之情。有人之形，故群于人；无人之情，故是非不得于身。眇乎小哉，所以属于人也！謷乎大哉，独成其天！

惠子谓庄子曰：“人故无情乎？”庄子曰：“然。”惠子曰：“人而无情，何以谓之人？”庄子曰：“道与之貌，天与之形，恶得不

① 陈鼓应注译：《庄子今注今译》，第426—427、429—430页。

谓之人？”惠子曰：“既谓之人，恶得无情？”庄子曰：“是非吾所谓情也，吾所谓无情者，言人之不以好恶内伤其身，常因自然而不益生也。”惠子曰：“不益生，何以有其身？”庄子曰：“道与之貌，天与之形，无以好恶内伤其身。今子外乎子之神，劳乎子之精，倚树而吟，据槁梧而瞑。天选子之形，子以坚白鸣。”[①]

从庄子的话中可知，庄子的“无情”指的是不以好恶内伤其身，不受事物的好坏、自己的喜恶影响，顺应生命的自然而不给自己增加额外的东西，这些额外的东西包括惠施所用的“坚”“白”等名义界定。可见，庄子的“无情”只是摒弃那些超出“自然”的情感，此谓“至情无情”。唯有抛开喜、怒、哀、乐、好、恶等情绪，“德”才能真实的呈现。他更进一步地说：“自事其心者，哀乐不易施乎前，知其不可奈何而安之若命，德之至也。”（《人间世》）[②]即或外界发生变化但悲喜不变，知道事物的发展是无可奈何的，遂安然处之，顺乎自然，这是“至德”。《德充符》中庄子也说：“知不可奈何而安之若命，唯有德者能之。”[③]这几处的“命”不再指殷周时期的“天命”，它虽然具有必然性，却更带有强烈的“自然性”，更倾向于一种自然而然的趋势。[④]此即《应帝王》所说“游心于淡，合气于漠，顺物自然而无容私焉”。[⑤]

庄子的“至德之世”是一种纯乎天然的状态：

故至德之世，其行填填，其视颠颠。当是时也，山无蹊隧，泽无舟梁；万物群生，连属其乡；禽兽成群，草木遂长。是故禽兽可系羁而游，鸟鹊之巢可攀援而窥。夫至德之世，同与禽兽居，族与万物并。恶乎知君子小人哉！同乎无知，其德不离；同乎无欲，是

---

① 陈鼓应注译：《庄子今注今译》，第179、181—182页。
② 陈鼓应注译：《庄子今注今译》，第135—136页。
③ 陈鼓应注译：《庄子今注今译》，第166页。
④ 罗祥相：《庄子“命”与“逍遥”思想辩证》，《哲学研究》2016年第4期。
⑤ 陈鼓应注译：《庄子今注今译》，第235页。

谓素朴；素朴而民性得矣。（《马蹄》）[①]

子独不知至德之世乎？昔者容成氏、大庭氏、伯皇氏、中央氏、栗陆氏、骊畜氏、轩辕氏、赫胥氏、尊卢氏、祝融氏、伏羲氏、神农氏，当是时也，民结绳而用之，甘其食，美其服，乐其俗，安其居，邻国相望，鸡狗之音相闻，民至老死而不相往来。若此之时，则至治已。今遂至使民延颈举踵，曰：“某所有贤者”，赢粮而趣之，则内弃其亲，而外去其主之事，足迹接乎诸侯之境，车轨结乎千里之外。则是上好知之过也。上诚好知而无道，则天下大乱矣！（《胠箧》）[②]

至德之世，不尚贤，不使能；上如标枝，民如野鹿，端正而不知以为义，相爱而不知以为仁，实而不知以为忠，当而不知以为信，蠢动而相使，不以为赐。是故行而无迹，事而无传。（《天地》）[③]

与老子“小国寡民”的理想世界相比，庄子的“至德之世”更倾向于对百姓之“德”的维护。老子说：“小国寡民，使有什伯之器而不用，使民重死而不远徙。虽有舟舆，无所乘之；虽有甲兵，无所陈之；使人复结绳而用之。甘其食，美其服，安其居，乐其俗，邻国相望，鸡犬之声相闻，民至老死不相往来。”（通行本第八十章）[④] 其中用了三处“使”，可见是以君主为主体，强调的是为政者合乎“德”，无为而治，“辅万物之自然而不敢为”（通行本第六十四章）[⑤]。庄子虽有相同的描述，却更看重天下人的“德”是否实现，倡导的是“顺物自然而无容私”。“德”的归属者从君主扩展到天下人。在庄子看来，只有顺乎自然，“德”才能得以真实的呈现：

蒲衣子曰：“而乃今知之乎？有虞氏不及泰氏。有虞氏，其犹

① 陈鼓应注译：《庄子今注今译》，第 269—270 页。
② 陈鼓应注译：《庄子今注今译》，第 286—288 页。
③ 陈鼓应注译：《庄子今注今译》，第 353 页。
④ ［魏］王弼注，楼宇烈校释：《老子道德经注校释》，第 190 页。
⑤ ［魏］王弼注，楼宇烈校释：《老子道德经注校释》，第 166 页。

藏仁以要人；亦得人矣，而未始出于非人。泰氏，其卧徐徐，其觉于于；一以己为马，一以己为牛。其知情信，其德甚真，而未始入于非人。”（《应帝王》）[①]

“其德甚真”的人可谓“真人”，亦即庄子思想中的理想人格，庄子对于“真人”有很多的描述，其中有言曰：

> 古之真人，其状义而不朋，若不足而不承；与乎其觚而不坚也，张乎其虚而不华也；邴乎其似喜也，崔乎其不得已也！滀乎进我色也，与乎止我德也。（《大宗师》）[②]

“与乎止我德也”此句，“与”通“豫”，宽舒的样子，“止”的意思为归止，归依，此处是说，真人神情巍峨而不矜持，似乎不足却又无所承受，态度安闲自然而不执着，襟怀宽广而不浮华，怡然自得的同时又像是不得已。其神色可亲令我受到激励，其宽舒厚道让我乐于归依。可见，庄子的“真人”即顺应自然、安之若素的有德之人。

庄子的“真”根源于“天”，他说：“真者，所以受于天也，自然不可易也。故圣人法天贵真，不拘于俗。愚者反此。不能法天而恤于人，不知贵真，禄禄而受变于俗，故不足。”《渔父》[③]与“真”相反的是“伪”，亦即“人为”。由此，《庄子》中的“天”与“人”的背反，就变成了“真”与“伪”的对峙：“为人使易以伪，为天使难以伪。”[④]由此，“天”“真”“德”便联系了起来。钱穆先生指出，从“真”“朴”之别可以看出庄子与老子“德”观念的不同旨趣：庄子主“真”，其所论之“德”是就个人修养而言的；老子主“朴”，其所论

---

① 陈鼓应注译：《庄子今注今译》，第 231 页。

② 陈鼓应注译：《庄子今注今译》，第 187 页。

③ 陈鼓应注译：《庄子今注今译》，第 875 页。

④ 王中江：《早期道家的“德性论”和“人情论”——从老子到庄子和黄老》，《江南大学学报（人文社会科学版）》2012 年第 4 期。

“德”是就个体禀赋来讲的。[1]事实上，在一定程度上，确实存在老子主“朴”，庄子主“真”的现象，但老庄之“德”的分野并非在于此。正如叶树勋先生所说，老庄的“德”均含有先天禀赋与后天修养二者。比起老子的“德”的思想，庄子不仅突出了“真”，还补充了“天”的维度。老子思想中“天”主要与“道”相关，常有“天道”“天之道”的说法。在庄子学说中却用“天德”代替了“天道”，“天”成为“德”概念中的重要一环。[2]庄子之“德”是既“天”又“真”的，指的是“德”开展的基本准则——顺乎自然，真实呈现。天的“真”，就是“德”之“真”，也是“人性 ”“人情”之真：

> 真者，精诚之至也。不精不诚，不能动人。故强哭者虽悲不哀，强怒者虽严不威，强亲者虽笑不和。真悲无声而哀，真怒未发而威，真亲未笑而和。真在内者，神动于外，是所以贵真也。（《渔父》）[3]

> 天在内，人在外，德在乎天。知乎人之行，本乎天，位乎得；蹢躅而屈伸，反要而语极。河伯曰：“何谓天？何谓人？”…… 故曰：“无以人灭天，无以故灭命，无以得殉名。谨守而勿失，是谓反其真 。”（《秋水》）[4]

> 不开人之天，而开天之天。开天者德生，开人者贼生。不厌其天，不忽于人，民几乎以其真！（《达生》）[5]

> 道者，德之钦也；生者，德之光也；性者，生之质也。性之动，谓之为；为之伪，谓之失。……圣人工乎天而拙乎人，夫工乎天而俍乎人者，唯全人能之。（《庚桑楚》）[6]

---

① 钱穆：《庄老通辩》，生活•读书•新知三联书店，2005 年，第 178—183 页。
② 叶树勋：《先秦道家“德”观念研究》，第 270 页。
③ 陈鼓应注译：《庄子今注今译》，第 874 页。
④ 陈鼓应注译：《庄子今注今译》，第 459—461 页。
⑤ 陈鼓应注译：《庄子今注今译》，第 504 页。
⑥ 陈鼓应注译：《庄子今注今译》，第 661—662 页。

可见，庄子的“德”“天”“性”都是人的内面性的东西。他以“真”“情（实）”“信”为“天”的美德，要求“人”遵循“天然”的真，或者回到自身天赋的“真”中，这是庄子“天人合一”的一种意义。庄子的“心灵观”和“精神修炼”整体上是克服“人为物役”的“心”，恢复人的本真之德和天[①]，此谓个体的“悬解”。面对春秋战国时期礼崩乐坏的社会形势，从孔子、老子开始，诸子百家中的大多数都将改变世界的希望寄托在为政者身上，期待通过制定种种规范，规范当政者的行为，让社会秩序得到重新安顿。只有庄子走出了传统的“王德论”，把“德”由“天”“性”“真”等概念定位为个体的“自由”，认为个体自由才是“德”的应然状态。故而说，庄子突出了“德”的个体属性。

二　“德—道”新关系的建立

（一）《管子》：“政治德性”的探索

管子是春秋时期一个非常重要的人物，生于公元前719年，卒于公元前645年，比老子还要早。据称他是周穆王的后代，姬姓管氏，名夷吾，字仲，谥敬，被后世称为管子、管夷吾、管仲。他为齐相期间，设立了稷下学宫，使得齐国都城临淄俨然成为了当时天下的文化中心，四方学子竞相奔赴，孟子和荀子都曾经求学交流于此。在《史记》中，《管晏列传》仅排在《伯夷叔齐列传》之后，在整个列传中列第二位，在《老子韩非列传》之前，足以说明在司马迁了解的古史当中，管子的影响十分巨大。孔子评价管仲功业时说：“微管仲，吾其被发左衽矣！”（《论语·宪问》）[②]

管仲的思想集中体现于《管子》一书。该书篇幅宏伟，内容复杂，思想

① 陈鼓应：《〈庄子〉内篇的心学——开放的心灵与审美的心境》（上、下），《哲学研究》2009年第2、3期。

② ［魏］何晏注，［宋］邢昺疏：《论语注疏》，第218页。

丰富。汉初有86篇，今本实存76篇，其余10篇仅存目录。其中《牧民》《形势》等篇讲霸政法术；《侈靡》《治国》等篇论经济生产，此亦为《管子》精华，可谓齐国称霸的经济政策；《七法》《兵法》等篇言兵法；《宙合》《枢言》等篇谈哲学及阴阳五行等；其余如《大匡》《小匡》《戒》《弟子职》《封禅》等为杂说。《管子》是研究我国古代，特别是先秦学术文化思想的重要典籍。自然，如同所有的先秦典籍一样，《管子》并非管仲一人所著，其中部分也许为其门客弟子们及同时代的人的记录与汇编，更有可能就是稷下学宫的学者们编撰而成的，再加上后人又假托管仲之名加以整理、发挥乃至续作，使得管子的思想流传下来并逐渐学术化。清人姚际恒也说：“《管子》大抵参入者皆战国周末之人，如稷下游谈辈及韩非李斯辈，袭商君之法，借管氏以行其说者也。”（《古今伪书考》）[①] 西汉刘向整理编订了今本《管子》，删定为86篇。韩非子生活的年代即有管子的书流行：“今境内之民皆言治，藏商、管之法者家有之。”(《五蠹》)[②] 可见时人把管子归于法家。而从管子《牧民》《霸形》《白心》《禁藏》等篇思想来看，以民为本，经邦济世，富国强兵，匡扶正义，正是中华文化地道的“经国济世”本义，也有学者认为可以“经济家”命名管子思想。[③] 事实上，《管子》的文本几乎囊括了道、儒、兵、墨等多家思想的核心要义，尤其《心术上》《心术下》《白心》《内业》四篇，最初被郭沫若认为是宋子和尹文子的作品。[④] 随着其后相关研究的增多，目前学术界基本认同《心术上》《心术下》《白心》《内业》《枢言》《宙合》《九守》等篇是稷下道家的代表作，它们在行文上具有相关性，在思想内涵上都是对老学的继承，侧重于以道家哲学论证法家政治的理论建设工作，并吸收了儒家等学派的长处，故而特

① 刘蔚华、苗润田：《〈管子〉与稷下学》，新法家，http://www.xinfajia.net/580.html。

② ［战国］商鞅、韩非子：《商君书·韩非子》，第285页。

③ 钟永圣：《“管家”思想在“诸子百家”中的地位》，《大连海事大学学报（社会科学版）》2018年第1期。

④ 郭沫若：《稷下黄老学派的批判》，《中国古代社会研究》，河北教育出版社，2004年，第595页。

别引人注目。[①] 尤其齐国是阴阳五行思想得以滋育发展的摇篮,《管子》之《四时》《五行》等四篇乃齐国早期阴阳家思想的发轫,黄帝崇拜与黄帝学说亦由此起,其后经邹衍的弘扬,彰显出其作为稷下黄老学之本土正源之认识。可见,《管子》不囿于一家之说,不能简单归于某一派别,甚至与杂家的著作也有区别。《管子》并非杂取百家而无所归宗,其思想之中心乃是道和法。故不能将其简单地归于杂家。同时,也不能说它属于管家之著作,因为学管仲的后学虽多,但其学派特征并不明显。不少学者认为,《管子》是一本包罗百家的稷下论文集。[②] 不论其单篇性质如何,从《管子》的思想内容看,它既体现了稷下学的地域性,又表现出黄老学兼采百家的综合性,一般称其为稷下黄老道家的著作,白奚先生也认为,黄老之学产生并成熟于稷下,由《黄帝四经》奠定基础,由《管子》发扬光大。

《管子》之《心术上》《心术下》《白心》《内业》四篇是公认的稷下黄老之作。关于这四篇的作者及学派归属问题,学界曾有过广泛的探讨。20 世纪 40 年代,刘节先生将《白心》篇名与《庄子·天下》篇中描述宋钘、尹文学派的"白心"混而为一,提出宋钘一派兼有孔墨之长、调和孔墨学说的观点。[③] 差不多在同一时期,郭沫若先生在《十批判书》中将《管子》四篇归为宋钘、尹文之作,随后其《宋钘、尹文遗著考》又将《庄子·天下》篇中的《白心》与《管子》书中的《白心》篇名对举,认为"'白心'是这一学派的术语"[④],《白心》篇的内容也大抵是不累、不饰、不苟、不忮的主张,并指出:"初期的道家可能有一种合理的动态,便是站在黄老的立场以调和儒墨。"[⑤] 其后历

---

① 延玥:《〈管子〉四篇承续的〈老子〉虚静思想》,《江南大学学报(人文社会科学版)》2021 年第 1 期。

② 冯友兰:《中国哲学史新编(上)》,人民出版社,1998 年,第 378 页。

③ 刘节:《管子中所见之宋钘一派学说》,《古史考存》,人民出版社,1958 年,第 250 页。

④ 郭沫若著作编辑出版委员会编:《郭沫若全集·历史编》第 1 卷,人民出版社,1982 年,第 553 页。

⑤ 郭沫若著作编辑出版委员会编:《郭沫若全集·历史编》第 1 卷,第 565 页。

代学者如侯外庐、杜国庠、董英哲、[①] 孙开泰[②]、李学勤[③]等诸位前辈学者都受郭沫若之说影响，也认为《管子》四篇为宋尹之作。而事实上，《管子》四篇的“白心”与《庄子·天下》的“白心”意义并不相同。《管子》之《白心》篇的“白心”指的是心“去辩与巧”， 回归“淑然自清”的本然状态；而《天下》篇宋尹学派的“白心”则为“表白其心”。正如罗根泽先生所说：“清静无为之旨，全性葆真之妙，以静制动之方，纯为道家之主张，与‘图傲救世’之宋钘、尹文，宗旨全殊。”[④]

又有一些学者认为《管子》四篇为“田骈、慎到派著作”“管仲学派著作”“稷下道家著作”等[⑤]。马王堆汉墓帛书《黄帝四经》出土后，学者们发现此四篇佚书与《管子》四篇颇有相似之处：如《黄帝四经》的《经法·道法》中有“道生法”，《管子》的《心术上》中有“法出乎权，权出乎道”；《黄帝四经》的《十六经·成法》中有“一之解，察于天地，一之理，施于四海”，《管子》的《心术下》中有“是故圣人一言解之，上察于天，下察于地”，《内业》中有“一言之解，上察于天，下极于地”；《经法·名理》有“如影之随形，如响之随声”，《管子·心术上》篇有“若影之象形，响之应声也”；《道原》有“盈四海之内，又包其外”，《管子·心术上》有“道在天地之间，其大无外，其小无内”；《道原》有“万物得之以生，百事得之以成”，《管子·内业》有“道也者……人之所失以死，所得以生也。事之所失以败，所得以成也”；《道原》有“人皆以至，莫知其名，人皆用之，莫见其刑”，《管子·内业》有“道满天下，普在民所，民不能知也”；《道原》有“天地阴阳，［四］ 时日月，

① 侯外庐、赵纪斌、杜国庠：《中国思想通史》第1卷，人民出版社，1957 年，第351—359页。董英哲：《宋尹学派之“道”》，《西北大学学报（哲学社会科学版）》1988 年第 4 期。

② 孙开泰：《从〈管子〉研究看郭沫若对新史学的贡献》，《郭沫若研究》第 10 辑，文化艺术出版社，1992 年，第 120 页。

③ 李学勤：《〈管子·心术〉等篇的再考察》，《管子学刊》1991 年第 1 期。

④ 参见罗根泽：《诸子考索》，人民出版社，1958 年，第 471 页。

⑤ 李秀男：《〈管子〉四篇学派归属及其对老庄哲学之承变新探》，《江汉论坛》2021 年第 6 期。

星辰云气，规（蚑）行侥（蛲）重（动），戴根之徒，皆取生，道弗为益少；皆反焉，道弗为益多”，《管子·白心》有“道者，一人用之，不闻有余；天下行之，不闻不足”。这样的相似、相关的语句有十几处之多。因此，蒙文通、朱伯崑、冯友兰、李存山、王博、陈鼓应、杨儒宾、许抗生等前辈学者，都认为《管子》四篇受到《黄帝四经》的影响，并引用了其中的文句。他们更进一步提出，《管子》四篇为稷下黄老派著作，这一观点逐渐成为学界主流。我们可以从《管子》四篇的“德”“道”观念入手，探寻黄老学说在发展过程中“德”观念的衍变。

《管子·心术上》分经文与解文两个部分，其经文部分论述“道”与“德”云：

> 虚无无形谓之道；化育万物谓之德；君臣父子，人间之事谓之义；登降揖让，贵贱有等，亲疏之体谓之礼；简物小未一道，杀僇禁诛谓之法。[①]

其后解文部分阐释云：

> 天之道，虚其无形。虚则不屈，无形则无所位迕，无所位迕，故偏流万物而不变。德者，道之舍，物得以生生，知得以职道之精。故德者，得也。得也者，其谓所得以然也。以无为之谓道，舍之之谓德。故道之与德无间，故言之者不别也。间之理者，谓其所以舍也。[②]

经文以“虚无无形”定义“道”，又以“化育万物”指称“德”的功能，这里的“道”与“德”构成了体用关系，与老子的“道生之，德畜之”比较接近，都强调了“道”以“德”化育万物。解文进一步解释了“道”是如何“虚其无形”，“遍流万物”，并指出“德”是“道”的容器，万物得以生长，知道“德”即“得道”，便得以觉悟“道”的精妙。而且，解文提出，“道”与

① 黎翔凤撰，梁运华整理：《管子校注》，中华书局，2004年，第759页。
② 黎翔凤撰，梁运华整理：《管子校注》，第770页。

“德”“无间”而“有别”。这说明“道”即是“德”，“德”即是“道”。之所以有别，是因为“德”是“道”在事物中的驻留。“舍道”于万物之中，令万物有得，即为“德”。同时，稷下道家以“物得”与“知得”分解了“德”的两个层次：“物得”即万物先天而得道，“知得”则指人类特有的后天的觉悟。万物皆分有“道”的属性，人类也不例外，但只有人类才能体认“道之精”，让“道”的精妙充分展放出来。

由此，稷下道家为了“知得”，为了体认“道之精”，尤其重视“心术”与“内德”的修养，《管子》四篇中出现了以“精”“气”论“道”论“德”的情况，认为“气”是构成生命最基本的元素，“气”的有无直接决定了人的生命能否存续：“气者，身之充也。”（《心术下》）[①]而“精”是更高品质、更强大的“气”：“精也者，气之精者也”（《内业》）[②]，“一气能变曰精”（《心术下》）[③]。甚至成为万物生成与构造的原质。《内业》说：

> 凡物之精，此则为生。下生五谷，上为列星。流于天地之间，谓之鬼神；藏于胸中，谓之圣人。是故民气，杲乎如登于天，杳乎如入于渊，淖乎如在于海，卒乎如在于己。是故此气也，不可止以力，而可安以德；不可呼以声，而可迎以音。敬守勿失，是谓成德，德成而智出，万物果得。[④]

这段话认为，精气是天地万物生成之源，它可生万物，登天入海，在天地之间无所不至。人恭敬地持守精气，便可成德。“不可止以力，而可安以德”，此处的“德”与“力”相对，表现为对待精气的方式：在于“藏”，在于“安”，在于“敬守”。“敬守勿失，是谓成德”，此处的“德”指的是涵守精气的状态。

---

① 黎翔凤撰，梁运华整理：《管子校注》，第778页。
② 黎翔凤撰，梁运华整理：《管子校注》，第937页。
③ 黎翔凤撰，梁运华整理：《管子校注》，第780页。
④ 黎翔凤撰，梁运华整理：《管子校注》，第931页。

《内业》继续描写精气在事物中的运行：

> 彼心之情，利安以宁，勿烦勿乱，和乃自成。折折乎如在于侧，忽忽乎如将不得，渺渺乎如穷无极。此稽不远，日用其德。[①]

“日用其德”的“德”指的是精气之德，亦即精气运行于事物的性能。

统观以上两段引文的描述，可知世间万物皆因禀赋“精气”而显示出各自的生机和特性，天地之间的变化。人的聪明智慧，都是由于“精气”的附着、流行、藏隐。此种“气”的含义，远不止于表面上的物质性。正如陈丽桂所说，《管子》诸篇中“‘气’虽不等于生命，不等于现象，不等于思维，却是这一切生命、现象、思维的根源”。[②] 由此我们可以看出，《管子》四篇所说的“精”，隐约有老庄所说的“道”的意味。而“精气”“气”与“德”交相为用，或可对应“德”。《心术上》曰：“虚无无形谓之道，化育万物谓之德。”[③]“德者，道之舍，物得以生生，知得以职道之精”[④] 也可印证这种对应关系。在稷下黄老学者的认知中，“德”既是指精气运行于人体的一种性能，一种状态，又指称人得自精气并成其为自身的某种天生品性。这是“德”出现的新内涵。

从具体的修养层面来看，“德”通常指向“精气”的抟聚与更新，“敬守勿失，是谓成德”。内聚“精气”，使其自发地扩充至浩大，如此方能安养身心，此之谓涵养“内德”。《心术下》关于“内德”有如下描述：

> 形不正者德不来，中不精者心不治。正形饰德，万物毕得，翼然自来，神莫知其极。昭知天下，通于四极。是故曰：无以物乱官，毋以官乱心，此之谓内德。[⑤]

在《内业》篇中，用了“中得”“内得”的说法。此二处“得”通“德”。

---

① 黎翔凤撰，梁运华整理：《管子校注》，第 931—932 页。
② 陈丽桂：《先秦儒道的气论与黄老之学》，《哲学与文化》第 32 卷第 8 期。
③ 黎翔凤撰，梁运华整理：《管子校注》，第 759 页。
④ 黎翔凤撰，梁运华整理：《管子校注》，第 770 页。
⑤ 黎翔凤撰，梁运华整理：《管子校注》，第 778 页。

> 形不正，德不来；中不静，心不治。正形摄德，天仁地义，则淫然而自至。神明之极，照乎知万物。中义守不忒，不以物乱官，不以官乱心，是谓中得。[①]
>
> 精存自生，其外安荣，内藏以为泉原，浩然和平，以为气渊。渊之不涸，四体乃固；泉之不竭，九窍遂通。乃能穷天地，被四海。中无惑意，外无邪灾，心全于中，形全于外，不逢天灾，不遇人害，谓之圣人。人能正静，皮肤裕宽，耳目聪明，筋信而骨强。乃能戴大圜，而履大方，鉴于大清，视于大明。敬慎无忒，日新其德，遍知天下，穷于四极。敬发其充，是谓内得。然而不反，此生之忒。[②]

第一段对内德（中得）进行了描述：人的形体不正，则精气的效能就不会发挥。“德不来”的“德”是指精气之德。正形才能收纳精气的效用，天地之间的仁义等好的品质便浩浩荡荡地自动来到。万物被感知得明明白白。心中摄守义理不动摇，身体的诸项功能不为外物所动，内心不受身体感官的干扰，这就是内德。

第二段更是详细论述了精气与内德的关系：“精存自生，其外安荣，内藏以为泉原，浩然和平，以为气渊。”说的是精气存聚而人自有生机，其光彩焕发于外，人蕴藏精气为生命的源泉，浩然和平，即为精气之渊池。其后便描述了精气充足的各种表现：“乃能穷天地，被四海。中无惑意，外无邪灾，心全于中，形全于外，不逢天灾，不遇人害，谓之圣人。”然后是人“正静”而涵养“内德”的好处：“皮肤裕宽，耳目聪明，筋信而骨强。乃能戴大圜，而履大方，鉴于大清，视于大明。敬慎无忒，日新其德，遍知天下，穷于四极。”最后点题什么是内德：“敬发其充，是谓内得。”恭敬地发挥自己身上的精气

① 黎翔凤撰，梁运华整理：《管子校注》，第937—938页。

② 黎翔凤撰，梁运华整理：《管子校注》，第938—939页。

的性能，令其充实己身，此即内在的德性。

从以上两段引文可以看出，稷下黄老学者以“精气”“内德”的概念，把身体与德性紧密地结合了起来。四篇中的《白心》指出，身体与德性是双向互动的关系：“和以反中，形性相葆，一以无二，是谓知道。”[①] 内心和谐归于中正，形体与德性互相养护，专心一意，便可懂得“道”。在稷下黄老学者看来，“内德”是人所含精气的性能，而身体是精气存聚和运行的地方，是修炼“内德”的场所，也就是说，身体是精气之“舍”：

定心在中，耳目聪明，四枝坚固，可以为精舍。（《内业》）[②]

凡食之道，大充伤而形不臧；大摄骨枯而血沍。充摄之间，此谓和成。精之所舍，而知之所生。（《内业》）[③]

尤其是，心是最重要的“精舍”：

宫者，谓心也，心也者，智之舍也，故曰宫。（《心术上》）[④]

精气在人的心中运行为精神，从而产生心识与智思，所以心在作为身体的部位的同时又表现出超越身体的功能，此之谓“心中有心”：

何谓解之，在于心安。我心治，官乃治；我心安，官乃安。治之者心也，安之者心也。心以藏心，心之中又有心焉。彼心之心，音以先言，音然后形，形然后言。言然后使，使然后治。不治必乱，乱乃死。（《内业》）[⑤]

既然心如此重要，《管子》四篇提出“心术”，以“正”“静”“定”“敬”诸种功夫开展修养，以成就“内德”。

凡道无所，善心安爱。心静气理，道乃可止。彼道不远，民得

---

① 黎翔凤撰，梁运华整理：《管子校注》，第810—811页。
② 黎翔凤撰，梁运华整理：《管子校注》，第937页。
③ 黎翔凤撰，梁运华整理：《管子校注》，第947页。
④ 黎翔凤撰，梁运华整理：《管子校注》，第770页。
⑤ 黎翔凤撰，梁运华整理：《管子校注》，第938页。

以产；彼道不离，民因以知。是故卒乎其如可与索，眇眇乎其如穷无所。被道之情，恶音与声。修心静音，道乃可得。（《内业》）[①]

是故止怒莫若诗，去忧莫若乐，节乐莫若礼，守礼莫若敬，守敬莫若静。内静外敬，能反其性，性将大定。（《内业》）[②]

彼道自来，可借与谋。静则得之，躁则失之。灵气在心，一来一逝，其细无内，其大无外。所以失之，以躁为害。心能执静，道将自定。（《内业》）[③]

人能正静，皮肤裕宽，耳目聪明，筋信而骨强。乃能戴大圜，而履大方，鉴于大清，视于大明。敬慎无忒，日新其德，遍知天下，穷于四极。敬发其充，是谓内得。（《内业》）[④]

敬除其舍，精将自来。精想思之，宁念治之。严容畏敬，精将至定。得之而勿捨，耳目不淫，心无他图。正心在中，万物得度。（《内业》）[⑤]

稷下黄老学者倡导“静”，与老庄是一致的；同时也重视“敬”，这与儒家的思想不谋而合。尤其在“心气论”方面，《管子》四篇以养气论修身，与孟子的养气之论颇有相通之处。只是孟子没有提出“精气”这个概念，也没有以气关乎天地万物之生成。

此外，《管子》四篇的心术修炼中还包括节欲、去情、化智。此为达成正、静、定、敬的途径：

恶不失其理，欲不过其情，故曰：君子恬愉无为。（《心术上》）[⑥]

节其五欲，去其二凶。不喜不怒，平正擅匈。（《内业》）[⑦]

---

① 黎翔凤撰，梁运华整理：《管子校注》，第 935 页。
② 黎翔凤撰，梁运华整理：《管子校注》，第 947 页。
③ 黎翔凤撰，梁运华整理：《管子校注》，第 950 页。
④ 黎翔凤撰，梁运华整理：《管子校注》，第 939 页。
⑤ 黎翔凤撰，梁运华整理：《管子校注》，第 938 页。
⑥ 黎翔凤撰，梁运华整理：《管子校注》，第 776 页。
⑦ 黎翔凤撰，梁运华整理：《管子校注》，第 945 页。

凡心之刑，自充自盈，自生自成。其所以失之，必以忧乐喜怒欲利。能去忧乐喜怒欲利，心乃反济。彼心之情，利安以宁，勿烦勿乱，和乃自成。折折乎如在于侧，忽忽乎如将不得，渺渺乎如穷无极。此稽不远，日用其德。（《内业》）①

当最高统治者修炼“内德”，成为“圣人”，作为个体心性状态的“内德”便具有了政治上的功效：

一物能化谓之神，一事能变谓之智。化不易气，变不易智。惟执一之君子能为此乎！执一不失，能君万物。君子使物，不为物使。得一之理，治心在于中，治言出于口，治事加于人，然则天下治矣。一言得而天下服，一言定而天下听，公之谓也。（《内业》）②

一气能变曰精，一事能变曰智。慕选者，所以等事也。极变者，所以应物也。慕选而不乱，极变而不烦，执一之君子。执一而不失，能君万物，日月之与同光，天地之与同理。圣人裁物，不为物使。心安，是国安也。心治，是国治也。治也者，心也。安也者，心也。治心在中，治言出于口，治事加于民。故功作而民从，则百姓治矣。（《心术下》）③

第一段强调了“执一”的重要性，“执一”是说把握“一”这个道理，所谓“一”即精气之道。把握了精气之道，便是修成了“内德”，其心得以安治，其言、其行也皆能安治，进而天下安治。

第二段则提出“心安，是国安也；心治，是国治也”，强调“内德”是为政者治国安民的必要前提，正如《内业》所说的“气意得而天下服，心意定而天下听。抟气如神，万物备存”④，君主须得气意，定心意。

---

① 黎翔凤撰，梁运华整理：《管子校注》，第931—932页。

② 黎翔凤撰，梁运华整理：《管子校注》，第937页。

③ 黎翔凤撰，梁运华整理：《管子校注》，第780—782页。

④ 黎翔凤撰，梁运华整理：《管子校注》，第943页。

由上可知，在稷下黄老学者的学说中，当“德”的主体是统治者时，养生与治国成为紧密相连的两个方面，“内德”便成了一种政治德性。养生是治国的基础，作为养生的核心“养气成德”是政治活动获得正当性的前提。此即曹峰先生所云“从养生到治国”。[①]

《管子·心术上》中也以心身关系类推君臣关系：

> 心之在体，君之位也。九窍之有职，官之分也。心处其道，九窍循理。嗜欲充益，目不见色，耳不闻声。故曰：上离其道，下失其事。毋代马走，使尽其力。毋代鸟飞，使弊其羽翼。毋先物动，以观其则。动则失位，静乃自得。[②]

《管子》以人体的“心”对身体器官“九窍”的控制对应君主对于臣下的统御之术。这是稷下黄老学对“无为”思想的发展，它将老子所说的“无为而无不为”转化为君主无为、臣下有为的政治模式。当然，总体来说，稷下黄老政治学说突出了君主的御臣之术，但其最主要的还在于君主的修身修心。养气以成德，成德以治国，是《管子》四篇思想的基本理路，也是其“德”论的特质所在。而在其具体的论述中，精气论的出现使得稷下黄老学者的宇宙论独树一帜。为了涵养“内德”，黄老学者提倡正、敬、静、定、节欲、息智等养气功夫，成为重视养生的学派。尤其与《黄帝四经》相比，《管子》四篇并不关注政治活动的具体开展，而是把重点放在统治者的心性修养上。故而有学者认为，《黄帝四经》关注的是政治德行，《管子》四篇关注的是政治德性。[③]

（二）《黄帝四经》：多维度的“德”“道”场域

学者认为，黄老学说的“德”概念，大体上是在三个维度上运用的：第一个维度是作为“道”在具体事物上的落实而成就的不同事物的各自特性。

---

① 曹峰：《近年出土黄老思想文献研究》，中国社会科学出版社，2015年，第3—4页。

② 黎翔凤撰，梁运华整理：《管子校注》，第759页。

③ 叶树勋：《先秦道家“德”观念研究》，第433页。

《黄帝四经》之《道原》篇说："鸟得而蜚（飞），鱼得而流（游），兽得而走。万物得之以生，百事得之以成。人皆以之，莫知其名，人皆用之，莫见其刑（形）。"[①] 此"得"即"德"，说的就是此意。《韩非子·解老》篇说的"德者，内也；得者，外也。上德不德，言其神不淫于外也。神不淫于外，则身全。身全之谓得，得者，得身也"[②] 的"德"也是这样。第二个维度是指君主的"为政之德"，如《黄帝四经·经法》中的"玄德""明德"："王天下者有玄德。"[③]"天下大（太）平，正以明德，参之于天地，而兼复（覆）载而无私也，故王天［下］。"[④] 这种"德"与儒家的"德"类似，诸如《君正》中的句子："一年从其俗，二年用其德，三年而民有得……一年从其俗，则知民则。二年用［其德］，民则力。三年无赋敛，则民有得。四年发号令，则民畏敬 ……俗者，顺民心殹（也）。德者，爱勉之［也］。"[⑤] 就是这种情况。《管子》关注政治德性，其论述中更是常有第二个维度的"德"。第三个维度是与"刑"相对应的"德"。黄老思想中有其独特的"刑德之学"，《十六经·观》中说："不靡不黑，而正之以刑与德。春夏为德，秋冬为刑。先德后刑以养生。""天因而成之。夫并时以养民功，先德后刑，顺于天。"[⑥]《十六经·姓争》中也有"刑德皇皇，日月相望，以明其当……天德皇皇，非刑不行，缪（穆）缪（穆）天刑，非德必顷（倾）。刑德相养，逆顺若成"[⑦] 的句子。与"刑"相对的"德"，与其说是法律意义上的，实则更像奖惩，《韩非子·二柄》中关于刑德的自问自答正好体现了这一点："何谓刑德？曰：杀戮之谓刑，庆赏之谓德。"[⑧] 韩

① 陈鼓应注译：《黄帝四经今注今译》，第 399 页。
② ［战国］商鞅、韩非子：《商君书·韩非子》，第 122 页。
③ 陈鼓应注译：《黄帝四经今注今译》，第 95 页。
④ 陈鼓应注译：《黄帝四经今注今译》，第 86 页。
⑤ 陈鼓应注译：《黄帝四经今注今译》，第 53、56 页。
⑥ 陈鼓应注译：《黄帝四经今注今译》，第 217、223 页。
⑦ 陈鼓应注译：《黄帝四经今注今译》，第 265 页。
⑧ ［战国］商鞅、韩非子：《商君书·韩非子》，第 81 页。

非进而言之，刑罚也是爱民：“圣人之治民，度于本，不从其欲，期于利民而已。故其与之刑，非所以恶民，爱之本也。”（《韩非子·心度》）[①]

以上这三个维度的“德”[②]，对应了《黄帝四经》“推天道以明人事”之学说理路的三个层次。第一个层次是宇宙论方面的内容，见于《道原》等文对天地之间的“德”“道”与万物关系的梳理与探索。第二个层次是关于为政原则，见于《经法》《十六经》等文。第三个层次是关于国家治理措施的主张，见于《君正》《姓争》等篇章。其中的义理逻辑是：《黄帝四经》以“道”指称天地化生万物的准则，“德”则是天地化生万物的德行。这是全书的思想基础。当“德”由主政者涵养于内并形之于外的时候，它便落实、运行于人类社会，产生良好的效应。故而有“玄德”“明德”这些政治原则。在具体操作中，“德”与“刑”相辅相成，奖惩分明，赏罚得当，由此延伸出“道生法”。由此，《黄帝四经》基于老子提出的抽象原则，提供了具体的、可操作的行动方案。兹从宇宙论、为政原则、治理措施三个方面探讨《黄帝四经》中“德”的观念。

1. 宇宙论中的“德”

从老庄、《管子》到《黄帝四经》，“德”总是处于和其他概念的关系之中。而且，“德”只有在这些关系之中才能发挥作用。概括地说，老庄的“德”处于道物关系之间，也就是说，“道”通过“德”作用于“物”，“德”是道物之间的介质。《管子》及《黄帝四经》等黄老学者都继承了道物关系的框架，同时又增加了新的内容：《管子》四篇的宇宙论在道物关系之外，增加了气物关系，“德”除了是“道”与“物”的介质之外，也是“气”与“物”之间的介质。《黄帝四经》的宇宙论中，又增加了“天地”和“天”“地”。

苛事，节赋敛，毋夺民时，治之安。无父之行，不得子之用；

① [战国]商鞅、韩非子：《商君书·韩非子》，第298页。

② 三个维度的说法来自王中江：《早期道家的“德性论”和“人情论”：从老子到庄子和黄老》，《江南大学学报（人文社会科学版）》2012年第4期。

> 无母之德，不能尽民之力。父母之行备，则天地之德也。三者备，则事得矣。能收天下豪桀（杰）票（骠）雄，则守御之备具矣。（《经法·君正》）①

此句是说，为政者如果没有父母的的德行，那么子民的能力就不能发挥出来。为政者如果拥有父母对于子女的德行，就具备了天地的德行。此处“德”不是“道”的属性，而是“天地”的属性。“天地”作为万物的生养者，和万物构成了一种类似道物关系的关系。

> 夫天有［恒］干，地有恒常。合［此干］常，是以有晦有明，有阴有阳。夫地有山有泽，有黑有白，有美有亚（恶）。地俗德以静，而天正名以作。静作相养，德虐相成。两若有名，相与则成。阴阳备物，化变乃生。（《十六经·果童》）②

此段的意思是，天地都有其恒久不变的规律性。按照这些规律，便有晦明、阴阳、山泽、黑白、美丑这些相互对立的事物的存在。地以安静培育其德，天以日夜轮转的运作为特性，带来晦、明、阴、阳等不同的名位，为万物正名。天地互相配合，动静、生杀相辅相成。它们虽然各有名分，但相互依赖，相互成就。而阴阳二者包含于万物之中，相互变化，相互作用，使得万物生生不息。

此处天与地的对立统一，造就了晦明、阴阳、山泽、黑白、美丑以及万物的生死，更带来万物的生生不息。其中“地俗德以静”的“德”指地的德性，此处“德”有“属性”的意思。第二个“德”与“虐”对出，代表地的育养万物之恩德，与天之“虐”相对应。天与地的作用分别归于刑罚与奖赏。正如陈鼓应先生解读“无父之行，不得子之用；无母之德，不能尽民之力。父母之行备，则天地之德也”时所说：父之行指刑罚，母之德指庆赏，“父母之行备”

① 陈鼓应注译：《黄帝四经今注今译》，第 73 页。
② 陈鼓应注译：《黄帝四经今注今译》，第 241 页。

意思是赏罚相济，慈严并施，则有天地之德。可见“德”在《果童》这一段话的表述中，虽然强调了天地的特性，但其本质是同一的，天之德与地之德也是可以相互作用的。

> 高阳问力黑曰：天地[已]成，黔首乃生。莫循天德，谋相复(覆)顷(倾)。吾甚患之，为之若何？(力黑对曰：勿忧勿患，天制固然。天地已定，规(蚑)侥(蛲)毕挣(争)。作争者凶，不争亦毋(无)以成功。顺天者昌，逆天者亡。毋逆天道，则不失所守。天地已成，黔首乃生。胜(姓)生已定，敌者生争，不谌不定。凡谌之极，在刑与德。
>
> 刑德皇皇，日月相望，以明其当。望失其当，环视其央(殃)。天德皇皇，非刑不行；缪(穆)缪(穆)天刑，非德必顷(倾)。刑德相养，逆顺若成。刑晦而德明，刑阴而德阳，刑微而德章(彰)。其明者以为法，而微道是行。(《十六经・姓争》)[①]

这段话中有一处天道：“毋逆天道，则不失所守。”两处天德：“莫循天德，谋相复（覆）顷（倾）。”“天德皇皇，非刑不行；”从文义来看，“毋逆天道，则不失所守”与“莫循天德，谋相复（覆）顷（倾）”的“天德”与“天道”并无区别，都指称自然法则。“天德皇皇，非刑不行”的“德”则是指称与“刑”相对应的恩德、奖赏。

从以上引文可以看出，《黄帝四经》中的天德、地之德、天地之德，并非是天地通过“道”而获得成为自身的属性，这与老子、庄子、管子所论皆有不同。文中并未强调“道”之于“德”的意义，“天地”或者是“天”拥有了类似于“道”的地位，亦即万物的生养者的角色。所谓的“德”，指的是天地

① 陈鼓应注译：《黄帝四经今注今译》，第263、265页。

对于万物的生养功能。[①]

当然，《黄帝四经》中的“道”并没有完全脱离老庄设定的道物关系。在《老子》中，道是统摄一切、先天而生的，是生成万物的基础。“有物混成，先天地生。”（通行本第二十五章）[②]“道生一，一生二，二生三，三生万物，万物负阴而抱阳，冲气以为和。”（通行本第四十二章）[③]通行本第三十九章也说：“天得一以清，地得一以宁。”[④]既然“道生一”，“得一”即“得道”。可见道在天地之先，其统摄地位高于天地，天地也是在“道”通过“德”的作用之下才运作起来的。《庄子·则阳》也说：“天地者，形之大者也；阴阳者，气之大者也；道者为之公。”[⑤]此语更可见天地是受“道”作用的“物”。《黄帝四经》的《道原》也论述了这一思想：

> 恒无之初，迵同大（太）虚。虚同为一，恒一而止。湿湿梦梦，未有明晦。神微周盈，精静不配（熙）。古（故）未有以，万物莫以。古（故）无有刑（形），大迵无名。天弗能覆，地弗能载。小以成小，大以成大。盈四海之内，又包其外。在阴不腐，在阳不焦。一度不变，能适规（蚑）侥（蛲）。鸟得而蜚（飞），鱼得而流（游），兽得而走。万物得之以生，百事得之以成。人皆以之，莫知其名。人皆用之，莫见其刑（形）。[⑥]

同时，《老子》中也有大量的“天道”“天之道”，例如：

> 持而盈之，不如其已。揣而锐之，不可长保。金玉满堂，莫之能守。富贵而骄，自遗其咎。功成名遂身退，天之道。[⑦]（通行本第九章，

① 叶树勋：《先秦道家“德”观念研究》，第 446 页。
② ［魏］王弼注，楼宇烈校释：《老子道德经注校释》，第 62 页。
③ ［魏］王弼注，楼宇烈校释：《老子道德经注校释》，第 117 页。
④ ［魏］王弼注，楼宇烈校释：《老子道德经注校释》，第 106 页。
⑤ 陈鼓应注译：《庄子今注今译》，第 738 页。
⑥ 陈鼓应注译：《黄帝四经今注今译》，第 399 页。
⑦ ［魏］王弼注，楼宇烈校释：《老子道德经注校释》，第 21 页。

郭店楚简本和马王堆帛书本基本相同。）

不出户，知天下。不窥牖，见天道。其出弥远，其知弥少。是以圣人不行而知，不见而名，不为而成。[①]（通行本第四十七章，郭店楚简本无，马王堆帛书本基本相同。）

勇于敢则杀，勇于不敢则活，此两者，或利或害。天之所恶，孰知其故。是以圣人犹难之。天之道，不争而善胜，不言而善应，不召而自来，繟然而善谋。天网恢恢，疏而不失。[②]（通行本第七十三章，郭店楚简本无，马王堆帛书本基本相同。）

天之道，其犹张弓与。高者抑之，下者举之。有余者损之，不足者补之。天之道，损有余而补不足。人之道则不然，损不足以奉有余。孰能有余以奉天下？唯有道者。是以圣人为而不恃，功成而不处，其不欲见贤。[③]（通行本第七十七章，郭店楚简本无，马王堆帛书本基本相同。）

和大怨，必有余怨，安可以为善？是以圣人执左契，而不责于人。有德司契，无德司彻。天道无亲，常与善人。[④]（通行本第七十九章，郭店楚简无，马王堆帛书基本相同。）

天之道，利而不害。圣人之道，为而不争。[⑤]（通行本第八十一章，郭店楚简无，马王堆帛书中“圣人之道”作“人之道”。）

曹峰先生总结说，《老子》中的“天之道”，有些来自于历史经验的总结，只是将其上升到天意的高度，以强化其权威性和说服力；有些是对天地运行总体原理或具体法则的体悟。如第四十七章的“不出户，知天下。不窥牖，见天

① ［魏］王弼注，楼宇烈校释：《老子道德经注校释》，第126页。
② ［魏］王弼注，楼宇烈校释：《老子道德经注校释》，第182页。
③ ［魏］王弼注，楼宇烈校释：《老子道德经注校释》，第186页。
④ ［魏］王弼注，楼宇烈校释：《老子道德经注校释》，第188页。
⑤ ［魏］王弼注，楼宇烈校释：《老子道德经注校释》，第192页。

道”，“天道”与“天下”并列，分别指上和下，“天道”说的是上天运行总的原理和规则。只有圣人能够同时把握天下和了解天道，强调的是得道者所具备的不可思议的能力。讲天道目的在于导出人事之理，导出行动的原理和行为的方式，通过这样的对应结构为人的行动找到合理的依据，有着明确的政治倾向和实践性质。因此，拟人化是其鲜明的特征，以便于人的理解与接受；可体悟、可感受、可效法、可实践也是理所当然的。例如第七十三章的“天之道，不争而善胜，不言而善应，不召而自来，绰然而善谋”。这里描述的是天（其实应该还包括大地、水流、江海等等自然存在）从不有意作为、多言、强制、争胜，但却最终成为主宰、强者、胜者。这里虽然没有“人之道”与之相应，但“不争”与“不言”，正是老子心目中圣人处世的原则。[①]

可见，老子关于“天道”的论述中，也有“天”在“道”之上的倾向。庄子所论基本保持了老子之“道”的意义，但在其外杂篇叙述道德之意，往往也先天而后道。故而有人认为《庄子》外篇是黄老书籍。[②]而在《黄帝四经》中，“天”在“道”之上的情形更为突出。

《黄帝四经》有着与老庄相比更为突出的“天道”观，书中也有大量天地之道的描述，如日月运行、四时更替等表现为“理”“数”“纪”的宇宙秩序，阴阳消长、动静盈虚、刚柔兼济的宇宙原理等。这与黄老学说的“黄学”传承有关，《黄帝四经》的《十六经・观》中云：“［黄帝］令力黑浸行伏匿，周流四国，以观无恒，善之法则。力黑视象，见黑则黑，见白则白。地□□□□□□□□□［则］恶。人则视竞：人静则静，人作则作。”[③]可见“黄帝”在天地、阴阳、四时、晦明、万物的创生过程中起着主导作用，《十六经・立命》也说：“昔者黄宗，质始好信，作自为象，方四面，傅一心，四达自中，

---

① 曹峰：《论〈老子〉的“天之道”》，《哲学研究》2013年第9期。

② 孙以楷、甄长松：《庄子通论》，东方出版社，1995年，第166页。

③ 陈鼓应注译：《黄帝四经今注今译》，第205页。

前参后参，左参右参，践立（位）履参，是以能为天下宗。”[①] 可见黄帝形象与五行及阴阳数术有着密切关系。基于此，曹峰先生提出：“较之常人无法感知、难以体会的抽象之‘道’，天道正是任何人都可以直接感受、又不得不遵循的天地运行规律和法则。因此，天道既具有形象直观的特点，同时又具备与‘道’相同的权威性和绝对性，这样，顺应天道成为掌握天下最为直接有效的手段。对于圣人而言，法天地以尽人事，从天地人贯通的宇宙秩序中，提炼出治世的方法、是非的标准，就是首要的政治事务。因此，这种道论较之‘老子类型道论’，具有更为实际的指导意义。”[②]

总之，在《黄帝四经》中，因为“天”的重要性加强了，“道”的地位在一定程度上则下降了。如同陈丽桂指出，原本《老子》中超乎万物、作为至高准则的“道”，在《黄帝四经》中依次递减为天地四时之象、人事之理。《黄帝四经》在强调“道”的规律性的同时，总是想向下降格，用天地自然之象来代表“道”。[③] 那么“德”除了在“道”与“物”之间起作用外，还得在“天”与“物”中起作用。这是《黄帝四经》中“宇宙论”的“德”比之老庄及管子的特别之处。

2. 作为为政原则的“德”

《黄帝四经》中作为为政原则的“德”主要体现在“玄德”与“明德”上。“明德”在西周时用来解释自身政权合理性，具体来说是以“明德”或“嘉德”“懿德”等得到上天的眷顾与任命，此即“以德受命”。春秋战国时期的诸子们大多沿用此词，尤其是孔孟等儒家追慕“三代”，更是把“明德”发扬为一个重要概念。但老庄却很少提及“明德”一词，反而提出了“玄德”的概念。郑开指出，儒家绝口不提“玄德”，似乎是针锋相对，老庄著作里以鲜见“明德”

---

① 陈鼓应注译：《黄帝四经今注今译》，第 196 页。

② 曹峰：《出土文献视野下的黄老道家研究》，《中国社会科学》2013 年第 2 期。

③ 陈丽桂：《战国时期的黄老思想》，联经出版事业公司，1991 年，第 72 页。

语词，《黄帝四经》同时提及“玄德”“明德”，体现了黄老学说兼容并蓄的思想特征。①

王天下者有玄德，有［玄德］独知［王术］，［故而］王天下而天下莫知其所以。王天下者，轻县国而重士，故国重而身安；贱财而贵有知，故功得而财生；贱身而贵有道，故身贵而令行。［故王］天下［者］天下则之。朝（霸）主积甲士而征不备（服），诛禁当罪而不私其利，故令行天下而莫敢不听。自此以下，兵单（战）力掙（争），危亡无日，而莫知其所从来。夫言朝（霸）王，其［无私也］，唯王者能兼复（覆）载天下，物曲成焉。（《经法 · 六分》）②

这两段话论述了君主如何“王天下”。前段从正反两方面说明“王术”的重要性，后段则强调“玄德”是“王术”的前提。“玄德”在老子的思想中本来就近乎于道：“道生之，德畜之：长之、育之、亭之、毒之、养之、覆之。生而不有，为而不恃，长而不宰，是谓玄德。”（《通行本》第五十一章）③“玄”是指“道”的隐微深远。“玄德”对应的是“道”在君主与臣民之间的关系与桥梁。《黄帝四经》的“玄德”也继承了这一点，且更直接与“王术”联系起来，也就有了更加具体的实施路径。

因为“王术”的融入，《黄帝四经》在继承“玄德”的同时也改造了它的内涵，甚或直接把被老庄废弃的“明德”引入进来，丰富了其“德政”思想：

六顺六逆［乃］存亡［兴坏］之分也。主上执六分以生杀，以赏［罚］，以必伐。天下大（太）平，正以明德，参之于天地，而兼复（覆）载而无私也，故王天［下］。（《经法 · 六分》）④

① 郑开：《玄德论——关于老子政治哲学和伦理学的解读与阐释》，《商丘师范学院学报》2013 年第 1 期。
② 陈鼓应注译：《黄帝四经今注今译》，第 95 页。
③ ［魏］王弼注，楼宇烈校释：《老子道德经注校释》，第 137 页。
④ 陈鼓应注译：《黄帝四经今注今译》，第 86 页。

“六顺”指六种顺当的情况，“六逆”指六种悖逆的情况。“六分”指顺当与悖逆之间的六种分际。君主应分清这些情况，赏罚严明。无论是赏是罚，都是彰君主功德的表现。“明德”参乎天地，效法天地的“（覆）载而无私”，便可王天下。

《论》中也有关于“明德”的描述：

> 六枋（柄）：一曰观，二曰论，三曰僮（动），四曰槫转，五曰变，六曰化。观则知死生之国，论则知存亡兴坏之所在，动则能破强兴弱，槫则不失讳（韪）非之［分］，变则伐死养生，化则能明德徐（除）害。六枋（柄）备则王矣。（《经法·论》）[①]

此处将“明德”与“除害”对应。说的也是治国之术，观察考究生死、兴亡之原因，在规则与规律之内运转变化，最后“明德除害”，就可以王天下了。

从这些引文可以看出，《黄帝四经》的“明德”虽然也和儒家一样，意为通过自身修养让内在的德性得以显明，但它强调的是以“明德”参于天地，主张为政者像天地一样“兼覆载而无私”，去除了“以德受命”的宗教感。《黄帝四经》也讲“受命”，《十六经·立命》便有“受命于天”的说法：

> 昔者黄宗，质始好信，作自为象，方四面，傅一心，四达自中，前参后参，左参右参，践立（位）履参，是以能为天下宗。“吾受命于天，定立（位）于地，成名于人。唯余一人［德］乃肥（配）天，乃立王、三公，立国置君、三卿。数日、磿（历）月、计岁，以当日月之行。吾允地广裕，类天大明。”[②]

可以看得出来，这种“受命”更多地强调根据天地自然法则安排政治活动。“明德”乃“配天”。这使得黄老学派对于德政的论证更加具体而直观。在《黄

① 陈鼓应注译：《黄帝四经今注今译》，第 138 页。

② 陈鼓应注译：《黄帝四经今注今译》，第 196 页。依第 199 页注⑨按语，“吾”字由“类天大明”之前移至“允地广裕”之前。

帝四经》中，“玄德”与“王术”配合使用，“明德”与“天”相配合，重视的是帝王之“德”以何种方式得到实施，其中的“德”虽然也有内在德性的意义，但更多地展现出“德”的外在形态。这与《管子》重视“内德”的修炼形成鲜明的对比，体现了《黄帝四经》思想上的治术性转化。

3. 作为治理措施的“德”

《黄帝四经》的“德”在人事领域的用途包括两个层次，一个是为政之原则，亦即包括奖赏、惩罚的“玄德”“明德”。《经法·君正》说：“无父之行，不得子之用；无母之德，不能尽民之力。父母之行备，则天地之德也。”[①] 父之行指刑罚，母之德指庆赏，“父母之行备”意思是赏罚相济，慈严并施，则有天地之大德。无论是恩赏的“德”，还是惩罚的“刑”，都需要君主顺应天时地利人和，公正地推行下去，从而成其“明德”。赏、罚、德、刑都包含于“德”中。另一个层次即治理之措施。《十六经·果童》所说的“静作相养，德虐相成”便是如此，在这个层次的意义中，“德”与“虐”“刑”并举，只代表奖赏与恩德。

儒家也有以奖赏和惩罚为德与刑的看法，但强调以“德”为主，以刑罚为辅助。《黄帝四经》中的“刑”“德”有着更为复杂的关系。其一为“刑德相养”：

> ……凡谌之极，在刑与德。
>
> 刑德皇皇，日月相望，以明其当。望失其当，环视其央（殃）。天德皇皇，非刑不行；缪（穆）缪（穆）天刑，非德必顷（倾）。刑德相养，逆顺若成。刑晦而德明，刑阴而德阳，刑微而德章（彰）。其明者以为法，而微道是行。（《十六经·姓争》）[②]

① 陈鼓应注译：《黄帝四经今注今译》，第 73 页。
② 陈鼓应注译：《黄帝四经今注今译》，第 263、265 页。

“刑德相养”说的是“刑”“德”此消彼长，相辅相成。“德”与“虐”的对立也与此相同：

地俗德以静，而天正名以作。静作相养，德虐相成。两若有名，相与则成。阴阳备物，化变乃生。（《十六经·果童》）[①]

“刑”与“德”的第二种关系为“先德后刑”：

不靡不黑，而正之以刑与德。春夏为德，秋冬为刑。先德后刑以养生。姓生已定，而适（敌）者生争，不谌不定。凡谌之极，在刑与德。刑德皇皇，日月相望，以明其当，而盈［绌］无匡。……是故为人主者，时控三乐，毋乱民功，毋逆天时。然则五谷溜孰（熟），民［乃］蕃兹（滋）。君臣上下，交得其志。天因而成之。夫并时以养民功，先德后刑，顺于天。（《十六经·观》）[②]

一年从其俗，二年用其德，三年而民有得。四年而发号令，［五年而以刑正，六年而］民畏敬，七年而可以正（征）。一年从其俗，则知民则。二年用［其德］，则民力。三年无赋敛，则民有得。四年发号令，则民畏敬。五年以刑正，则民不幸。六年［民畏敬，则知刑罚］。七年而可以正（征），则朕（胜）强适（敌）。（《经法·君正》）[③]

叶树勋认为，从思想史的角度来看，“德”在西周便是一个高层次的、事关政治原则的概念，统摄着包括“刑”的诸多行政措施。春秋时期开始，“德”出现治术化的倾向，它可以是赏赐与恩惠，也可以是道德教化之举。战国时期儒家、黄老、法家都继承了“德”“刑”并用的思想，儒家继承了“教化”之德。“德主刑辅”的“德”偏向于德教。黄帝四经中与“刑”对应的“德”是

① 陈鼓应注译：《黄帝四经今注今译》，第 241 页。
② 陈鼓应注译：《黄帝四经今注今译》，第 217、223 页。
③ 陈鼓应注译：《黄帝四经今注今译》，第 53 页。

恩赏的意思，没有道德教化的意思。法家也是如此。但法家不关心“德”“刑”先后问题，关心的是孰轻孰重，例如商鞅就提出“刑九赏一”：“王者刑九赏一，强国刑七赏三，削国刑五赏五。”（《商君书·去强》）[①] 这是黄老学派与其他学派的分野所在。[②]

---

① ［战国］商鞅、韩非子：《商君书·韩非子》，第 16 页。

② 转引自叶树勋：《先秦道家“德”观念研究》，第 521 页。

第三节 “道法”体系的人性论逻辑

“道法”思想是黄老政治学说中的重要思想。在“天命论”逐渐崩溃的背景之下，政治思想领域中“道”的地位日益上升。尤其在老子等人的推动下，“天道”或“道”逐渐成为了春秋战国时期诸子百家据以立说言政的最高根据。李泽厚有言：“有关天道的观念在中国古代由来已久，但在《老子》这里终于得到一种哲学性质的净化或纯粹化。而这正是《老子》之所以为《老子》。”[①]在政治思想领域，老子既批判现实社会的仁义礼法对道的背离，又从正面提出了“人法地，地法天，天法道，道法自然”的思路。龙大轩先生认为，在《老子》中便已经有了“道法”的雏形：“‘失道而后德，失德而后仁，失仁而后义，失义而后礼。’……当我们将这段话倒过来释读、理解时，便知道老子是为人定法的进步完善设定了可资追求的理想目标：礼法制度要尽量合符人的情理，进而合符人的良知，进而合符德，最终才能逐渐接近道的要求，成为良法，这就是老子设计的‘道法’的原形。”[②]

《黄帝四经》在肯定老子人性“自足”的基础上创建了“以情释性”的人性理论，将趋利避害的好恶之情作为人之本性，对内“宁心安性”，对外“因

① 李泽厚：《中国古代思想史论》，人民出版社，1985 年，第 92 页。
② 龙大轩：《道与中国法律传统》，山东人民出版社，2004 年，第 55 页。

性制法”，将“心术”和“王术”相结合，实现了内在心性与外在法治的有机统一，初步建构了黄老学派人性论体系，也丰富了先秦道家人性学说的理论形态，并对儒家和法家的人性学说产生深远影响，具有重要的思想史意义。

在思想史上，对与人性意义相关的“性”字的解释定义非常之多，阮元《性命古训》曰：“性字本从心从生，先有生字。商周古人造此字，已谐声，声亦意也。”[①] 孟子曰：“生之谓性。”（《孟子·告子上》）[②] 荀子曰：“生之所以然者谓之性。”（《荀子·正名》）[③] 又说：“凡性者天之就也，不可学，不可事。”（《荀子·性恶》）[④]。这都是以“性”为人天生的本质属性，乃“所受于天，非人之所能为也”（《吕氏春秋·荡兵》）[⑤]。郭店竹简《性自命出》与上博竹简《性情论》中，“性”字都写作“眚”字。可以看出，至少在词源学意义上，“性”字内涵与“生”存在着某种程度的语义关联。从“生”衍出“性”，可见“性”字本义是“生而然者”。也就是徐复观所说的：“由现在可以看到的有关性字最早的典籍加以归纳，性之原义，应指人生而即有之欲望、能力等而言，有如今日所说之本能。”[⑥]

西周初年，伴随着人类理性意识的觉醒，人文精神孕育萌发，天命神权观念动摇，敬天保民的意识从殷商时期敬天事神的滥觞中超脱出来。文王明确开始关注民性。武王伐纣前盟誓誓词“天视自我民视，天听自我民听”（《尚书·泰誓中》）[⑦]，已经昭示出精神寄托由虚渺的神天上帝向现实民间的回落，人对自身的关注逐渐成为时代主题。随后周公、召公继之，提出“民情大可见”（《尚

---

① 转引自罗安宪：《虚静与逍遥》，人民出版社，2005 年，第 83 页。
② ［汉］赵岐注，［宋］孙奭疏：《孟子注疏》，第 348 页。
③ 安小兰译注：《荀子》，中华书局，2007 年，第 241 页。
④ 安小兰译注：《荀子》，第 269 页。
⑤ 杨坚点校：《吕氏春秋·淮南子》，第 44 页。
⑥ 徐复观：《中国人性论史·先秦篇》，台湾商务印书馆，1987 年，第 6 页。
⑦ ［汉］孔安国传，［唐］孔颖达疏：《尚书正义》，第 329 页。

书·康诰》)[①]与“节性，惟日其迈”(《尚书·召诰》)[②]的理论，概言之，商周先民人性论思考的逻辑起点是人之“天性”本能，所以“性”与“欲”常被关联在一起。虽然文王、周公、召公对民性的探究仅仅是作为考察、选拔与治理官员百姓的手段，但预示着他们作为时代先知先觉已自觉地开始了对人性问题的关注。而且从那时开始，人性问题逐渐开始成为普遍的问题意识，在先秦诸子百家争鸣的思想漩涡中迅速流播开来。由于对“性”这一先天性的本质属性之认识不同，先秦诸子便有了性善、性恶甚或性善情恶、性有品次等争论。

既然“性”指人之本能属性，那么这种天性本能如果不加节制，则可能会产生有损他人或群体的行为。如《尚书·西伯戡黎》祖伊指责纣王“不虞天性，不迪率典”，所以“天弃我，不有康食”。[③]虞天性即是要节制不好的天性，《尚书·召诰》言：“节性，惟日其迈。王敬作所不可不敬德。”[④]节制本能欲望，修明德，遵循典规，是当时思想者所寻求的修德理政之路。《国语·周语中》则言“夫戎狄冒没轻儳，贪而不让，其血气不治，若禽兽焉”[⑤]，治血气即是节性的另一种说法。天性中含有人生存的基本欲求，所以“失性”与“厚生”“厚性”为相反词。《尚书·大禹谟》记载：大禹认为“德惟善政，政在养民”，“正德、利用、厚生惟和”[⑥]。“厚生”也可以理解为厚其性，满足人之生理欲求。《国语·周语》上载祭公谋父谏周穆王曰：“先王之于民也，懋正其德而厚其性，阜其财求而利其器用。”[⑦]正德与厚性连用，正德是节治欲性，规范行为，厚性则强调满足百姓的生存需求。《国语·晋语》亦言：“懋穡劝分，省用足

---

① [汉]孔安国传，[唐]孔颖达疏：《尚书正义》，第428页。
② [汉]孔安国传，[唐]孔颖达疏：《尚书正义》，第470页。
③ [汉]孔安国传，[唐]孔颖达疏：《尚书正义》，第308页。
④ [汉]孔安国传，[唐]孔颖达疏：《尚书正义》，第470页。
⑤ 徐元浩：《国语集解》，中华书局，2002年，第58页。
⑥ [汉]孔安国传，[唐]孔颖达疏：《尚书正义》，第106页。
⑦ 徐元浩：《国语集解》，第2—3页。

财，利器明德，以厚民性。”[①]这里的民性即为民生。综上而言，从文字上分析，商周之时“生”与“性”相通，人性的普遍涵义是指人生而即有的生理欲望、身体本能，人性与人欲相关，所以要“节性”“度性”，尤其同时人之生理欲求又是人之生存的必然表现，所以又需“厚生”“厚性”。

人性论是黄老治国论的理论基础，“从人性的角度为法治的主张提供依据，是战国中后期法家和黄老之学的通例”[②]。韩非有云：“人情者，有好恶，故赏罚可用。赏罚可用，则禁令可立而治道具矣。”（《韩非子·八经》）[③]韩非以好利恶害作为人性的特征并以之为立法治国的依据，同时提出用赏罚二柄作为治国利器，提倡严刑峻法。他和商鞅一样，认为只能以利益诱惑、刑罚威胁来逼迫官吏为君主效力，君臣关系成为一种工具关系。“竖刁假设”是韩非子吏治思想的理论预设，此理论预设下，政治实践过程成为君主与臣子、官吏之间利益博弈的过程。由此，韩非提倡君主与臣子在正当规则主导下进行利益博弈，避免公共权力的滥用。强调在政治领域中排除私人情感，防止私人情感影响公正政治原则落实，并认为君主可以以控制臣子亲属、收集充足信息，并根据信息对臣子进行奖赏或者惩罚等手段，防止“贵臣”向“重臣”转变。[④]由此法家有“法术势”之说。韩非也讲教化，但却是“以法为教”“以吏为师”（《韩非子·五蠹》）[⑤]，所倚重的是国家机器的强制性力量。

《黄帝四经》开篇就提出“道生法”，将“道”的思想与法家的法治主张融为一体，给“法”赋予了正当性，并在符合天道、地道、人道、物性的基础上寻求合理的法度与政治秩序。“黄老学的‘道法’在某种意义上可以称之为

① 徐元浩：《国语集解》，第350页。
② 白奚：《稷下学研究》，生活·读书·新知三联书店，1998年，第102页。
③ [战国]商鞅、韩非子：《商君书·韩非子》，第275页。
④ 宋洪兵：《韩非子治吏思想的前提预设及运作思路》，《哲学研究》2014年第3期。
⑤ [战国]商鞅、韩非子：《商君书·韩非子》，第285页。

‘自然法’，是因为它包含着自然法则、自然理性和自然秩序的一般性意义。”[①]依照人的自然本性而生活是正当合理的，因顺人性而制定各项法令制度是符合天道的，因性而制法就成为《黄帝四经》人性论在社会治理领域的展开与推衍。

《老子》一书没有见“性”字，《庄子》内篇亦不见“性”，但这并不意味着老庄没有与人性相关的思想。唐君毅就认为：“先秦诸子中，道家之老子书中虽有关联于人性之思想，而未尝环绕于性之一名而论之。”[②]陈鼓应说：“老子以体和用的发展说明‘道’和‘德’的关系；‘德’是‘道’的作用，也是‘道’的显现。混一的‘道’在创生的活动中内化于万物而成为各物的属性，这便是‘德’。”[③]徐复观指出：“道与德是万物的根源，当然也是人的根源。因此他（老子）对于道与德的规定，亦即是他对人性的规定。”[④]也就是说，“道”落实到人的人生层面上，内化于人而成“德”，这“德”便是老子之“性”。《庄子》内篇延续了“以德释性”、以“得道”为“德”的思路。徐复观说：“正与《老子》相同，内七篇中的德字，实际便是性字。因为德是道由分化而内在于人与物之中，所以德实际还是道。”[⑤]当然，庄子在老子“德性”论的基础上还提出了“天性”论，并由“天性”导出了自由逍遥的境界。在《庄子》外杂篇中还直接提出了“性”的概念。这些都是对老子“德性”的突破。

老子“德性论”是在对“仁义之性”的解构过程中形成的。仁义之德即为人性，这是肇始于西周、成型于春秋的观念。孔子把这种观念发扬光大，虽罕言“性”却多言仁义。在《论语》中，孔子更习惯把“德”细化成仁义忠信孝悌等可操作的价值理念，借用对于具体道德品质的描述，来指代《尚书》《左传》

---

① 王中江：《黄老学的法哲学原理、公共性和法律共同体理想》，《简帛文明与古代思想世界》，北京大学出版社，2011 年，第 434 页。

② 唐君毅：《中国哲学原论·原性篇》，台湾学生书局，1984 年，第 33 页。

③ 陈鼓应：《老子注译及评介》，中华书局，1984 年，第 12 页。

④ 徐复观：《中国人性论史》，上海三联书店，2001 年，第 299 页。

⑤ 徐复观：《中国人性论史》，第 328 页。

中随处可见的“德”。例如《学而》中提到的“温、良、恭、俭、让”[①]。《阳货》中提到的“恭，宽，信，敏，惠。恭则不侮，宽则得众，信则人任焉，敏则有功，惠则足以使人”[②]。《述而》更有云曰：“子以四教：文、行、忠、信。”[③]《季氏》中也明确提到君子九思：“君子有九思：视思明，听思聪，色思温，貌思恭，言思忠，事思敬，疑思问，忿思难，见得思义。”[④]可见，孔子的人性论是“伦理向”的，主要从伦理方面考虑。

关于孔子与“性”，孔子学生子贡曾经表达过自己的看法：“夫子之文章，可得而闻也；夫子之言性与天道，不可得而闻也已矣。”（《论语·公冶长》）[⑤]从子贡的话可以推测，孔子可能没有聊过“性”；也有可能是孔子曾经论述过，但没有记录成文。孔子明确谈及“性”，最为后人所熟知的当然是“性相近也，习相远也”（《论语·阳货》）[⑥]，此语被编入蒙学经典《三字经》而得以流传千年之久。从句式结构看，该句属对称结构，“性”与“习”相对，这里的性属先天禀赋，只言相近，不作善恶分；这里的“习”属后天行为活动，广义的“习”指人所经受的一切生活习染，狭义的“习”指人所接受的诗书礼乐之教。前后对照来看，孔子认定“性”是“习”作用的对象，“习”是可以影响以致改变“性”的。因而以性善论诠解孔子学说并不合适。孔子的人性论是以“人之天性”为逻辑基础展开的。

就“习相远”而言，孔子人性论的重点是如何通过后天努力而达于理想人格。学习的内容应是诗书礼乐，追求的人生境界应是君子仁人。具体而言，君子应该“志于道，据于德，依于仁，游于艺”（《论语·述而》）[⑦]，应“兴

① ［魏］何晏注，［宋］邢昺疏，朱汉民整理：《论语注疏》，第10页。
② ［魏］何晏注，［宋］邢昺疏，朱汉民整理：《论语注疏》，第267页。
③ ［魏］何晏注，［宋］邢昺疏，朱汉民整理：《论语注疏》，第103页。
④ ［魏］何晏注，［宋］邢昺疏，朱汉民整理：《论语注疏》，第260页。
⑤ ［魏］何晏注，［宋］邢昺疏，朱汉民整理：《论语注疏》，第67页。
⑥ ［魏］何晏注，［宋］邢昺疏，朱汉民整理：《论语注疏》，第265页。
⑦ ［魏］何晏注，［宋］邢昺疏，朱汉民整理：《论语注疏》，第94页。

于诗，立于礼，成于乐”（《论语·泰伯》）[①]，对于人的自然本性应当节制：“君子有三戒：少之时，血气未定，戒之在色；及其壮也，血气方刚，戒之在斗；及其老也，血气既衰，戒之在得。”（《论语·季氏》）[②] 曾子亦言：“君子所贵乎道者三：动容貌，斯远暴慢矣；正颜色，斯近信矣；出辞气，斯远鄙倍矣。”（《论语·泰伯》）[③] 概言之，即以礼来约行、以德节欲，“非礼勿视，非礼勿听，非礼勿言，非礼勿动”（《论语·颜渊》[④]。总之，虽然子贡说“夫子之言性与天道，不可得而闻也”，但钩沉史实，孔子在“以生论性”的基础上，关注到人之欲性，同时强调以“仁礼”等德性伦理修正人之天性，提升人之境界。孔子的人性论并非性善论，但孔子对人可以为善确实给出了高度肯定，通过后天学习，以礼约行，以德节欲，即可以成就君子人格。孔子言“为仁由己”“我欲仁，斯仁至矣”，这种对道德自我意识的重视，开启了心性论道德内化的先河。

孔子初步阐述了儒学的基本思想和重要概念，但没有能构建一个完整的人性理论。孟子首先对人性做了充分而细致的论证，进而创造了先秦乃至中国古代第一个系统的伦理思想体系。性善论是孟子伦理思想体系的理论基础，孟子以此回应孔子所提出的“仁”“义”“礼”“智”等“德目”，并由“性善论”为基础建立了仁政说、义利观和道德修养论。

孟子反对人性只包括自然本能。借由反对告子“生之谓性”的主张，孟子对“食，色，性也”进行了批判，“然则犬之性犹牛之性，牛之性犹人之性与？”（《孟子·告子上》）[⑤] 在孟子看来，动物“与我不同类也”。人之性与动物之性是有本质区别的。人之性就是人之所以为人的本质。这就是人所特

---

① ［魏］何晏注，［宋］邢昺疏，朱汉民整理：《论语注疏》，第 115 页。
② ［魏］何晏注，［宋］邢昺疏，朱汉民整理：《论语注疏》，第 258 页。
③ ［魏］何晏注，［宋］邢昺疏，朱汉民整理：《论语注疏》，第 113 页。
④ ［魏］何晏注，［宋］邢昺疏，朱汉民整理：《论语注疏》，第 177 页。
⑤ 姚永概撰，陈春秀点校：《孟子讲义》，黄山书社，2014 年，第 190 页。

有的“仁义礼智”四种道德心理，“仁义礼智，非由外铄我也，我固有之也”（《孟子·告子上》）。[①]这就是说，人的道德心理不是由外在力量像镀金一样强加于人身上的，而是人类内心本来就有的。他称之为“良知”“良能”，即“不虑而知者”与“不学而能者”（《孟子·尽心上》）[②]。合而称之为“良心”，分开来说即恻隐之心，羞恶之心，辞让之心，是非之心。所以孟子说：“无恻隐之心，非人也；无羞恶之心，非人也；无辞让之心，非人也；无是非之心，非人也。”（《孟子·公孙丑上》）[③]并由此得出“圣人与我同类也”的结论，主张人性平等。

孟子说：“恻隐之心，仁之端也；羞恶之心，义之端也；辞让之心，礼之端也；是非之心，智之端也。……凡有四端于我者，知皆扩而充之矣，若火之始然，泉之始达。”（《孟子·公孙丑上》）[④]这里的意思是，人性四心只要扩而充之，就能成为仁义礼智四德。这四端就像火开始烧起来了，泉水开始流淌，一旦察觉到这四端，四德便已经达成，由此，孟子就给了人性以善的规定。他说：“乃若其情，则可以为善矣，乃所谓善也。”（《孟子·告子上》）[⑤]可见，孟子认为，人性是人区别于动物的本质属性，即四种道德心理。因此，人与人性的这种规定应该是同一的。没有道德心理，就没有人性，就与动物无异，就不是人。道德能不虑而知，不学而能，这是人的本能，只要激发就可以。孟子把一切德性的提高都归结到先天的人性的复归上，认为道德水平的提高只是由于人性由内而外对人的行为的重新控制，而忽视自外而内的外界的教育、引导和强制灌输的积极作用。

孟子的性善论在社会实践中履行，便是“人伦”。“人之有道也，饱食暖衣，

---

① 姚永概撰，陈春秀点校：《孟子讲义》，第194页。
② 姚永概撰，陈春秀点校：《孟子讲义》，第230页。
③ 姚永概撰，陈春秀点校：《孟子讲义》，第53页。
④ 姚永概撰，陈春秀点校：《孟子讲义》，第53页。
⑤ 姚永概撰，陈春秀点校：《孟子讲义》，第194页

逸居而无教，则近于禽兽。圣人有忧之，使契为司徒，教以人伦：父子有亲，君臣有义，夫妇有别，长幼有序，朋友有信。”（《孟子·滕文公上》）[①]在四端四心的基础之上，加以圣人的教化，便会构筑“父子有亲，君臣有义，夫妇有别，长幼有序，朋友有信”的社会秩序。要构筑符合“人伦”的理想社会，首先统治者应当“施仁政于民”，孟子认为：“桀纣之失天下也，失其民也；失其民者，失其心也。得天下有道：得其民，斯得天下矣。得其民有道：得其心，斯得民矣。得其心有道，所欲与之聚之，所恶勿施尔也。”（《孟子·离娄上》）[②]“仁政”之所以能平治天下，是由于能“得民心”，其前提是人民是善的，讲道德的。如果民众在本性上都是恶的，道德教化无法使其弃恶从善，那么仁政便是徒劳的。

老子对仁义之“性”持明显批判的态度。通行本《老子》第十八章云：“大道废，有仁义；智慧出，有大伪；六亲不和，有孝慈；国家昏乱，有忠臣。”[③]第十九章又谓：“绝圣弃智，民利百倍；绝仁弃义，民复孝慈；绝巧弃利，盗贼无有。此三者，以为文不足。故令有所属：见素抱朴，少私寡欲。”[④]“绝圣弃智”“绝仁弃义”在郭店楚简中作“绝智弃辩”“绝伪弃虑”。许多学者由此指出，郭店简本《老子》所反对的是智巧诈伪这些东西，并未像通行本一样对仁义持激烈的批判态度。但我们也可以说，《老子》的各个版本都反对伪诈之道、巧利之术，都反对“反自然”的东西，清静无为的大道容不得半点伪饰，仁义一旦违背自然，成为形式化的外在规制，则无疑是老子所批判的。显然仁义之性在老子这里不过是一个用智弄巧的文明陷阱，而老子所追求的恰是

① 姚永概撰，陈春秀点校：《孟子讲义》，第 88 页。

② 姚永概撰，陈春秀点校：《孟子讲义》，第 118—119 页。

③ ［魏］王弼注，楼宇烈校释：《老子道德经注校释》，第 43 页。

④ ［魏］王弼注，楼宇烈校释：《老子道德经注校释》，第 45 页。

要超越这一人文与人为的渊薮。[①] 故在他看来，人之“德性”即“道法自然”，“上德”必出乎自然，合于人性，根于人心，及于日用人伦。若刻意追求德名，矫饰仁义，则德必衰，性必伪。高亨解释老子的“德”与“性”说：“上德之人，但求反其本性，不于性外求德，而终能全其本性。故曰‘上德不德，是以有德’。下德之人，不求反其本性，而于性外求德，既得性外之德，则坚守勿失，而终失其本性，故曰‘下德不失德，是以无德’。”[②]

老子认为，天然的不受污染的人性是“真”“朴”“虚静”“自然”的。人性本来就是自足的，生下来便具备天然的、完整的人性，文明、教化反而让人性产生异化。所以，老子用“赤子”“婴儿”“愚人”等词语来隐喻人性，认为“赤子无求无欲，不犯众物”，才是最天然的人性，也是学道者要达到的最终目标。“含德之厚，比于赤子。”（通行本《老子》第五十五章）[③]“我独泊兮其未兆，如婴儿之未孩。”（通行本《老子》第二十章）[④]“常德乃足，复归于朴。”（通行本《老子》第二十八章）[⑤] 释德清曰：“木之未制成器者，谓之‘朴’。”[⑥] 未经人为加工之“器”为“朴”，没有人为的造作，没有主观的巧利，没有文明的遮盖，如其天然的纯粹朴素。这是老子在召唤那些沉溺于仁义之知的异化人性的复归。正是基于这种人性真朴的理论预设，老子解构了仁义之知和仁义之性，把一切矫饰仁义之行皆归于人类文明的樊笼。

由此，与儒家以仁义之德治国的主张不同，老子主张创造一个“有道”的社会，让“道”的阳光普照，让“合于道”的人性自然舒展。在老子心目中，一个合符“道”的世界应该是这样的：“其政闷闷，其民淳淳；其政察察，其

---

① 唐少莲：《从“德性”到“天性”——老庄人性论及其超越意蕴》，《广东石油化工学院学报》2013 年第 2 期。
② 高亨：《老子正诂》，古籍出版社，1956 年，第 85 页。
③ [魏]王弼注，楼宇烈校释：《老子道德经注校释》，第 145 页。
④ [魏]王弼注，楼宇烈校释：《老子道德经注校释》，第 46 页。
⑤ [魏]王弼注，楼宇烈校释：《老子道德经注校释》，第 74 页。
⑥ 陈鼓应：《老子注译及评介》，第 194 页。

民缺缺。”（通行本《老子》第五十八章）[①]“政”与“民”、治道与人性是一种本质上的内在合一关系。这就是老子所设计的在上者无知无欲、清静无为而老百姓自化自富、安居乐俗的理想王国。老子的理想社会“小国寡民”也是在人性自然自足、无欲无求的基础上建立的。“小国寡民，使有什伯之器而不用，使民重死而不远徙。虽有舟舆，无所乘之；虽有甲兵，无所陈之。使人复结绳而用之。甘其食，美其服，安其居，乐其俗。邻国相望，鸡犬之声相闻，民至老死不相往来。”（通行本《老子》第八十章）[②]“使有什伯之器而不用”“虽有舟舆，无所乘之；虽有甲兵，无所陈之”“使人复结绳而用之”都是在强调不要用淫巧的技术蒙蔽自然自足的人性，尤其统治者不要追求新奇的用品，不要追逐坚锐的兵甲与强盛的兵力。“邻国相望，鸡犬之声相闻，民至老死不相往来。”没有往来就没有纷争，也就不会有战争。人人天性自足：“甘其食，美其服，安其居，乐其俗。”这就是循人的天性而“无为而为”的“至治之极”。

当然，老子以“道”“性”“自然”消解人类的仁义之知、道德之知、情欲之知，同时也消解了一切自我确立与维护的主体性，此为其“自然人性论”的局限所在。

《庄子》内篇同样无见“性”字，但除承继老子“以德为性”的思路之外，《庄子》内外篇中皆有以“生”为“性”的说法。《德充符》云：“受命于天，唯舜独也正，幸能正生，以正众生。”宣颖说：“舜能正己之性，而物性自皆受正。”陆西星云：“正如‘各正性命’之正。正生，即正性也。”[③]《庄子·庚桑楚》曰：“道者，德之钦也；生者，德之光也；性者，生之质也。”这与“生之谓性”同理。在庄子看来，“织而衣，耕而食”是民之“常性”（《庄子·马

---

① ［魏］王弼注，楼宇烈校释：《老子道德经注校释》，第 151 页。

② ［魏］王弼注，楼宇烈校释：《老子道德经注校释》，第 190 页。

③ 转引自唐少莲：《从“德性”到“天性”——老庄人性论及其超越意蕴》，《广东石油化工学院学报》2013 年第 2 期。

蹄》）。林希逸解释说："人之生也，各业其生，或耕或织，皆是自然天机，故曰'常性'。"[①]庄子以此"常性""是谓同德"，意在表明"得之于天"，这就是庄子的"天性论"。

庄子像老子一样，也以"婴儿""素朴""儿子"来描述理想中的"常性"："吾固告汝曰：'能儿子乎！'儿子动不知所为，行不知所之，身若槁木之枝而心若死灰。""儿子终日嗥而嗌不嗄，和之至也；终日握而手不掜，共其德也；终日视而目不瞚，偏不在外也。行不知所之，居不知所为，与物委蛇，而同其波。是卫生之经已。"（《庄子·庚桑楚》）[②]婴儿整天哭号而喉咙不哑，是阴阳之气调和所致；整天握拳而不松开，是天然性情所致；整天睁眼而目不斜视，那是因为对外物不感兴趣。行动时随心所欲，闲处时自由自在，顺应万物，随波逐流。这就是养护生命的道理了。"若正汝形，一汝视，天和将至；摄汝知，一汝度。神将来舍。德将为汝美，道将为汝居。汝瞳焉如新生之犊而无求其故。"（《庄子·知北游》）[③]"同乎无知，其德不离；同乎无欲，是谓素朴；素朴而民性得矣。"（《庄子·马蹄》）[④]可见《庄子》之"性"亦"得"自"无知无欲"的"自然真朴"之"道"。

《庄子》外杂篇对"性"的蕴涵有着更为直接而详尽的阐释。《天地》篇云："泰初有无，无有无名。一之所起，有一而未形。物得以生，谓之德；未形者有分，且然无间，谓之命；留动而生物，物成生理，谓之形；形体保神，各有仪则，谓之性。性修反德，德至同于初。"[⑤]建立了一个从"无→一→德→命→形→性"的概念序列中来揭示其意蕴。庄子通过继承和发挥老子"有生于无"

---

① 转引自唐少莲：《从"德性"到"天性"——老庄人性论及其超越意蕴》，《广东石油化工学院学报》2013年第2期。

② 陈鼓应注译：《庄子今注今译》，第641页。

③ 陈鼓应注译：《庄子今注今译》，第604页。

④ 陈鼓应注译：《庄子今注今译》，第270页。

⑤ 陈鼓应注译：《庄子今注今译》，第335页。

的生成论思路，赋予“性”以深刻的形而上学意义。“一之所起”即老子所谓“道生一”的过程，明确了物之得“道”为“德”；“未形者有分”是对“一生二”的发挥，揭示出万物未形之前的内在分化趋势，而“每一物分得如此，就是如此（且然），毫无出入（无间）；这即是命”①。“阳动阴静”生出万物，万物以成而各具样态条理，此之谓“形”；形得以具，神得以守，物各自有其不同于他物的法则，此之谓“性”。“道”生万物并赋“性”于万物，万物之“性”既保有“道”性的原初之真，又突破了原初之“未形”。在上述意义上“道”生万物的过程可谓赋“性”于万物的过程，而万物“率此所禀之性，修复生初之德，故至其德处，同于太初”。②

可见，庄子之“性” 与老子一样，乃得“道”而成“性”，所以“性不可易，命不可变”（《庄子·天运》）③。但只要人凭自己的想法、欲望妄动，则必生“伪”，故只有自然无为才能保持人的真朴本性。“性之动谓之为，为之伪谓之失。”（《庄子·庚桑楚》）④。庄子认为，任何滥用聪明、矫饰仁义的行为都不是自然的正道，都是多余的“骈拇枝指”和“附赘县疣”：“骈拇枝指，出乎性哉，而侈于德；附赘县疣，出乎形哉，而侈于性；多方乎仁义而用之者，列于五藏哉，而非道德之正也。是故骈于足者，连无用之肉也；枝于手者，树无用之指也；多方骈枝于五藏之情者，淫僻于仁义之行，而多方于聪明之用也。”（《庄子·骈拇》）⑤ 在庄子眼里，规制人类行为的所谓文明和价值只会导致“丧己于物，失性于俗”（《庄子·缮性》）⑥。并概括了五种常见的“失性”之征：“且夫失性有五：一曰五色乱目，使目不明；二曰五声乱耳，使耳不聪；三曰五臭

① 徐复观：《中国人性论史》，第 334 页。
② 郭庆藩：《庄子集释》，中华书局，2004 年，第 426 页。
③ 陈鼓应注译：《庄子今注今译》，第 419 页。
④ 陈鼓应注译：《庄子今注今译》，第 661 页。
⑤ 陈鼓应注译：《庄子今注今译》，第 253 页。
⑥ 陈鼓应注译：《庄子今注今译》，第 438 页。

薰鼻，困惾中颡；四曰五味浊口，使口厉爽；五曰趣舍滑心，使性飞扬。此五者，皆生之害也。”（《庄子·天地》）[①]可见，在本真人性与“道”的同一性方面，在仁义之知与感性情欲对人性的戕害等方面，庄子与老子是一脉相承的。

但庄子并非重述老子，他不仅倡导“无为名尸，无为谋府，无为事任，无为知主”（《庄子·应帝王》）[②]，在老子之基础上进一步强化了人性的反知反人文倾向。而且，孔子、老子都将改变世界的希望寄托在为政者身上，期待通过制订种种规范，规范当政者的行为，让社会秩序得到重新安顿。只有庄子走出了传统的“王德论”，把“德”由“天”“性”“真”等概念定位为个体的“自由”，认为个体自由才是“德”的应然状态，突出了“德”的个体属性。庄子的“心灵观”和“精神修炼”整体上是克服“人为物役”的“心”，恢复人的本真之德和天。[③]此谓个体的“悬解”。庄子塑造了“至人”“神人”“真人”“圣人”等形象，强调超凡脱俗、不落纤尘的精神状态，召唤世人“反本归真”和“反性复初”。他笔下的得“道”之士，拥有超越生死、无己无待的心态：“死生无变于己。”（《庄子·齐物论》）[④]“不以心捐道，不以人助天。”（《庄子·大宗师》）[⑤]“安时而处顺，哀乐不能入。”（《庄子·养生主》）[⑥]庄子描绘的天然人性画卷是“逍遥乎无事之业”（《庄子·达生》）[⑦]，也是“尽其所受乎天”（《庄子·应帝王》）[⑧]。他心目中的理想人格是“姑射真人”：“藐姑射之山，有神人居焉。肌肤若冰雪，绰约若处子，不食五谷，吸风饮露，

① 陈鼓应注译：《庄子今注今译》，第 359 页。
② 陈鼓应注译：《庄子今注今译》，第 248 页。
③ 陈鼓应：《〈庄子〉内篇的心学——开放的心灵与审美的心境》（上、下），《哲学研究》2009 年第 2、3 期。
④ 陈鼓应注译：《庄子今注今译》，第 90 页。
⑤ 陈鼓应注译：《庄子今注今译》，第 186 页。
⑥ 陈鼓应注译：《庄子今注今译》，第 114 页。
⑦ 陈鼓应注译：《庄子今注今译》，第 531 页。
⑧ 陈鼓应注译：《庄子今注今译》，第 248 页。

乘云气，御飞龙，而游乎四海之外。"《庄子·逍遥游》[①]也就是说，庄子的纯粹人性是"有人之形，无人之情"（《庄子·德充符》）[②]，强调内心的淳朴自然和无知无欲，诸此种种，都体现了庄子在加强 "德"与"心"的联系、在突出"德"的个体属性的基础上，超越了老子"自足"的人性论，强调了人性的自然属性与个体属性。

老子用"朴""素""婴儿""赤子"等概念象征人之最原初的、自足的本性，并用"无欲""无知"诠释"朴"，因为"咎莫大于欲得"（通行本《老子》第四十六章）[③]，个体欲望会使人失去节制而殃及自身，因而去知、去欲方能实现向自然人性的复归。庄子将人最内在的本质视为内心的淳朴恬淡和无知无欲，提出"有人之形，无人之情"（《庄子·德充符》）[④]的人性理想，其中的"无情"即指"不以好恶内伤其身"，将死生、穷达、贫富、毁誉等容易使人产生哀乐之情的一切都视之为"事之变，命之行"（《庄子·德充符》）[⑤]，实现了以命化情。可见老子和庄子都用否定的方式突出了"性"与"情""欲"的对立关系。

《黄帝四经》也不以善恶论人性，但在对待情欲问题上与老子、庄子有所不同，并不将"情""欲"与"性"对立起来，而是认为人之本性就是生而具有的自然性情，其中最重要的是好恶之情，所喜好者即为"欲""利"，所厌恶者即为"恶""害"，人的自然性情就是"趋利避害"，就是"自为"。《黄帝四经·称》篇讲到了"自为"："不受禄者，天子弗臣也； 禄泊（薄）者，弗与犯难。故以人之自为□□□□□□□□。"[⑥]参考《慎子·因循》篇可知，

① 陈鼓应注译：《庄子今注今译》，第 25 页。
② 陈鼓应注译：《庄子今注今译》，第 178 页。
③ ［魏］王弼注，楼宇烈校释：《老子道德经注校解》，第 125 页。
④ 陈鼓应注译：《庄子今注今译》，第 179 页。
⑤ 陈鼓应注译：《庄子今注今译》，第 172 页。
⑥ 陈鼓应注译：《黄帝四经今注今译》，第 353 页。

“自为”是指人们为自己的生存考虑，这是人的天性、自然之性。《黄帝四经》未从价值上否定“自为”的人性，而是主张“因”人之情，其原因在于“天因而成之。弗因则不成，［弗］养则不生。夫民之生也，规规生食与继。不会不继，无与守地；不食不人，无与守天”（《十六经·观》）。[①] 万物因循上天而得以成就。不依循天道，便不会有所成；没有大地的养育，万物便不会生长。人类甫一降生，便本能地懂得饮食生存、生育繁衍的道理，不婚娶交配，就无法繁衍，也就无法持守地之道；不饮不食，人就不能活下去，也就无法持守天之道。这里的“食”与“继”上升到“守天”“守地”的高度，顺应“饮食男女”的人性就是因循天道和地道，“弗因”“弗养”均违背人性规律，作为圣王需顺应天地之道、人性之理。

人的自然本性不能用善恶的价值来评判，也就是人的生理本能的、凡人皆有的好利恶害之情不能用“无知”“无欲”的否定方法去改变或者消除，但在外物的诱惑下产生的嗜欲，这是比原初的、本然的自然情欲多出来的东西，必然会妨害本然之性，需加以控制，使之有度有节，方可回归本性。这就是《经法·道法》所说的“生有害，曰欲，曰不知足”[②]，与老子的“祸莫大于不知足，咎莫大于欲得”（《老子》通行本第四十六章）[③] 以及《礼记·乐记》的“物之感人无穷，而人之好恶无节”[④] 一样，都强调嗜欲是一切祸患产生的根源。《黄帝四经》提出“四害”说：物诱而性动则产生“生害”，欲望过多则容易陷入妄动则有“动害”，妄动则必然有违逆事理、不自量力、不知功用的“事害”，而妄事必有妄言爽信、虚浮夸诞的“言害”。[⑤] 破解“四害”的方法在于“无

① 陈鼓应注译：《黄帝四经今注今译》，第 210 页。

② 陈鼓应注译：《黄帝四经今注今译》，第 5 页。

③ ［魏］王弼注，楼宇烈校释：《老子道德经注校释》，第 125 页。

④ ［汉］郑玄注，［唐］孔颖达疏：《礼记正义》，第 1262 页。

⑤ 白延辉：《〈黄帝四经〉人性论的理论逻辑与思想史意义》，《中国哲学史》2018 年第 4 期。

执殹（也），无处也，无为殹（也），无私殹（也）”（《经法·道法》）[①]，“信能无欲，可为民命”（《道原》）[②]，君主的无为、无私、无欲是百姓安身立命的前提。《黄帝四经》指出天下有“三死”：“忿不量力死，耆（嗜）欲无穷死，寡不辟（避）众死。”（《称》）[③]嗜欲无穷被列为“三死”的原因之一，可见《黄帝四经》对嗜欲十分警惕，部分地继承了老子、庄子对情欲的批评，同时又提出既要因应本然之情欲，又要控制过分的嗜欲，这是《黄帝四经》人性论对情欲问题的辩证解析。

要破除嗜欲，需要“公正”和“无私”，《黄帝四经》中的“公”指心灵宽广公正、坦荡包容，是人们通晓天道的方法和前提。“公者明，至明者有功。”（《经法·道法》）[④]“无私”的含义则比较丰富：有形容道的无所不包、天地的无所不覆、无所不载之意，如“天地无私，四时不息”（《经法·国次》）[⑤]；有形容为政处事要公平、公道之意，如“精公无私而赏罚信”（《经法·君正》）[⑥]；还有形容心灵的公正坦荡、无私情、无偏心之意，如“唯公无私，见知不惑”（《经法·名理》）[⑦]或者“兼爱无私，则民亲上”（《经法·君正》）[⑧]，均指去除心中私意，不惑于情感意志和外物的束缚，属于心性修养目标。《黄帝四经》将“公正”“无私”作为君王睿智的表现。“无私者知（智），至知（智）者为天下稽。”（《经法·道法》）[⑨]“故唯执道者能虚静公正。”（《经

① 陈鼓应注译：《黄帝四经今注今译》，第 10 页。
② 陈鼓应注译：《黄帝四经今注今译》，第 409 页。
③ 陈鼓应注译：《黄帝四经今注今译》，第 378 页。
④ 陈鼓应注译：《黄帝四经今注今译》，第 16 页。
⑤ 陈鼓应注译：《黄帝四经今注今译》，第 35 页。
⑥ 陈鼓应注译：《黄帝四经今注今译》，第 71 页。
⑦ 陈鼓应注译：《黄帝四经今注今译》，第 188 页。
⑧ 陈鼓应注译：《黄帝四经今注今译》，第 73 页。
⑨ 陈鼓应注译：《黄帝四经今注今译》，第 16 页。

法·名理》)[①] 这里的“执道者”既是“后中实而外正”(《十六经·五正》)[②] 的得道者，也是“以法为符”(《经法·名理》)[③] 的执规守矩的君王。

《黄帝四经》正是在“以情释性”的基础上，依照“因”的原则，建构了因性制法的治国学说，亦即以天地之道与民心、民性作为治国的理论依据。《经法·君正》篇指出，君王为政理国的方法在于通过“从其俗”“用其德”的方法，逐渐实现“民有得”，则君主就可以“发号令”“以刑正”。“一年从其俗，二年用其德，三年而民有得。四年而发号令，[五年而以刑正，六年而]民畏敬，七年而可以正(征)。一年从其俗，则知民则。二年用[其德]，民则力。三年无赋敛，则民有得。四年发号令，则民畏敬。五年以刑正，则民不幸。六年[民畏敬，则知刑罚]。七年而可以正(征)，则朕(胜)强适(敌)。”[④] 在这一系列措施中，“从其俗”是开端也是原则，“俗者，顺民心也”，遵从民众的风俗习惯、好恶情感、自然本性，在此基础上使得民众富足有得，君主方可达到“衣食足而刑罚必”以及“民富则有耻，有耻则号令成俗而刑法不犯”的为政目的，这既是对天道的顺应，也是对人性中自然欲望的肯定。

在《十六经·果童》中还认为，人的能力是不相同的，有的人委任一事还嫌太重，而有的人委任百事尚觉太轻。人的能力各有等差，顺应他们的这种特性，就能成就事功。

> 有[任一则]重，任百则轻。人有其中，物又(有)其刑(形)，因之若成。黄帝曰：夫民印(仰)天而生，侍(恃)地而食。以天为父，以地为母。今余欲畜而正之，均而平之，谁敌(适)繇(由)始？对曰：险若得平，谌[若得正]，[贵]贱必谌，贫富又(有)等。前世法之，

① 陈鼓应注译：《黄帝四经今注今译》，第188页。

② 陈鼓应注译：《黄帝四经今注今译》，第233页。

③ 陈鼓应注译：《黄帝四经今注今译》，第187页。

④ 陈鼓应注译：《黄帝四经今注今译》，第53页。

后世既员，由果童始。（《十六经·果童》）[①]

这段话指出，人的能力高低强弱决定了人们之间贵贱、贫富的差别，体现了刑名、势的思想，但从另外的角度来看，《黄帝四经》打破了孔子“性相近”的人性同一论，主张在用人之际认识个体的特性，由此可见，《黄帝四经》因性而制法不仅体现在对人性的因顺，还体现在对人性规律的认识和利用。这说明《黄帝四经》对人性与法治关系的认识已经渐趋成熟。

《黄帝四经》理想化的个人心性修养，是在“因循”的原则下，辅之以外在的礼仪、法度、名位等具有强制性的约束力量，在人性论的基础上寻求治国之法，这使得“道”“德”场域的哲学思辨从内在的心性修养走向了外在的社会法治。《黄帝四经》从老庄“道性论”出发，强调“性”的天然，并“以情释性”，承认人性有“好恶”，好生恶死，趋利避害，认为人性的基本欲望应该得以满足，同时反对不加节制的欲望，即“嗜欲”。破除“嗜欲”的途径，向内需修炼心性，去除心中私意，不惑于情感意志和外物的束缚。向外则执规守矩，“以法为符”，依“法”实施赏罚，对人性进行引导。于是，在《黄帝四经》的社会治理构想中，“法”便出现了，“道”由此生出了“法”。可见，《黄帝四经》“因人之情”的人性论在“道生法”的哲学逻辑过程中，搭建了一条有效的阶梯。

① 陈鼓应注译：《黄帝四经今注今译》，第245页。

第四章

《黄帝四经》『道法』体系的构建

有学者认为："'道生法'，可以说是《黄帝四经》的总纲，说明了法的来源、法的依据，也表明了法在社会管理中的地位。正因为法是由宇宙之大道来的，是宇宙大道的派生物，所以它有资格作为治理天下的准绳。"[①]的确，《黄帝四经》中《经法》的第一篇即为《道法》，开篇有言："道生法。法者，引得失以绳，而明曲直者殹（也）。故执道者，生法而弗敢犯殹（也），法立而弗敢废[也]。[故]能自引以绳，然后见知天下而不惑矣。"[②]如果从"道生万物"来理解，道可以生法自然是无疑的。但黄老的"道"如何生"法"？黄老的"道法"体系具有怎样的学术意义与现实意义？

正是在老子强调人性论要符合自然这一思想的基础上，黄老学派认为，礼法制度要尽量符合人的情理，进而符合人的良知，进而符合德，最终才能逐渐接近道的要求，成为良法。由此，黄老学派创造性地提出了"道生法"的命题。

本章首先厘清"道生法"论中"道""德""法"的关系，认为能够生法之"道"为"天地之道"，亦即比统摄一切的"道"下降了一格的"道"。"道生法"的"法"指的是日常中顺应天时、遵循天道的准则。而在"道生法"中"德"与"刑"对立，指的是施政措施。天地之道本然自在，但人不遵守自在之"道"，往往使人事"无常""失当""易常"，故而需要以"法"的形式对其加以确立，尤其是以"德""刑"的方式对其加以保障。"法"的本质是"天地之道"的制度呈现，是"德""刑"的制度性规定。其后阐述了"道生法"的具体过程：一、以"刑名"为介质。《黄帝四经》中"刑名"的确立以万物之"自然"为根本依据，是从事物内部开出的；"刑名"不仅仅是某种外在于事物的客观准则，反而更表现为某种内在价值。而"刑名"的实施则是为了肯定、保障并成就万物之"自然"。二、以"因循"为基本方法，《黄帝四经》中提出因循

---

① 王德有：《中国古代学派的分水岭——兼论〈黄帝四经〉的法家归属》，《哲学研究》1996年第10期。
② 陈鼓应注译：《黄帝四经今注今译》，商务印书馆，2016年，第2页。

的对象有道、天、地、四时、名等。而天、地、四时、名等所有的其他概念都得遵从“道”或“天道”，都得统摄于“道”中。而法是道分“德”“刑”之后的“道之显”，是人因道、天、地、四时、名之后的具体表现。抽象之道由“因循”之途而化为具体之法。通过“因循”，老子的“无为”被改造为“因道而为”。经由对“法治”与“无为而治”的双向调整，实现了“法治”与“无为而治”这两种治理模式的沟通，正是在此基础上，才使得“道法体系”成为通向老子“无为而治”的政治理想的工具与途径，以“道法”为标志的黄老治道体系也因之得以构筑。三、“道法”论由“抱道执度（法）”得以展开。在执行法律的过程中，时时刻刻参考天地之恒道与过往历史留下的经验教训，天下可大治。

第一节
"道法"论中"道""德""法"三者的关系

前文所述，黄老学说的"德"概念有三个维度，第一个维度是作为"道"在具体事物上的落实而成就的不同事物的各自特性。第二个维度是指君主的"为政之德"，亦即"玄德""明德"，是君主的为政原则。第三个维度是与"刑"相对应的"德"，是君主为政的具体措施。在"道生法"之论中，"道"可以直接生"法"，没有通过"德"这个重要介质，可见在"道生法"的论断中，"德"主要体现为其第二维度和第三维度。

黄老学说的"法"不同于单纯的法令或现代意义上所说的法律。《道法》这样描述"法"："法者，引得失以绳，而明曲直者殹（也）。故执道者，生法而弗敢犯殹（也），法立而弗敢废［也］。"[①] 可见"法"是一种高规格的规范与行为准则。《十六经·姓争》有言："若夫人事则无常，过极失当，变故易常；德则无有，昔（措）刑不当。居则无法，动作爽名。是以僇（戮）受其刑。"[②] 此句中"居则无法，动作爽名"与"德则无有，昔（措）刑不当"同列，都是人事没有常性、失去分寸、异常变动的表现。可见，"无法"即是指"德""刑"的失当。

---

① 陈鼓应注译：《黄帝四经今注今译》，第 2 页。

② 陈鼓应注译：《黄帝四经今注今译》，第 269 页。

再回看《十六经·观》这一段：

> 力黑巳（已）布制建极，□□□□□曰：天地巳（已）成而民生，逆顺无纪，德疟（虐）无荆（刑），静作无时，先后无名。今吾欲得逆顺之［纪，德虐之刑，静作之时］，以为天下正，静作之时，因而勒之，为之若何？
>
> 黄帝曰：……不靡不黑，而正之以荆（刑）与德。春夏为德，秋冬为荆（刑）。先德后荆（刑）以养生。姓生巳（已）定，而适（敌）者生争，不谌不定。凡谌之极，在荆（刑）与德。荆（刑）德皇皇，日月相望，以明其当，而盈［绌］无匡。……是故为人主者，时挃三乐，毋乱民功，毋逆天时。然则五谷溜孰（熟），民［乃］番（蕃）滋。君臣上下，交得其志。天因而成之。夫并时以养民功，先德后荆（刑），顺于天。（《十六经·观》）[①]

力黑问的就是如何形成规范并立法令的事，逆顺之纪，德虐之刑，静作之时，先后之名，说的都是广义上“法”的内容。叶树勋认为，“德疟（虐）无刑”，“德虐之刑”，此二处的“刑”不是与“德”相对的那个“刑”，而是指“法度”，其与“纪”“时”“名”为同类性质。[②]黄帝的回答是“正之以刑与德”，并强调“刑”“德”的顺序：“先德后荆（刑）以养生”“先德后荆（刑），顺于天”。由此可知，治国的重点在于“刑”“德”，“刑”“德”的顺序、对象、内容等就是“法”需要规范的主要对象。《经法·六分》也说：“主上执六分以生杀，以赏［罚］，以必伐。天下大（太）平，正以明德。”[③]这里的“六分”说的是政事顺当和政事悖逆之间的六种分际，也是施行“德”“刑”的基本法度。“德”“刑”虽出自君主，但不意味着君主可以随意行使，二者

---

① 裘锡圭主编：《长沙马王堆汉墓简帛集成·肆》（修订本），中华书局，2024 年，第 178 页。

② 叶树勋：《先秦道家“德”观念研究》，中国社会科学出版社，2022 年，第 507 页。

③ 陈鼓应注译：《黄帝四经今注今译》，第 86 页。

的施展应遵循一定的法度。

由上我们可知，《黄帝四经》的“法”有大部分内容是关于施用“德”“刑”时的制度性规定。诸如“刑德相养”“先德后刑”“二文一武”等等，都是“法”的体现。按照叶树勋的说法：“天之‘德’‘刑’本有相养、先后、主次的‘道’，故而人世间之‘德’‘刑’亦有相养、先后、主次的‘法’；天之‘德’‘刑’对待万物一视同仁，能够‘兼覆载而无私’（《经法·六分》），沿承此‘道’，故人世间之‘德’‘刑’亦有不分贵贱之‘法’。在此意义上，所谓‘道生法’，其实是说天地间的阴阳运行之‘道’衍生出人世间的‘刑’‘德’施用之‘法’。”[①] 这里又一次体现了黄老学说中“道”的降格及其双重性：《黄帝四经》里一方面保持了老子所论“道”的形上玄妙之特性，突出了“道”的崇高与权威性，其最终目的在于加强“法”对为政者的震慑力和约束力。与此同时，“道”的意义又指向形而下的天地之道，阴阳之道，而这才是真正可以“生法”的“道”。

《十六经·姓争》中有一段话提及“道”“德”“法”三者：

> 夫天地之道，寒涅（热）燥湿，不能并立。刚柔阴阳，固不两行。两相养，时相成。居则有法，动作循名，其事若易成。若夫人事则无常，过极失当，变故易常；德则无有，昔（措）刑不当。居则无法，动作爽名，是以僇（戮）受其刑。[②]

这段话说的是，天地之道，本来有寒热、干湿、刚柔、阴阳等对立面，如果调和这些对立面，两两相养，顺时序而成，日常安居有法度，举止顺乎名义，这样做事就容易成功。不遵守天地之道，人事便会无常、失当，变故代替了恒常的规律。没有奖赏，惩罚也不当，日常没有法度，行动举止缺乏名义，

① 叶树勋：《先秦道家“德”观念研究》，第509页。
② 陈鼓应注译：《黄帝四经今注今译》，第269页。

便会受到老天爷的惩罚。

此处的“道”为“天地之道”，亦即下降了一格的可以“生法”的“道”。此处的“法”指的是日常中顺应天时、遵循天道的准则。此处的“德”与“刑”对立，指的是施政措施，恰好与“道法”论一段中“道”“德”“法”的各自地位相符。天地之道本然自在，但人不遵守自在之“道”，往往使人事“无常”“失当”“易常”，故而需要以“法”的形式对其加以确立，尤其是以“德”“刑”的方式对其加以保障。“法”的本质是“天地之道”的制度呈现，是“德”“刑”的制度性规定。这就是《黄帝四经》“道法论”中“道”“德”“法”三者的关系。

第二节
"道生法"的介质：刑名

《道法》篇在开篇提出"道生法"之后，接着讨论人不遵从"道"的种种表现：

> 虚无刑(形)，其裻冥冥，万物之所从生。生有害，曰欲，曰不知足。生必动，动有害，曰不时，曰时而□。动有事，事有害，曰逆，曰不称，不知所为用。事必有言，言有害，曰不信，曰不知畏人，曰自诬，曰虚夸，以不足为有余。[①]

陈鼓应注译此段云："生有害""动有害""事有害""言有害"为人生四害。人一降生便有患害，是因为人的本性中有欲望，而且这种欲望永无止境。人生而喜好妄动，妄动的患害体现在不能相时而动，甚至还逆时而动。轻举妄动必有妄事，妄事的患害表现为行事违背常理，或者举事不量力而行，甚至行事不知道其功用何在。凡人举事必有言说，言说的患害表现为言而无信；或不知道敬畏他人；或自己欺骗自己；或言过其实，力所不及却仍扬言力有富余。[②]

接下来，《道法》篇提出了一个重要的观念"刑名"：

> 故同出冥冥，或以死，或以生；或以败，或以成。祸福同道，

① 陈鼓应注译：《黄帝四经今注今译》，第 5 页。
② 陈鼓应注译：《黄帝四经今注今译》，第 9 页。

莫知其所从生。见知之道，唯虚无有；虚无有，秋毫成之，必有刑（形）名，刑（形）名立，则黑白之分已。故执道者之观于天下殹（也），无执殹（也），无处也，无为殹（也），无私殹（也）。是故天下有事，无不自为刑（形）名声号矣。刑（形）名已立，声号已建，则无所逃迹匿正矣。[①]

“刑名”即“形名”，指客观事物的形体、状态与名称、概念。“刑名”之说，即认为事物的形体、状态和事物的名称必须相当。这个主张出现得很早，《庄子·天道》说：“故书曰：有形有名。”又说：“形名者，古人有之。”[②]但在《老子》一书中，虽多次使用“刑”“名”的概念，却未曾连用。如通行本第五十一章：“物形之，势成之。”[③]通行本第三十二章：“始制有名。”[④]在黄老书籍中，“刑名”开始成为一个固定搭配并高频率的出现。《韩非子·二柄》说：“人主将欲禁奸，则审合刑名者，言与事也。”[⑤]《史记·老子韩非子列传》说韩非“喜刑名法术之学，而其归本于黄老”[⑥]。可见韩非及法家主刑名是受黄老学说的影响。

“见知之道，唯虚无有。虚无有，秋毫成之，必有刑（形）名，刑（形）名立，则黑白之分已。”[⑦]作为《黄帝四经》的基本范畴的“刑名”，从本句看来是知（智）之道落实到具体事物的结果。《经法·论约》有云：“故执道者之观于天下也，必审观事之所始起，审其刑（形）名。刑（形）名以定，逆顺有立（位），死生有分，存亡兴坏有处，然后参之于天地之恒道，乃定祸福

---

① 陈鼓应注译：《黄帝四经今注今译》，第 10 页。
② 陈鼓应注译：《庄子今注今译》，中华书局，2009 年，第 370 页。
③ ［魏］王弼注，楼宇烈校释：《老子道德经注校释》，中华书局，2016 年，第 136 页。
④ ［魏］王弼注，楼宇烈校释：《老子道德经注校释》，第 81 页。
⑤ ［战国］商鞅、韩非子著：《商君书·韩非子》，岳麓书社，1990 年，第 81 页。
⑥ ［汉］司马迁撰：《史记》，中华书局，1982 年，第 2146 页。
⑦ 陈鼓应注译：《黄帝四经今注今译》，第 10 页。

死生存亡兴坏之所在。”[①] 此句是说掌握了“道”的圣人观照天下的时候，一定首先详细考察事物的起因，审视其形与其名。形与名确定了，是顺应天道还是悖逆天道便有了合理的区分，死亡与新生也就有了确切的分际，存亡兴衰也有了定位，然后参照天地自然规律，就可以确定祸福、死生、存亡、兴衰的原因所在。这里说的仍然是“道”与“刑名”的关系，“执道者”所执的道，是老子设定的那个统御一切、万物之起源的“道”，刑名的根据便来源于此。天道是天地宇宙运行规律，是必须遵循的自然法，在执道者确定“形”“名”的时候起基准的作用。日本浅野裕一先生认为，这说明君主因为道与天道的存在，从内外受到两重规制。这就是《经法》与其他道法思想不同的思想性质所在。[②]

一 “刑名”与“无名”

“刑名”是构筑黄老政治哲学的关键思想范畴之一。通过“刑名”，黄老道家在物理或现实层面上为事物的存在确立了切实的规定性，在认识论层面上为认知者提供了明晰的认知标准，进而在政治哲学层面上为君主提供了确切的赏罚准则，也为大臣及百姓设立了清晰的行为规范。“刑名”及“法”“理”等思想观念的提出，使得黄老学派的政治哲学呈现出了更为具体、更加丰富和饱满的理论样态，由此也形成了一系列可明确施行的现实政治举措。可以说，通过“法”“理”“刑名”等思想观念的注入，黄老道家“完成了道家思想的现代化，成为一种极具操作性的政治思想”[③]。

“刑名”的提出与确立与当时的社会现实息息相关。春秋战国时期，社会形态、政治制度以及思想观念发生剧变，以“周礼”为核心的宗法体系已不足以维系并保障社会秩序的正常运行。礼乐失序，社会名分、等级制度之淆乱。

---

① 陈鼓应注译：《黄帝四经今注今译》，第 173 页。

② ［日］浅野裕一著，韩文译：《黄老道的形成与发展》，凤凰出版社，2021 年，第 191 页。

③ 曹峰：《出土文献视野下的黄老道家研究》，《中国社会科学》2013 年第 2 期。

如何恢复或重建秩序成为各家各派所共同关注和不得不面对的问题。针对这一问题，以孔子为代表的儒家给出的答案是“正名”。正如《左传·桓公二年》所言：“夫名以制义，义以出礼，礼以体政，政以正民。”[①]《左传·庄公十八年》：“王命诸侯，名位不同，礼亦异数，不以礼假人。”[②]究其实质，“名”的分判为“礼”的确立和实施提供了必要的认知基础。通过“正名”，事物皆被“纳入到一个名的系统之中”，而“构成‘名’之内涵的不仅是事物的位置和关系，更是‘德’和‘礼’所代表的伦理价值”[③]。老子却更倾向于抛却“德—礼”体系而进行新的制度创设。他由此力倡“无名”，以釜底抽薪的方式反思了基于“名”而建构的社会政治体系。如果说“正名”旨在重新确认并恢复礼乐制度，“无名”的提出则是对礼乐制度的质疑、否定乃至消解。在儒家看来，“名”承载着重要的德性义涵，“名”的作用无疑是积极有效的。礼崩乐坏之时，必须重新树立“名”的权威、以“名”正“实”。相较而言，老子对于“名”对事物的定义和分判，以及“名”所承载的德性义涵的有效性均持有明确的怀疑态度：首先，在政治哲学的视域下，“名”意味着社会政治角色的分判与定位。“名”为个体安顿了诸如君臣、父子、夫妇、兄弟等不同的社会身份，被限定在了各种“名”之内的个体必须依据相应的行为准则行事。在老子哲学中，这无疑是对万物的割裂以及对“自然”的背离。《老子》书中多次提到“复归”——“复归于婴儿”“复归于无极”“复归于朴”（通行本第二十八章）[④]。无论是“婴儿”“无极”还是“朴”，都可以看作是对某种初始状态的描述。处于初始状态下的万物不囿于某种特定的社会身份，亦不特别彰显或褒扬某一种道德价值，其本性之“自然”未受任何遮蔽、侵扰或裁制。老子正是希冀人能够

① ［春秋］左丘明传，［晋］杜预注，［唐］孔颖达正义：《春秋左传正义》，北京大学出版社，2000年，第175页。

② ［春秋］左丘明传，［晋］杜预注，［唐］孔颖达正义：《春秋左传正义》，第296页。

③ 王博：《“然”与“自然”：道家“自然”观念的再研究》，《哲学研究》2018年第10期。

④ ［魏］王弼注，楼宇烈校释：《老子道德经注校释》，第73、74页。

剥离“名”所带来的后天束缚，而回归于不曾被归类和定义、不曾被裁割或塑造的自然状态。其次，就“名”所承载的道德价值来说，在老子看来，它们并非万物自身本有的“先天价值”或“绝对价值”，而是后天的、人为赋予的“后天价值”或“相对价值”，不应也不能作为构建社会政治秩序的终极依据。正如《老子》通行本第二章所说，“天下皆知美之为美，斯恶已；皆知善之为善，斯不善已”，美与恶、善与不善等归根结底是“同根”“同门”的，因此“不可得而偏举”①。进一步来说，“名”所承载的种种道德准则本身便是对“道”的悖离，对它们的提倡则是大道颓丧的表现，所谓“大道废，有仁义；慧智出，有大伪；六亲不和，有孝慈；国家昏乱，有忠臣”（通行本第十八章）②。总之，无论是对于“名”本身还是对于与之相应的道德价值，老子皆持某种怀疑乃至否定的态度，“无名”正是基于这一立场而提出的。

然而，在具体的制度创制与实施中，捕捉与建构“无”的难度要远远高于捕捉与建构“有”。由此，黄老学说在承续老子的思路、反思并扬弃了儒家所倡导的“正名”及其所意欲恢复的“德—礼”体系的同时，转化了老子提出的“无名”，将之从“无”的价值意义层面拉回至“有”的现实认知层面，兼综儒、法而提出了“刑名”的政治理念。相较于“无名”，“刑名”以及由之所开出的一系列政治举措显然更易把握，也更易施用。“刑名”直接对应于现实物理世界中的每一事物，在现实或存有的层面上将它们安顿在特定的位置中，并为它们提供了清楚易行的认知标准和行事准则。另外，“刑名”也为君主认知和裁定事物提供了极为明晰的判断标准：君主虚静而审合刑名，政治秩序便可井然有序。正如帛书《黄帝四经·道原》所说：“分之以亓（其）分，而万民不争；授之以亓（其）名，而万物自定。”③

① ［魏］王弼注，楼宇烈校释：《老子道德经注校释》，第6页。

② ［魏］王弼注，楼宇烈校释：《老子道德经注校释》，第43页。

③ 裘锡圭主编：《长沙马王堆汉墓简帛集成·肆》（修订本），第219页。

同时，与老子一样，黄老亦不认同儒家将种种德性因素附着于“名”的做法。在黄老学说的政治哲学体系中，“刑名”所代表的是明确而客观的认知准则与行为规范，其中同样排除了种种道德价值的影响。《黄帝四经》云：“称以权衡，参以天当，天下有事，必有巧验。事如直木，多如仓粟。斗石已具，尺寸已陈，则无所逃其神。故曰：‘度量已具，则治而制之矣。’”（《经法·道法》）[①]广义地说，这里的“权衡”“天当”“度量”等即相当于“刑名”。不同于主观的德性因素，“权衡”“天当”“度量”等皆可看作是某种客观的、明确的判别标准，其中并未为道德价值留出任何理论空间或发挥现实作用的余地。在黄老看来，只有树立了客观的参验标准，政治秩序方能得以确立，万物方可得而治之。在黄老政治哲学中，道德是被排除在现实政治秩序的建构体系之外的。“归本于黄老”的韩非更是将这一点向前推进了一步，将“刑名”与“法术”全然贯通。韩非说：“人主虽使人，必以度量准之，以刑名参之；以事遇于法则行，不遇于法则止。”（《韩非子·难二》）[②]这是说，一切政治事物皆须以明确客观的刑名法则为其行事准则——与之相合则行之，与之相悖则禁止。在以“法”与“刑名”为主导的政治体系中，韩非彻底将道德排除在了政治秩序建构的价值序列之外，而树立了“法”的权威。

如果说老子提出“无名”旨在质疑“名”对事物的“割裂”以及“名”所承载的道德价值，进而否定乃至消解“名”在整个政治体系中的效用，那么，“刑名”的提出则是在否定了“名”所承载的道德价值的基础之上，试图以虚无之“道”为根基，在另一个理论维度上重新诠释和建构“名”，进而确立乃至强化“名”的政治效用。换言之，如果说老子对于“名”的态度主要表现为某种限制乃至消解，黄老则是在认可“名”的基础之上，转化其理论内涵，在政治哲学层面上强化“名”的理论意义与政治效用，并将其与刑名法术相贯通。

① 陈鼓应注译：《黄帝四经今注今译》，第16页。
② ［战国］商鞅、韩非子：《商君书·韩非子》，第238页。

帛书《黄帝四经》提到：“见知之道，唯虚无有。虚无有，秋毫成之，必有刑（形）名，刑（形）名立，则黑白之分已。”（《经法·道法》）[1]也就是说，认知世界的方式在于“采取虚无有的态度”，如此，即便再微小的事物，也必有它的形名。在“虚无”的观照之下，万事万物都会自然而然地呈现其本然状态，并形成名实之间的严格对应，这样也就确立起了明确的认知准则。在政治世界中，这些认知准则进一步确定了每一个体行为与职分的分界，构建起了井然有序的政治秩序，所谓“刑（形）名已定，逆顺有立（位），死生有分，存亡兴坏有处”（《经法·论约》）[2]。同样被认为是黄老学派著作的《管子·白心》篇也提到：“是以圣人之治也，静身以待之，物至而名自治之。正名自治之，奇身名废。名正法备，则圣人无事。”[3]这是说，只要圣人能够保持虚静无为，则刑名声号将自为自治，万物将各得其名。而只要“形名正定则治理，形名不正则废乱。形名确定法度具备，则圣人就安闲无事了”[4]。在这里，《白心》篇无疑赋予了“刑名”极其重要的政治作用。只要“刑名”得以确立，万物就会自然而然得以治理，圣人无须作出道德表率，以德化民只要“静身以待”。若再向前推进一步，这一思路便顺理成章地导向了黄老政治哲学中君主虚静无为而臣民（在相应的职分之内）有为的政治主张。

总之，通过上述例证，“名”与“刑名”在黄老政治哲学体系中所具有的重要理论地位与现实效用可见一斑。“刑名”观念不仅与儒家所提倡的“正名”大异其趣，剔除了“正名”之“名”所承载的德性义涵，同时也转化了老子之“无名”观念对于“名”的质疑乃至消解，在“虚无”的基础之上重新确立了“名”的认知意义与政治效用，将“名”作为秩序建构的关键一步，从而使得“刑名”观念成为黄老政治哲学架构中的枢机。

---

① 陈鼓应注译：《黄帝四经今注今译》，第 10 页。

② 陈鼓应注译：《黄帝四经今注今译》，第 173 页。

③ 黎翔凤撰，梁运华整理：《管子校注》，中华书局，2004 年，第 789 页。

④ 陈鼓应：《管子四篇诠释——稷下道家代表作解析》，商务印书馆，2006 年，第 191 页。

二 “刑名”与“自然”

在《老子》政治哲学中，虽然并未对“自然”这一思想观念给出明确的界定，然而却运用了大量的隐喻来形容它，诸如朴、无极、婴儿等等。这些隐喻共同指向了一些特性：（1）非规定性，对于人为因素的排除。正如郑开教授在总结老子之“自然”观念时所关注到的，自然可包括“‘自然而然’‘本性使然’和‘自然界的’三层含义，从而与‘人工制造’‘人为约定’和‘社会文化’（制度）相反”；[①]（2）多元的可能性，以及对于多样性的确认。无论是无极、朴，还是婴儿，都暗示着潜在的多元可能性与多样性。而要求复归于朴、无极与婴儿，则是对多元与多样的认可。正如王弼在注解《老子》第二十五章“道法自然”一句时所言之“在方而法方，在圆而法圆”[②]，通过“无为”“无名”等以“无”为根本的行为方式，最终呈现出的道物关系应当是“道”对于“物”形态各异之“自然”的接纳、辅助与成就。[③]

正如“道”通过“无为”的方式确保了万物之“自然”，在政治世界中，圣人或侯王效法“道”之“无为”而成就了百姓之“自然”。《老子》第三十七章“道常无为而无不为，侯王若能守之，万物将自化”传达的正是这样的思想理路。老子认为，在理想的政治状态下，统治者应当效法“道”之无为，节制自身权力，从而成就万物本有之“自然”状态，而摒弃依据“名”所构建的政治世界。[④]以“无名”“无为”与“自然”等思想观念为基石构建的政治世界意味着对万物多样性的肯定与成就。除第三十七章外，综观《老子》全书，如第五十七章、六十四章等其他不少章节也表达了同样的意涵。溯源于老子的黄老道家接续了这一思想理路，同样倡导统治者施行“无为”以保障百姓之“自

① 郑开：《道家形而上学研究》，宗教文化出版社，2003 年，第 196 页。

② ［魏］王弼注，楼宇烈校释：《王弼集校释（上）》，中华书局，1980 年，第 65 页。

③ 崔晓姣：《“刑名”与“自然”：黄老政治哲学的内在理路探析》，《江汉论坛》2020 年第 3 期。

④ 王博：《权力的自我节制：对老子哲学的一种解读》，《哲学研究》2010 年第 6 期。

然”的实现。

不同的是，黄老在其中加入了“刑名”这一思想范畴。在物理和认识论的层面上，“刑名”为万物确立了客观而明确的认知标准，也就是说，事物的名称和形貌、形质之间必须严格一一对应；在政治哲学的层面，“刑名”为君主提供了清晰的赏罚准则，君主必须克制主观意志，虚静无为而完全依据“刑名”准则施行赏罚；同时，“刑名”也为大臣和百姓设立了明确的行为准则，大臣与百姓的行为必须符合相对应的“名”。然而，究其实质，无论是在物理、认识论还是政治哲学层面，在黄老的哲学体系中，“刑名”都不仅仅是某种外在于事物的客观准则，反而更表现为某种内在价值。“刑名”的确立以万物之“自然”为根本依据，是从事物内部开出的；而“刑名”的实施则是为了肯定、保障并成就万物之“自然”。只是，关于何为万物之“自然”，黄老的理解明显不同于老子。由此，黄老政治哲学也呈现出了与老子不同的理论形态。

非常值得注意的一点是，在重新诠释“名”并建构“刑名”的过程中，黄老学说时常将它们与“自”这一语词或是由“自＋X”组成的词组相关联，以此来阐明“名”的生成不是来自某一外在的权威[①]，也不是来自某种外在的认知准则或价值标准，而是来自事物内部，与事物本有之形质相应。如“自化”“自为”“自施”等：

> 故执道者之观于天下殹(也)，无执殹(也)，无处也，无为殹(也)，无私殹（也）。是故天下有事，无不自为刑（形）名声号矣。（《经法·道法》）[②]

> 欲知得失，请必审名察刑（形）。刑（形）恒自定，是我俞（愈）静。事恒自包（施），是我无为。（《十六经·名刑》）[③]

---

① 《荀子·正名》篇提到：“故王者之制名，名定而实辨，道行而志通，则慎率民而一焉。”在荀子看来，命名的权利显然是归属于圣人的。

② 陈鼓应注译：《黄帝四经今注今译》，第 10 页。

③ 陈鼓应注译：《黄帝四经今注今译》，第 336 页。

上信无事，则万物周扁：分之以其分，而万民不争；授之以其名，而万物自定。（《道原》）[①]

另外，《管子·内业》一篇也曾提到："凡心之刑，自充自盈，自生自成……彼心之情，利安以宁，勿烦勿乱，和乃自成。"[②]不难发现的是，这些内容的内在逻辑理路是非常清晰并且一致的，大致可以概括为："虚静／无为——刑名——自／自＋X。"这里，虚静无为构成了某种前提或保障，它意味着在认知和价值层面上不预设判断或立场，在实践层面上不予以干涉。这样，在不被命名和判断，不受干预的前提下，万物便会呈现自身之"名"。而由于"名"是事物自身所自然呈现的，它便必然与事物之"形"或"实"相一致，所谓"形名相符"也正是在这一层意义上来讲的。相应地，依"刑名"而形成的外部准则便也可以看作是事物"确定的归属"或本有的"运行发展的规律"[③]，刑名法术之正当性与合理性的确立也就由此而顺理成章了。

关于这一点，王中江教授的论述颇具启发性。他提到："对黄老学来说，通过确立'形名''名实'两者的关系，就确定了事物自身的秩序和统一性。在这种情况下，它本身就具有使事物对号入座、各就其位的自我确认能力。"[④]总之，通过连接与贯通虚静无为之"道"、"刑名"与"自"或"自然"这几者，黄老道家不仅在本体论和认识论层面上为"刑名"这一思想观念寻得了建立与存有的理论空间，同时也为"刑名"所代表的外在法则提供了政治哲学层面上的合法性与正当性。这样，黄老道家也就将"刑名"嵌入了老子原本的"道／圣人'无为'—万物／百姓'自然'"的思想模式中，从而构建起了其独特的理论体系：统治者的虚静无为会使得万物自我呈现并"自我命名"[⑤]。

① 陈鼓应注译：《黄帝四经今注今译》，第 409 页。
② 黎翔凤撰，梁运华整理：《管子校注》，第 931—932 页。
③ 陈鼓应注译：《黄帝四经今注今译》，第 341 页。
④ 王中江：《早期道家"统治术"的转变（下）》，《哲学动态》2016 年第 3 期。
⑤ 王博：《"然"与"自然"：道家"自然"观念的再研究》，《哲学研究》2018 年第 10 期。

而“名”一旦形成，便会依据“形名”或“名实”相符的原则，自发地形成符合事物自身的外在秩序。万事万物都被纳入到了这一秩序中，并在其中“自定”“自施”，自然而然地符合刑名准则、各就其位。可以说，通过“虚静/无为——刑名——自/自+X”的政治哲学架构，黄老一方面如老子一般确认并肯定了事物的自主性，同时也将“刑名”嵌入其中，为刑名法术的确立与施行提供了合理依据。

反观黄老哲学，我们不难发现，“名”“刑名”等观念的加入已经悄然改变了《老子》书中“自然”的义涵。如果说黄老尚且为“自然”观念中的非规定性和多样性留出了理论空间，从很大程度上来说，它也是针对“道”而言的。帛书《黄帝四经》中提到，“无刑（形）无名，先天地生”（《十六经·行守》）[①]，“恒无之初，迵同大（太）虚……古（故）无有刑（形），大迵无名……万物得之以生，百事得之以成。人皆以之，莫知其名，人皆用之，莫见其刑（形）”（《道原》）[②]，显而易见的是，这里的“无形”“无名”皆是就“道”的状态来说的。而若要理解黄老哲学中的万物之“自然”，则必须由“名”或“刑名”的分判入手。《尹文子·大道上》谓道“生于不称，则群形自得其方圆”，帛书《黄帝四经·经法》称“秋毫成之，必有刑（形）名，刑（形）名立，则黑白之分已”（《经法·道法》）[③]。可见在黄老看来，“刑名”指代来自事物内部的区分与意义，如“方圆”“黑白”等，是事物之“自然”的表现，但又不仅仅是老子哲学中非规定性的、多样性的“自然”。

在政治思想方面，黄老所理解的人的“自然”也与《老子》书中的百姓之“自然”颇为不同。可理解为人之“自为”，而非如老子所言之“朴”或“婴儿”的状态：

> 不受禄者，天子弗臣也；禄泊（薄）者，弗与犯难。故以人之

① 陈鼓应注译：《黄帝四经今注今译》，第 323 页。
② 陈鼓应注译：《黄帝四经今注今译》，第 399 页。
③ 陈鼓应注译：《黄帝四经今注今译》，第 10 页。

自为□□□□□□□□。（《黄帝四经·称》）[①]

物固有形，形固有名，名当谓之圣人。故必知不言无为之事，然后知道之纪。殊形异执，不与万物异理，故可以为天下始。人之可杀，以其恶死也。其可不利，以其好利也。（《管子·心术上》）[②]

根据这些文献，“自为”、趋利避害乃是人共同的心理趋向，黄老的“自然”之所依乃在“自为”的“人情”。人皆自为，不要指望他们主动去为别人做些什么，若希望调动臣民同心协力，激励与惩罚便成为必然，故而“德”与“刑”的重要性便凸显出来了。总之，黄老学派一方面转化了《老子》思想中的“无名”观念，同时也承袭了《老子》通过“道”之“无为”成就万物之“自然”的思路，认为“刑名”的确立是从事物内部“自然而然”引申出的，其最终目的在成就万物之“自然”。《管子》进一步解释“物固有形，形固有名，名当谓之圣人”曰：“物固有形，形固有名，此言不得过实，实不得延名，姑形以形，以形务名，督言正名，故曰圣人。”[③]并指出“刑名”要遵循“因”“应”之道：“不言之言，应也。应也者，以其为之人者也。执其名，务其应，所以成之，应之道也。”“无为之道，因也。因也者，无益无损也。以其形，因为之名，此因之术也。”[④]简单地说，“应之道”指的是“名实相符”，亦即了解物体的性质及其内在规律。“因之术”指的是“顺其自然”，亦即按照既有规律行事。就人而言，“自然”即是人之自为自利。统治者之无为亦即统治者完全因循于赏罚准则，诱导百姓趋利避害。除了道家的思想底色之外，在黄老依托于“刑名”与新的“自然”所构建起的政治哲学中，我们也已经依稀可以窥见法家的踪影。[⑤]

---

① 陈鼓应注译：《黄帝四经今注今译》，第353页。
② 黎翔凤撰，梁运华整理：《管子校注》，第764页。
③ 黎翔凤撰，梁运华整理：《管子校注》，第771页。
④ 黎翔凤撰，梁运华整理：《管子校注》，第771页。
⑤ 崔晓姣：《“刑名”与“自然”：黄老政治哲学的内在理路探析》，《江汉论坛》2020年第3期。

第三节
"道生法"的基本方法：因循

蒙文通先生在《略论黄老学》中对于黄老学说的"因循"的地位及作用给予了很高的评价："司马谈说道家'以虚无为本，以因循为用，无成势，无常形，有法无法，因时为业，有度无度，因物与合'。可知'虚无为本'是南北道之所同，故同称道家。而'因循为用'则是北方道家所独有之精义，可以说黄老之精华即在此，其最后起而能压倒百家亦在此。"[①] 在《黄帝四经》"道法"论中，道生法的基本方法是"因循"。因循者，顺遂也。老子的"人法地，地法天，天法道，道法自然"中的"法"就是"因循"之意。黄老因循的是"道"，或代表"道"的"天"，亦即宇宙万物的本原。"因天之生也以养生，胃（谓）之文；因天之杀也以伐死，胃（谓）之武。"（《经法·君正》）[②] 在黄老学派看来，只有因顺天道，正定刑名，才能对道"一以贯之"。 因此"因循"在"道""刑名""法"三者之间的关系中，起了极其重要的作用。《黄帝四经》之《十六经·顺道》所言："见地夺力，天逆其时，因而饰（饬）之，事环（还）克之。若此者，单（战）朕（胜）不报，取地不反。单（战）朕（胜）于外，福生于内，用力甚少，名殸（声）章明，顺之至也。"[③] 《十六经·观》所言：

① 蒙文通：《略论黄老学》（遗稿），见其《先秦诸子与理学》，广西师范大学出版社，2006年，第192页。
② 陈鼓应注译：《黄帝四经今注今译》，第65页。
③ 陈鼓应注译：《黄帝四经今注今译》，第333—334页。

“天因而成之。夫并时以养民功，先德后刑，顺于天。”[①]这里阐述的都是人对道的“因循”天道。黄老之说“推天道以明人事”的目的也在此得以彰显。

除“道”之外，“因循”的具体对象有多种，其一为顺应万物的特性：“有［任一则］重，任百则轻。人有其中，物又（有）其刑（形），因之若成。”（《十六经·果童》）[②]人的能力各有等差，有的委任一事还嫌太重，有的委任百事尚觉太轻，这就像物的特性各自不同一样，如果在“刑德”思想的实践中能顺应人类和万物的这种特性，就能成就万物的事功，也能成就“君”功。[③]

其二为“因时秉宜”。这里的“时”指“天地四时”，也指成功进行某事的时机。《黄帝四经》认为只要顺从于“时”，“因时秉宜”，就能够掌握治民、兵戎之道。《经法·君正》中提出：“人之本在地，地之本在宜，宜之生在时……知地宜，须时而树。”[④]使用土地的根本在于因地制宜，恰当地种植适于该地生长的农作物。而适宜于农作物生长的关键还在于准确地掌握农时，按时耕种。同时，在让百姓服劳役、征收赋税的时候，也要因“时”。“节民力以使，则财生，赋敛有度则民富，民富则有佴（耻），有佴（耻）则号令成俗而刑伐（罚）不犯，号令成俗而刑伐（罚）不犯则守固单（战）朕（胜）之道也。”[⑤]《经法·君正》“动之静之，民无不听，时也。”（《经法·君正》）[⑥]“苛事，节赋敛，毋夺民时，治之安。”（《经法·君正》）[⑦]同样，对外征战时也需要因“时”而动：“圣人之功，时为之庸，因时秉［宜］，［兵］必有成功。圣人不达刑，不襦传。因天时，与之皆断；当断不断，反受其乱。”（《十六经·兵容》）[⑧]

---

① 陈鼓应注译：《黄帝四经今注今译》，第223页。
② 陈鼓应注译：《黄帝四经今注今译》，第245页。
③ 殷会芳：《〈黄帝四经〉中“刑德”思想对“道”的取法》，《湖州师范学院学报》2014年第3期。
④ 陈鼓应注译：《黄帝四经今注今译》，第67页。
⑤ 陈鼓应注译：《黄帝四经今注今译》，第67页。
⑥ 陈鼓应注译：《黄帝四经今注今译》，第60页。
⑦ 陈鼓应注译：《黄帝四经今注今译》，第73页。
⑧ 陈鼓应注译：《黄帝四经今注今译》，第280页。

圣人的成功，是因其把握了时机为己所用。因顺天时，掌握时宜，出兵必然能够成功。“时若可行，亟应勿言；［时］若未可，涂其门，毋见其端。……时极未至，而隐于德；既得其极，远其德，浅［致］以力；既成其功，环（还）复其从，人莫能代。”（《称》）[①]时机成熟了，不要声张；时机未到，就要敛藏心机，不露声色。……时机到了，就要广施其德，努力行事。而当大功告成后，就要及时收踪敛迹，还原到最初的静隐，这样才不会受到任何伤害。

“因循”的基础是遵道之本，故而其最高境界是无为，这也是“因”之有效性的保障。无为就是无所待，只有在道的层面无所待，才会对人伦日用产生实质性的引导意义。“道家无为，又曰无不为，其实易行，其辞难知。其术以虚无为本，以因循为用。”[②]“不靡不黑，而正之以刑与德”，不人为强制性地去对人民约束羁縻，因顺取法自然规律的德刑生杀去布施赏罚而使民情归于正道，可以说，“刑德”之道是天道的一种取法和再现，这是对老子“无为”思想的发展和再造。正如李约瑟所言：“‘为’是为了私人的利益拂逆事物之理强而行之，所以是有所待的，有求于人的，‘无为’是听任事物顺应自然之理而成就之。要做到‘无为’就必须取法乎自然。”[③]事物各遵其道，各循其性，人各受其分，天下自然就和谐了。这就是老子所言：“为无为，则无不治。”

《黄帝四经》通过“因”这一概念，把老子的“无为”改造为“因……之为”，由于这一改造，“无为”也由消极意义的“不作为”改变为具有积极意义的“有所为，有所不为”。正如《淮南子·修务训》对此的区分：

> 或曰，无为者，寂然无声，漠然不动，引之不来，推之不往；如此者，乃得道之像。吾以为不然……若吾所谓无为者，私志不得入公道，嗜欲不得枉正术，循理而举事，因资而立［功］，（权）

① 陈鼓应注译：《黄帝四经今注今译》，第 362 页。
② ［汉］司马迁撰：《史记》，第 3292 页。
③ ［英］李约瑟：《中国科学技术史·道家与道教》，科学出版社，2013 年，第 85—86 页。

[推]自然之势，而曲故不得容者，事成而身弗伐，功立而名弗有；非谓其感而不应，（攻）[迫]而不动者。若夫以火熯井，以淮灌山，此用己而背自然，故谓之有为。[①]

《淮南子》的“因”“循”与“事”“功”相对应：“循理而举事，因资而立功。”可见“因循”之下的“无为”，并非老庄“堕肢体，黜聪明”的“无为”。黄老学说的“无为”是“感而后应”，亦即有所“感”、有所因循才有所行动。

《黄帝四经》中提出因循的对象有道、天、地、四时、名等。不可悖乱，否则事难成，更甚者遭到天道之惩罚。可见，天、地、四时、名等所有的其他概念都得遵从“道”或“天道”，都得统摄于“道”中，从根本上来说即为“因道而为”，遵循“道”进行统治。因循之道是《黄帝四经》道法思想的方法论基础，是最高本体之道幻化具用的方法论前提。作为本体之道至高无上，无处不在，无时不有。对天、地、四时、名的因循，也就是对“道”的不同层面的因循，本质是对道的因循，以达到“因之若成”的效果。正如《十六经·兵容》言：“天固有夺有予，有祥[福至者也而]弗受，反隋（随）以殃。三遂绝从，兵无成功。三遂绝从，兵有成[功]。□不乡（飨）其功，环（还）受其殃。国家有幸，当者受央（殃）；国家无幸，有延其命。茀茀阳阳，因民之力，逆天之极，有（又）重有功，其国家以危，社稷以匡，事无成功，庆且不乡（飨）其功。此天之道也。”[②]人类社会的法，是道分“德”“刑”之后的“道之显”，是人因道、天、地、四时、名之后的具体表现。抽象之道由“因循”之途而化为具体之法。正如《十六经·观》所言：“其明者以为法，而微道是行。”[③]这也正是管子所说的“舍己而以物为法”：“其应，非所设也。其动，非所取也。此言因也。因也者，舍己而以物为法者也。感而后应，非所设也；缘理而

① 杨坚点校：《吕氏春秋·淮南子》，岳麓书社，1989年，第248—249页。
② 陈鼓应注译：《黄帝四经今注今译》，第282页。
③ 陈鼓应注译：《黄帝四经今注今译》，第210页。

动，非所取也。过在自用，罪在变化。自用则不虚，不虚则仵于物矣。变化则为生，为生则乱矣。故道贵因。因者，因其能者，言所用也。君子之处也，若无知，言至虚也。其应物也，若偶之，言时适也。若影之象形，响之应声也。故物至则应，过则舍矣。舍矣者，言复所于虚也。”（《管子·心术上》）[①]

总之，《黄帝四经》通过“因循”对“法治”与“无为而治”进行了双向调整，实现了“法治”与“无为而治”这两种治理模式的沟通，正是在此基础上，才使得“道法体系”成为通向老子“无为而治”的政治理想的工具与途径，以“道法”为标志的黄老治道体系也因之得以构筑。

① 黎翔凤撰，梁运华整理：《管子校注》，第776页。

第四节
“道生法”的落实：刑德相养

帛书《称》曰：“凡论必以阴阳□大义。天阳地阴，春阳秋阴，夏阳冬阴，昼阳夜阴。大国阳，小国阴；重国阳，轻国阴。有事阳而无事阴，信（伸）者阳而屈者阴。主阳臣阴，上阳下阴，男阳［女阴，父］阳［子］阴，兄阳弟阴，长阳少［阴］，贵［阳］贱阴，达阳穷阴。取（娶）妇姓（生）子阳，有丧阴。制人者阳，制于人者阴。客阳主人阴。师阳役阴。言阳黑（默）阴。予阳受阴。诸阳者法天，天贵正；过正曰诡，□□□□祭乃反。诸阴者法地，地［之］德安徐正静，柔节先定，善予不争。此地之度而雌之节也。”[①] 这段话描述的便是《黄帝四经》政治哲学思想的重要基石，即以阴阳推论世间万物的原则，尤其人间事物及政治社会事物，皆与天地、宇宙结构相似，运行逻辑相通。天是至阳，是所有阳类事物的行动模板。“诸阳者法天”，所以诸阳者之行为应仿效“天之德”；地是至阴，是所有阴类事物的行动模板。“诸阴者法地”，“地之德安徐正静，柔节先定，善予不争”，所以诸阴者也要效法地，以此作为自己的行为原则。这便是《黄帝四经》为人间事物在天地之间安插的秩序，也就是“以阴阳［明］大义”，以阴阳把宇宙秩序和政治秩序联系起来，并使政治秩序成为整个宇宙秩序的体现，这构成了《黄帝四经》政治思想的核心要义。

① 陈鼓应注译：《黄帝四经今注今译》，第 394 页。

天与地、阴与阳之所以能由自然现象被推广为人的行为准则，与《黄帝四经》强调的"刑德"思想有关。《姓争》中便集中论述了阴阳、天地、四时观念与刑德并用的关系：

> 顺天者昌，逆天者亡。毋逆天道，则不失所守。天地已成，黔首乃生。胜（姓）生已定，敌者生争，不谌不定。凡谌之极，在刑与德。
>
> 刑德皇皇，日月相望，以明其当。望失其当，环视其央（殃）。天德皇皇，非刑不行；缪（穆）缪（穆）天刑，非德必顷（倾）。刑德相养，逆顺若成。刑晦而德明，刑阴而德阳，刑微而德章（彰）。其明者以为法，而微道是行。[①]

刑德兼行并举，像日月共存于天地间。配合不当，上天就会降下灾殃。没有刑罚，就无法实施上天的恩德；没有恩德，就无法保证上天的刑罚是公正的。刑德相辅相成，忤逆天意还是顺应天意，也就很好区分了。刑属阴，宜隐晦，德属阳，宜彰显。彰显于外的是法度，其背后起作用的是刑罚，此为道的运行。

《国语·越语下》也有类似的语句："天道皇皇，日月以为常，明者以为法，微者则是行。"韦昭注："明，谓日月盛满时。微，谓亏损薄蚀时。法，其明者以进取。行，其微时以隐遁。"[②]《黄帝四经》与《国语》中的"明""微"都与日、月相对应，又与"法""行"相呼应。日升月落，月升日落，二者互相配合，交相辉映。"法"与"行"也如白昼的太阳和夜晚的月亮一样，轮流执行，互补相合，且各有特性。"法，其明者以进取；行，其微时以隐遁。"由于法阳行阴，所以法明行微，对应的是德明刑微，说的也都是刑德相养的道理。

对于"微道是行"的含义，学者大多将"行"理解为"刑"，即刑罚的意思。跟上文结合起来便是恩德要彰显，刑罚要隐晦。亦即"公行爵赏、隐遁刑杀"[③]。

---

① 陈鼓应注译：《黄帝四经今注今译》，第 263、265 页。

② 上海师范大学古籍整理研究所校点：《国语》，上海古籍出版社，1998 年，第 653—654 页。

③ 谷斌、张慧姝、郑开：《黄帝四经今译·道德经今译》，中国社会科学出版社，1996 年，第 77 页。

金春峰就认为，刑德就是指罚与赏，在他看来，统治百姓“最重要的是以物质利益为手段的‘刑’和‘德’，‘奖’和‘罚’。刑德并用是制服和驱使人们为达到战胜守固和增加生产等目的的最重要手段”[①]。也就是《韩非子》所说的“刑德二柄”：“杀戮之谓刑，庆赏之谓德。”[②]

白奚对于“刑德”却有不同的认识，在他看来，“《四经》所谓德乃是仁德、德治之义，其所谓刑乃泛指法治，其刑德乃是指法治与德治两种统治方式”[③]。把这种理解代入“刑晦而德明，刑阴而德阳，刑微而德章。其明者以为法，而微道是行”之句，前面既然有“刑晦而德明”，那么“其明者以为法”中的“明者”应该是指“德”，既然有“刑微而德章”，那么“微道是行”所指的应该是“刑之行”。以“刑”“德”代入之后，此句便成了“德以为法，而刑道是行”，也就是以德治为公开的统治法则，实际在背后起作用的则是赏罚分明的法治。

陈松长归纳出帛书《黄帝四经》中“刑”字的六种用法，认为“刑为秋冬”的意义即是从秋冬万物肃杀这种现象中引申出来的，与秋冬万物肃杀的天道相合，而行杀罚之“刑”；帛书“春夏为德”的“德”，也是从春夏万物滋长润泽的现象中引申出来的，具有德泽、恩惠的意思，《太平御览》卷二二引《范子》曰：“德取象于春夏，刑取象于秋冬。”也说明了刑德与四时互感的意思。所以“刑德”两项可合为一，都是奖赏、庆赏之义。[④]

以上三种对“刑”“德”的理解各有侧重，而从文本中我们可以看到，《黄帝四经》中的“刑德”包含两个层次。一是与天地、日月、阴阳密切相关的“天德”与“天刑”，即上天的生杀损益：“天德皇皇，非刑不行，穆穆天刑，非

① 金春峰：《汉代思想史》，中国社会科学出版社，1997 年，第 39 页。

② 王先慎：《韩非子集解》，中华书局，1998 年， 第 39 页。

③ 白奚：《稷下学研究：中国古代的思想自由与百家争鸣》，生活·读书·新知三联书店，1998 年，第 128 页。

④ 陈松长：《马王堆帛书“刑德”研究论稿》，台湾古籍出版有限公司，2001 年，第 30—36 页。

德必倾。”这一层次的刑德是天道的显现，是宇宙万物发展变化的原动力。“天地已成，黔首乃生”，天地形成之后，人类滋生繁衍。“凡谌之极，在刑与德。”刑德是人类社会平定纷争的准则。“刑德皇皇，日月相望，以明其当。望失其当，环视其殃。”刑德像日月高悬，兼行并举，配合不当的话，上天便会降下灾殃。第二层次的刑德便是指在人事上对天道之生杀损益的取法，也就是采取刑罚和德赏相配合的统治手段，并以刑罚和德赏构成“道生法”之“法”的主要内容。“不靡不黑，而正之以刑与德。”君主取法和顺应自然，以刑赏二柄治民，刑赏必行且执法公正，便是治理天下的正道：“精公无私而赏罚信，所以治也。”

“刑德”之“刑”也有两个层面的含义：一方面指对外的战争诛伐，“伐死养生”；另一方面也指对内的刑罚，“武刃于当罪”。“刑德”之“德”在治国层面有德赏、爱民、惠民之意，其内容和儒家所讲的“德”治的部分内容相同，但孔子讲“导之以德，齐之以礼”和孟子的王道、仁政，虽包括物质利益的恩惠，终极途径却是宗法情谊和道德的感化而治。《黄帝四经》讲“德”，则是在“道”的基础上，以“德”为依据去德赏群臣，与民惠利，从而达到“天下治”，包含了功利主义的思想。

《黄帝四经》中还有一词曰“德虐”，与“刑德”含义相同。如《十六经·观》篇言：“逆顺无纪，德瘧（虐）无刑，静作无时，先后无名。”[①]《十六经·果童》言：“地俗德以静，而天正名以作。静作相养，德虐相成。两若有名，相与则成。阴阳备物，化变乃生。”[②]《国语·越语下》载范蠡之言：“德虐之行，因以为常。”韦昭注曰：“德，有所怀柔及爵赏也。虐，有所斩罚及黜夺也。”[③]由此可见，“德虐”的实行要因循天地之道，并以为常法，这与第二个层次的

① 陈鼓应注译：《黄帝四经今注今译》，第205页。
② 陈鼓应注译：《黄帝四经今注今译》，第241页。
③ 上海师范大学古籍整理研究所校点：《国语》，第647页。

“刑德”接近。

大多数学者认为，“文武”是《黄帝四经》中另一个与“刑德”含义相近的词，刑对应武，德对应文。[①]《黄帝四经》强调“文武并立”：“动静参于天地胃（谓）之文，诛［禁］时当胃（谓）之武。静则安，正［则］治，文［则］明，武则强。……参于天地，阖（合）于民心。文武并立，命之曰上同。”（《经法·四度》）[②]“天有死生之时，国有死生之正（政）。因天之生也以养生，胃（谓）之文；因天之杀也以伐死，胃（谓）之武；［文］武并行，则天下从矣。”（《经法·君正》）[③]这一点类似于“刑德相养”。但《黄帝四经》的“文武”并不像“刑德”一样有“先德后刑”“德主刑辅”的规定性：

> 夫并时以养民功，先德后刑，顺于天。（《十六经·观》）[④]
>
> 一年从其俗，二年用其德，三年而民有得。四年而发号令，［五年而以刑正，六年而］民畏敬，七年而可以正（征）。一年从其俗，则知民则。二年用［其德］，民则力。三年无赋敛，则民有得。四年发号令，则民畏敬。五年以刑正，则民不幸。六年［民畏敬，则知刑罚］。七年而可以正（征），则朕（胜）强适（敌）。[⑤]
>
> 俗者，顺民心殹（也）。德者，爱勉之［也］。［有］得者，发禁拕（弛）关市之正（征）殹（也）。号令者，连为什伍，巽（选）练贤不宵（肖）有别殹（也）。以刑正者，罪杀不赦殹（也）。［畏敬者，民不犯刑罚］殹（也）。可以正（征）者，民死节殹（也）。（《经法·君正》）[⑥]

---

① 金春峰：《论〈黄老帛书〉的主要思想》，《求索》1986年第2期；丁原明：《黄老学论纲》，山东大学出版社，1997年，第99—100页。

② 陈鼓应注译：《黄帝四经今注今译》，第103页。

③ 陈鼓应注译：《黄帝四经今注今译》，第65页。

④ 陈鼓应注译：《黄帝四经今注今译》，第223页。

⑤ 陈鼓应注译：《黄帝四经今注今译》，第53页。

⑥ 陈鼓应注译：《黄帝四经今注今译》，第56页。

《黄帝四经》设计的治国方针为：第一年顺从民心、民俗；第二年选拔有德之人为官；第三年减免赋税，增加百姓的收入；第四年开始发号施令，组织、训练民众；第五年采用刑罚来纠偏匡正；第六年百姓对君上、对法令便会有敬畏之心；第七年君主就可以率众出征了。可见，《黄帝四经》设计的“七年之政”是一个循序渐进、连贯统一的方案——前三年施惠于民、获取民心，后三年用刑罚治民，这与“春夏为德，秋冬为刑。先德后刑以养生”的天道是相符合的。

与“先德后刑”不同，《黄帝四经》有“先文后武”，也有“先武后文”：

> 因天时，伐天毁，谓之武。武刃而以文随其后，则有成功矣，用二文一武者王。（《经法·四度》）[①]
>
> 始于文而卒于武，天地之道也。（《经法·论约》）[②]

对于这种情形，徐莹分析道：“针对不同的事物，帛书文德、武力的施用顺序因事而变，其中任何一方都既可在先，也可在后。在可先可后的变化中，不变的是二者的前后相继，即‘武刃而以文随其后’和‘始于文而卒于武’。文武二者的前后相继，形成了如‘四时’和‘刑德’一般交替运行且更替为主的循环往复。至于在某一事项上的孰先孰后，则是由事物本身的性质决定的。”[③]

一般说来，“刑德”思想的运用要“合于天当”，也就是符合自然法秩序，符合规律。一是在外交攻伐中，“不尽天极，衰者复昌。诛禁不当，反受其央（殃）。……过极失［当］，天将降央（殃）”（《经法·国次》）[④]，在征伐他国时，如果不能最终达到天道所限定的准度，则经过征伐本已衰落的国家会重新振兴起来。在讨伐暴虐的国家时如果未达到准度，最终会为自身招惹祸

---

① 陈鼓应注译：《黄帝四经今注今译》，第 119 页。

② 陈鼓应注译：《黄帝四经今注今译》，第 166 页。

③ 徐莹：《春夏与三时：帛书〈黄帝四经〉“先德后刑”考辨》，《天津社会科学》2021 年第 1 期。

④ 陈鼓应注译：《黄帝四经今注今译》，第 35—36 页。

患的。一言以蔽之，在对外征伐中如果没有达到或超过了天道所限定的准度，都会受到天降祸患的惩罚。二是在为政治国中，则要恰当处理君臣、父子等关系，做到动静得时、赏罚得体、取予得当等。“君臣当立（位）胃（谓）之静，贤不宵（肖）当立（位）胃（谓）之正，动静参于天地胃（谓）之文，诛［禁］时当胃（谓）之武。静则安，正［则］治，文［则］明，武则强。安［则］得本，治则得人，明则得天，强则威行。参于天地，阖（合）于民心。文武并立，命之曰上同。”（《经法·四度》）[①]君臣、贤不肖各安其位谓之“当”，动静得时、诛禁时当谓之“当”，在“刑德”之治中，每一项举措都要“合于天当”，这样才是真正意义上的合于度的刑罚、德赏之治。

在刑德的具体实施中，《黄帝四经》以饮食（生食）与生育（继）作为民生连接阴阳与天地的桥梁，把统治手段与天地、阴阳的运行联系起来：“夫民之生也，规规生食与继。不会不继，无与守地；不食不人，无与守天。是［故］赢阴布德，［重阳长，昼气开］民功者，所以食之也；宿阳修刑，童（重）阴长，夜气闭地绳（孕）者，［所］以继之也。不靡不黑，而正之以刑与德。春夏为德，秋冬为刑。先德后刑以养生。”（《十六经·观》）[②]“生食与继”指饮食与生育，这是民生之根本，也是《黄帝四经》所认为的基本人情。基本人情是符合天地之道的，为政治国如果导致百姓“不会不继”“不食不人”，那么这种政治是不能够“守地”“守天”的。所以，为政者实行政策措施要从民生角度出发，顺应阴阳，“赢阴布德”“宿阳修刑”，阳为德，阴为刑。阳气极盛时阴气即开始萌生，与此相应，德亦将为刑所代替，此为“宿阳修刑”。反之，阴气极盛时阳气开始萌生，与此相应，刑将为德所代替，此为“赢阴布德”。对于百姓要“不靡不黑，而正之以刑与德”。此处“靡”通“縻”，“黑”

① 陈鼓应注译：《黄帝四经今注今译》，第103页。
② 陈鼓应注译：《黄帝四经今注今译》，第210、217页。

通“墨”，二者皆为绳索之名，在此做捆绑、系缚之义，意思是说，不要羁縻、捆缚百姓的天性，应该取法自然规律的德刑、生杀去施行赏罚。也就是说，“刑德”之道是天道的一种取法和再现，也是黄老学说对老子“无为”思想的发展和再造。《十六经・立命》说：“吾畏天爱地亲［民］”[①]，“畏天”即取法“天”，在“天”的规律中行事。《十六经・三禁》说：“是故王公慎令，民知所繇（由）。”[②]《称》说：“因地以为齎（资），因民以为师。”[③]这些说的都是“亲民”，亦即下达政令的时候，最大程度考虑百姓的风俗等实际情况。《经法・君正》也说：“号令发必行，俗也。男女劝勉，爱也。动之静之，民无不听，时也。受赏无德，受罪无怨，当也。”[④]“苛事，节赋敛，毋夺民时，治之安。无父之行，不得子之用；无母之德，不能尽民之力。父母之行备，则天地之德也。三者备，则事得矣。能收天下豪桀（杰）票（骠）雄，则守御之备具矣。审于行文武之道，则天下宾矣。号令阖（合）于民心，则民听令。兼爱无私，则民亲上。”[⑤]这里反复强调刑德相辅，按照各地风俗进行统治，重视民心民生。反对苛捐杂税，不乱改旧制，像父母一样对民众予以慈爱与抚慰。

概而言之，《黄帝四经》提出了以“刑德相养”为指导的一系列治国措施，其依据便是阴阳刑德学说。人事领域（政治领域）中刑与德的实施以天地、阴阳的互相依托与转化为依据和准则，以刑与德的并用、互补为原则，进而达到治民、养民的效果。也就是说，当本原意义的“道”降格为“天之道”“地之道”之后，便成为阴阳刑德之说，与人类的生产、生活、政治活动等产生了不可割裂的联系，运用于统治纲领之中，便转化为具体的德赏、刑罚等手段，从而形成了合乎天道又能在人间行之有效的法令，此即“道生法”的落实。

---

① 陈鼓应注译：《黄帝四经今注今译》，第 201 页。
② 陈鼓应注译：《黄帝四经今注今译》，第 300 页。
③ 陈鼓应注译：《黄帝四经今注今译》，第 367 页。
④ 陈鼓应注译：《黄帝四经今注今译》，第 60 页。
⑤ 陈鼓应注译：《黄帝四经今注今译》，第 73 页。

第五节
黄老“道生法”与法家“道法”的异同

黄老学派跟法家代表人物的界限，在《史记》中是模糊的，司马迁认为：“申子之学本于黄老而主刑名。著书二篇，号曰申子。韩非者，韩之诸公子也。喜刑名法术之学，而其归本于黄老。”[①]又说：“慎到，赵人。田骈、接子，齐人。环渊，楚人。皆学黄老道德之术，因发明序其指意。”[②]他把申不害、韩非的“刑名法术之学”归于黄老，认为慎到、田骈、接子、环渊等人“皆学黄老道德之术”，可见，至少在司马迁的年代，黄老思想既与刑名法术之学相关，同时也是战国法家人物在刑名法术上所本之学。司马迁认为，黄老之学应晚于老子，可能与庄子同时，而早于慎到、申不害、田骈、韩非等人。后世学者常有通过慎到、韩非的论著去分析黄老学说的刑名法术。还有一个例证是，韩非子的《解老》，首先解《德》经第一章，解《道》经的文字则放在后部。这与马王堆汉墓帛书《老子》“德在道先”的顺序是一致的。故而有人认为，老庄之书把“道”放在“德”前，说明道家更重视“道”为中心的宇宙论和本体论；韩非与黄老更重视政治论与人生论，都以“道”喻“法”，倡导“刑名”，故将《德》经放在前面，

① ［汉］司马迁撰：《史记》，第2146页。
② ［汉］司马迁撰：《史记》，第2835页。

所以有人认为《黄帝四经》是法家传本，认为黄老学派与法家本质是相同的，"道"仅仅是论证"法"的合理性的理论基础，"法""刑"之治才是其核心内容。唐兰先生认为："《老子》只讲道，而这四篇（《黄帝四经》）既讲道，又讲法，所以，第一篇就是《经法》，是表面上用道家的一些话而实际说的是法家的观点。"[①] 故此唐兰认为黄老学说"是讲道法、主刑名的新型法家"[②]。更有学者据此认为黄老学派是有别于西秦法家之东方"别派"[③]。

我们知道，法家思想起源于韩、赵、魏三晋之地。三家分晋本来是春秋时代卿族政治发展的结果，通过分晋而建国的韩、赵、魏三家，在夺取权力的过程中深刻认识到旧世族体制和卿族政治的弊病，为了避免重蹈卿族政治覆辙，他们改革旧制，开始建立以君主集权为核心的新型国家体制，将过去封君的封域、治权逐渐收归国家，比如在魏文侯时已不再对异姓大夫新设封邑，旧的世族、封君也仅是食禄而已。它使战国时代韩、赵、魏诸国的官僚体系渐趋于系统化、专门化、流官化。[④] 史载李克卜相，李悝变法，商鞅变法，连续打破了春秋时执政之卿"出总戎徒，入秉国钧"总揽大权的体制，在政治、经济、军事等方面直接重新创立了一种"国家本位"的新型政治体制。

黄老学说在大一统学术思潮的影响下，又引入了"黄帝"作为其"霸术"的代言者，也倡导"刑名"，但由于齐国与三晋、西秦不同，更加注重农战与工商的结合，更具有自由、开放的风气，故齐地王霸、刑名之学更带有开放、温和、术势之治的特征，在一些具体的治理思想上不如商鞅、韩非等人的法家学说那样地崇"法"重"刑"。

---

① 唐兰：《〈黄帝四经〉初探》，《文物》1974 年第 10 期。

② 唐兰：《马王堆出土〈老子〉乙本卷前古佚书的研究——兼论其与汉初儒法斗争的关系》，《考古学报》1975 年第 1 期。

③ 李禹阶：《黄老学说：法家之东方"别派"与另类的"汉承秦制"》，《陕西师范大学学报（哲学社会科学版）》2023 年第 5 期。

④ 李禹阶：《黄老学说：法家之东方"别派"与另类的"汉承秦制"》，《陕西师范大学学报（哲学社会科学版）》2023 年第 5 期。

一 关于“道”的理论基础差异

黄老之学以《老子》为代表的道家“道”论和托名黄帝的刑名法术之“法”论为理论依据，其“法”是时时处处统御于“道”的。由“道”所形成、主宰的规律，既包括自然界万物之“性”，也构成人类社会的规范、制度和法则。“一度不变，能适规（蚑）侥（蛲）。鸟得而蜚（飞），鱼得而流（游），兽得而走。万物得之以生，百事得之以成。”（《道原》）[①]“道”先产生（分出）“天道”，由此日月有规律的运行，南北有极，星辰有数，并产生了晦明、四时等。

天执一，明［三，定］二，建八正，行七法，然后［施于四极，而四极］之中无不［听命］矣。岐（蚑）行喙息，扇蜚（飞）耎（蠕）动，无□□□□□□□□□□□不失其常者，天之一也。天执一以明三，日信出信入，南北有极，［度之稽也。月信生信］死，进退有常，数之稽也。列星有数，而不失其行，信之稽也。天明三以定二，则一晦一明，［一阴一阳，一短一长］。天定二以建八正，则四时有度，动静有立（位），而外内有处。（《经法·论》）[②]

君主制定法令必须顺从天道、地道与四时之度，内外有别，动静相宜。

人主者，天地之［稽］也，号令之所出也，［为民］之命也。不天天则失其神。不重地则失其根。不顺［四时之度］而民疾。不处外内之立（位），不应动静之化，则事窘于内而举窘于［外］。［八］正皆失，［与天地离］。［天天则得其神。重地］则得其根。顺四［时之度］□□□而民不［有］疾。［处］外［内之位，应动静之化，则事］得于内而举得于外。八正不失，则与天地总矣。（《经法·论》）[③]

“道”通过天首先产生的“七法”是：天之道、天之度、天之期、天之性、

① 陈鼓应注译：《黄帝四经今注今译》，第 399 页。

② 陈鼓应注译：《黄帝四经今注今译》，第 126—127 页。

③ 陈鼓应注译：《黄帝四经今注今译》，第 123—124 页。

天之命、天之所以为物命。天以“七法”确立了万事万物的种种特性。七法的内容与各自的名称一一相符，这就是事物得到了验证。事物验证后的结果与道的具体特质都能相合，这便称之为合理。合理为顺，失理为逆。

> 天建八正以行七法：明以正者，天之道也。适者，天度也。信者，天之期也。极而［反］者，天之生（性）也。必者，天之命也。□□□□□□□□□者，天之所以为物命也。此之胃（谓）七法。七法各当其名，胃（谓）之物。物各［合于道者］，胃（谓）之理。理之所在，胃（谓）之［顺］。物有不合于道者，胃（谓）之失理。失理之所在，胃（谓）之逆。逆顺各自命也，则存亡兴坏可知［也］。（《经法・论》）①

可见，《黄帝四经》以“天建八正以行七法”为君主制定、颁发法令设定了理论依据与实施准绳，通过借助“道”的绝对权威，赋予“法”以神圣性的色彩。在这个神圣的“法”的基础上，再通过“刑名”等赋予物性，然后生出具体的法令。

韩非也有关于“道法”的论断。《黄帝四经》中强调的是“道生法”。在《韩非子》一书中直接用“道法”一词：

> 故先王以道为常，以法为本……而道法万全，智能多失。（《韩非子・饰邪》）②

> 祸福生乎道法，而不出乎爱恶；荣辱之责在乎己，而不在乎人。（《韩非子・大体》）③

> 因道全法，君子乐而大奸止。（《韩非子・大体》）④

---

① 陈鼓应注译：《黄帝四经今注今译》，第 130 页。
② ［战国］商鞅、韩非子：《商君书・韩非子》，第 120 页。
③ ［战国］商鞅、韩非子：《商君书・韩非子》，第 159 页。
④ ［战国］商鞅、韩非子：《商君书・韩非子》，第 159 页。

与《黄帝四经》的"道生法"不同，韩非强调"因道全法""道法万全"，他的"道"的意义及其"道""法"关系与《黄帝四经》均不尽一致。

在《解老》《喻老》《主道》《扬权》中，韩非也以"道论"来建立法家学说的形上根基。《韩非子》认为道生万物，这应该是受到同时期黄老学说的影响，"道者，万物之始，是非之纪也。是以明君守始以知万物之源，治纪以知善败之端。"（《韩非子·主道》）[①]但他没有把"道"作为宇宙生成意义上的本体，没有像《老子》那样明确地说明"道"先天地而生："有物混成，先天地生，寂兮寥兮，独立不改，周行而不殆，可以为天下母。吾不知其名，字之曰道，强为之名曰大。"[②]也不像《黄帝四经》对"道"的描述："无刑（形）无名，先天地生，至今未成。"（《十六经·行守》）[③]"恒无之初，迵同大（太）虚……古（故）无有刑（形），大迵无名……万物得之以生，百事得之以成。人皆以之，莫知其名，人皆用之，莫见其刑（形）。"（《道原》）[④]韩非虽然认为："天得之以高，地得之以藏，维斗得之以成其威，日月得之以恒其光。"（《韩非子·解老》）[⑤]他所说的"道"更像是与天地并行的一种"规律性"，一种"总动力"，并非生成天地的本原。可见，韩非子的"道"并不具有老庄所倡导的超越性和形上性。

韩非也用"理"这个概念让"道"落实于宇宙万物之中，这可能也是受同时代黄老学说的影响。正如《黄帝四经》所说："物各［合于道者］，胃（谓）之理。"（《经法·论》）[⑥]"理"是万物符合"道"的规定性。韩非认为："道者，万物之所然也，万理之所稽也。理者，成物之文也。道者，万物之所

---

① ［战国］商鞅、韩非子：《商君书·韩非子》，第76页。
② ［魏］王弼注，楼宇烈校释：《老子道德经注校释》，第62—63页。
③ 陈鼓应注译：《黄帝四经今注今译》，第323页。
④ 陈鼓应注译：《黄帝四经今注今译》，第399页。
⑤ ［战国］商鞅、韩非子：《商君书·韩非子》，第129页。
⑥ 陈鼓应注译：《黄帝四经今注今译》，第130页。

以成也。故曰：‘道，理之者也。’”（《韩非子·解老》）[①] 在他看来，“理”是构成万物的条理，也是万物存在运行的根据。万物皆有其规律和属性，而这些属性和规律以“理”的形式赋予给万物。因为“理”不同，万物所展现出来的具体属性和运行、变化规律也有所不同。“理”强调具体特性，用于区分万物，如方圆、长短、粗细都可以称为“理”。“道”是万“理”的总汇，也就是万物的共性。“理”的“道”在宇宙万物上的具体展现。人可以通过对“理”的认识去察觉“道”。“道注重总体，但总体不能凭空存在，必须由个别上升到一般；理强调个别，个别不能孤立独存，必须在他物比照下才有特点。”[②] 韩非的“道”与“理”的关系，体现了“道”从总体到个体的具象化。

在《黄帝四经》中，“道生法”有一条清晰的逻辑线：道—刑名（形名）—法。黄老学派十分重视循名究理的推演，认为纷纷扬扬的各种学说，只要按照循名、督实、察理的顺序进行，是非曲直自然分晓。《经法·名理》便强调了审察名理的重要性：“天下有事，必审其名。名□□循名廄（究）理之所之，是必为福，非必为材（灾）。是非有分，以法断之；虚静谨听，以法为符。审察名理冬（终）始，是胃（谓）廄（究）理。唯公无私，见知不惑，乃知奋起。故执道者之观于天下［也］，见正道循理，能与曲直，能与冬（终）始。故能循名廄（究）理。刑（形）名出声，声实调合。祸材废立，如景（影）之隋（随）刑（形），如向（响）之隋（随）声，如衡之不臧（藏）重与轻。故唯执道者能虚静公正，乃见［正道］，乃得名理之诚。”[③] 因为“理”赋予了万物“形”的差别，这种具体的差别被人所认知，从而形成“名”。不同的“形”有不同的“名”，因为“名”的存在，万物的内在性质及变化、运行规律便有了规定性，其基本概念就不会被人所混淆。也就是《经法·道法》所说的：“凡事无

---

① ［战国］商鞅、韩非子著：《商君书·韩非子》，第 129 页。

② 蒋重跃：《韩非子的政治思想》，北京师范大学出版社，2000 年，第 175 页。

③ 陈鼓应注译：《黄帝四经今注今译》，第 187—188 页。

小大，物自为舍。逆顺死生，物自为名。名刑（形）已定，物自为正。”[①]“故同出冥冥，或以死，或以生；或以败，或以成。祸福同道，莫知其所从生。见知之道，唯虚无有。虚无有，秋毫成之，必有刑（形）名，刑（形）名立，则黑白之分已。故执道者之观于天下殹（也），无执殹（也），无处也，无为殹（也），无私殹（也）。是故天下有事，无不自为刑（形）名声号矣。刑（形）名已立，声号已建，则无所逃迹匿正矣。”[②]“刑名”不仅是名副其实，也是循名究理的过程，正是“刑名”这一概念，让黄老将“道”贯通到宇宙万物乃至人类社会生活、国家治理等各个领域，“道”在政治领域的展现，即为各种符合天道、地道、四时、人情、物性的法令。曹峰认为：“‘道’‘名’‘法’是《黄帝四经》中三个最重要的概念，三者之间存在着有机的关联，即‘道’是最高范畴和出发点，是‘名’‘ 法’的存在依据。如果把三者关系比作一条平行线，‘名’处于中点，是从‘道’到‘法’的媒介和过渡阶段，‘法’则是最终的目标与手段。这三者相辅相成，缺一不可。”[③]

《韩非子》中却并没有论述“名”与“法”的具体关系，虽然韩非强调“因道全法”，但其对于“道”如何“全法”这一过程并未进行详细地论述。或许“道法”这一词就已经体现了韩非对于“法”的限定——法是道生的，本质便应该是符合道的。无需论证其诞生的过程来证明“法”天然的合理性与正当性。这与商鞅、慎到等法家学者重现实应用、轻哲学超越性是一致的。《商君书·定分》也提及过“正名”：“故圣人为法，必使之明白易知，名正，愚知遍能知之。”[④]是从使民众能够明白知法这个角度来讨论“名分”的。其“定分”意为确定名分与职分，名分定则法自备。《商君书》还说：“是以圣人列贵贱，

① 陈鼓应注译：《黄帝四经今注今译》，第 25 页。

② 陈鼓应注译：《黄帝四经今注今译》，第 10 页。

③ 曹峰：《近年出土黄老思想文献研究》，中国社会科学出版社，2015 年，第 439 页。

④ ［战国］商鞅、韩非子：《商君书·韩非子》，第 54 页。

制爵位，立名号，以别君臣上下之义。地广，民众，万物多，故分五官而守之。民众而奸邪生，故立法制、为度量以禁之。是故有君臣之义、五官之分、法制之禁。不可不慎也。”（《商君书·君臣》）①“定分正名”是为了贵贱有分，上下有别。慎到以“逐兔”来讲述“定分”的重要性：“今一兔走，百人逐之，非一兔足为百人分也，由未定。由未定，尧且屈力，而况众人乎？积兔满市，行者不顾。非不欲兔也，分已定矣。分已定，人虽鄙不争。故治天下及国，在乎定分而已矣。”（《慎子·逸文》）②《韩非子》将刑名关系看作名实关系，并将此阐释为政治实践的“术”的运行核心：“有言者自为名，有事者自为形。”（《韩非子·主道》）③可见，《黄帝四经》论正名，是为了循名究理，从学理上为统治者提供立法准则与施政纲领。商鞅、慎到、韩非等人论正名定分，是对具体的社会问题现实性地回应，并基于社会面向，提出了“法”“术”“势”三种治理手段。

二 关于“法”的实施手段差异

韩非的“法”常常与“术”并称，强调“法”“术”相结合，互为补充，“寄治乱于法术，托是非于赏罚，属轻重于权衡；不逆天理，不伤情性。”（《韩非子·大体》）④“故法莫如显，而术不欲见。”（《韩非子·难三》）⑤“君无术则弊于上，臣无法则乱于下，此不可一无，皆帝王之具也。”（《韩非子·定法》）⑥“术者，因任而授官，循名而责实，操杀生之柄，课群臣之能者也，此人主之所执也。”（《韩非子·定法》）⑦ 可见，“术”是“法”的具体实施，

① ［战国］商鞅、韩非子：《商君书·韩非子》，第 48 页。

② 许富宏：《慎子集校集注》，中华书局，2013 年，第 79 页。

③ ［战国］商鞅、韩非子：《商君书·韩非子》，第 76 页。

④ ［战国］韩非子著，陈奇猷校注：《韩非子新校注》，上海古籍出版社，2000 年，第 555 页。

⑤ ［战国］韩非子著，陈奇猷校注：《韩非子新校注》，第 923 页。

⑥ ［战国］韩非子著，陈奇猷校注：《韩非子新校注》，第 957—958 页。

⑦ ［战国］韩非子著，陈奇猷校注：《韩非子新校注》，第 957 页。

尤指上位者的治理手段，多用于对臣、官吏进行督责和察奸。与“术”并称的“法”单指政治生活中的法令，不包括宇宙万物遵循的“法则”之意。

韩非强调“明主治吏不治民”：“说在摇木之本与引网之纲。故失火之啬夫，不可不论也。救火者，吏操壶走火，则一人之用也；操鞭使人，则役万夫。”（《韩非子·外储说右下》）[①] 群臣是网上之纲，只有纲举才能目张。君主治理国家就如小吏救火一样，一个小吏救火是杯水车薪，但他要是拿着鞭子役使手下的人，就可以驱动万夫救火。君主要做的是让人听从自己安排，为自己效命。“术”便等同于小吏手上的鞭子，君主疏导群臣的人性，管理好群臣，让群臣为自己效力，此谓“术”：“术者，因任而授官，循名而责实，操杀生之柄，课群臣之能者也，此人主之所执也。”（《韩非子·定法》）[②] 也就是借助他人（臣下、官吏）的力量治国：“力不敌众，智不尽物。与其用一人，不如用一国。故智力敌而群物胜，揣中则私劳，不中则任过。下君尽己之能，中君尽人之力，上君尽人之智。”（《韩非子·八经》）[③]

关于如何用“术”，《韩非子》中所着笔墨最多，具体列举了十七种办法，从官吏的内心到官吏的外事，从明处指出再到暗中观察，从君臣真诚相待到君主行诡用诈，从君主促使臣下之间相互合作到制造矛盾使官吏集团内部分化，方法之多样、手段之复杂，可以看出韩非于“术”研究最多，也最深入。诸如“参”：“一用以务近习，……深一以警众心，泄异以易其虑。”（《韩非子·八经》）[④] 还有“诡”：“明主，其务在周密……上之于下，下之于上，亦然。是故上下贵贱相畏以法，相诲以和。”（《韩非子·八经》）[⑤] 还有“诈”，韩非子用三则故事来说明用“诈”的三种方式：“庞敬，县令也。遣市者行，

---

① ［战国］商鞅、韩非子：《商君书·韩非子》，第220—221页。
② ［战国］商鞅、韩非子：《商君书·韩非子》，第257页。
③ ［战国］商鞅、韩非子：《商君书·韩非子》，第275页。
④ ［战国］商鞅、韩非子：《商君书·韩非子》，第277页。
⑤ ［战国］商鞅、韩非子：《商君书·韩非子》，第277—278页。

而召公大夫而还之。立以间，无以诏之，卒遣行。市者以为令与公大夫有言，不相信，以至无奸。”（《韩非子·内储说上》）[①]“韩昭侯握爪，而佯亡一爪，求之甚急，左右因割其爪而效之。昭侯以此察左右之不诚。”（《韩非子·内储说上》）[②]“阳山君相卫，闻王之疑己也，乃伪谤樛竖以知之。”（《韩非子·内储说上》）[③]君主用“听”“参”“诡”“ 诈”等“术”来防治臣子的人情之私，以此来维护君主的权威和利益。

《韩非子》直接引用了慎到的原话，用飞龙、腾蛇依仗“云”“雾”来比喻君主对“势”的凭借：“飞龙乘云，腾蛇游雾，云罢雾霁，而龙蛇与蚓蚁同矣，则失其所乘也。”（《韩非子·难势》）[④]飞龙、腾蛇与蚯蚓、蚂蚁并未有本质的不同，但龙蛇因为有了云和雾这样的凭借，便和蚓蚁之间有了云泥之别。这也就是说，云和雾就是龙蛇的“势”。他更明确地指出君主要善于用“势”：“国者，君之车也；势者，君之马也。”（《韩非子·外储说右上》）[⑤]“明君之所以立功成名者四：一曰天时，二曰人心，三曰技能，四曰势位。”（《韩非子·功名》）[⑥]韩非认为，君臣是有分别的，并用道与万物、德与阴阳、衡与轻重、绳与出入、和与燥湿的关系来对应君与臣的关系：“故曰：道不同于万物，德不同于阴阳，衡不同于轻重，绳不同于出入，和不同于燥湿，君不同于群臣。”（《韩非子·扬权》）[⑦]这是说，君臣并非简单的上下关系，而是总与分的关系。君必须统御群臣，就像道统御万物一样。道为一，所以一国只能有一个君主，君主的地位是独尊的。君主是一个国家最高贵的存在，君权神圣不可侵犯，其余人等必须服从于君主的权力：“万物莫如身之至贵也，位之至尊也，主威之

---

① ［战国］商鞅、韩非子：《商君书·韩非子》，第170页。
② ［战国］商鞅、韩非子：《商君书·韩非子》，第171页。
③ ［战国］商鞅、韩非子：《商君书·韩非子》，第172页。
④ ［战国］商鞅、韩非子：《商君书·韩非子》，第252页。
⑤ ［战国］商鞅、韩非子：《商君书·韩非子》，第210页。
⑥ ［战国］商鞅、韩非子：《商君书·韩非子》，第158页。
⑦ ［战国］商鞅、韩非子：《商君书·韩非子》，第83页。

重，主势之隆也。此四美者，不求诸外，不请于人，议之而得之矣。”（《韩非子・爱臣》）[①]但这并不是说君主的“势”就一直存在不会被改变，“势”能利国，也能乱国，这与君主之性有着极大的关联：“夫尧、舜生而在上位，虽有十桀、纣不能乱者，则势治也；桀、纣亦生而在上位，虽有十尧、舜而亦不能治者，则势乱也。”（《韩非子・难势》）[②]君主需要维持自己“势”的存在，顺势而为，因势利导。一方面“抱法处势”，君主维护国家法治，保证法治的正常运行，便不会出现任何差错。另一方面“执柄（术）处势”，柄就是刑和赏，通过刑和赏来威慑和鼓励臣民，从而树立自己的权威。《韩非子・难势》说：“势必于自然，则无为言于势矣。吾所为言势者，言人之所设也。”[③]王威威解释道：“而他所讲的‘人设之势’实质为赏罚权。这一赏罚权为君主所掌握，就可以保证国家得治，如果君主背离法度、丢掉权势，就会使国家陷于混乱。”[④]

与“术”“势”结合的“法”有其自身特质。韩非之法，是出自官府、符合民心的法令，慎职守法者得到奖赏，不遵法令、胡乱制定法令的人必受到惩罚，这才是臣子应该学习的。“法者，宪令著于官府，刑罚必于民心，赏存乎慎法，而罚加乎奸令者也，此臣之所师也。”（《韩非子・定法》）[⑤]“明主之表易见，故约立；其教易知，故言用；其法易为，故令行。三者立而上无私心，则下得循法而治，望表而动，随绳而斫，因攒而缝。”（《韩非子・用人》）[⑥]明主需要颁行简明、通俗，具有实际操作性的法律，并清楚地向社会大众公布，使百姓快速理解，并自觉加以遵守，社会秩序便能井然有序。在韩非子的理论

① ［战国］商鞅、韩非子：《商君书・韩非子》，第 75 页。
② ［战国］商鞅、韩非子：《商君书・韩非子》，第 253 页。
③ ［战国］商鞅、韩非子：《商君书・韩非子》，第 253 页。
④ 王威威：《“理”“势”“人情”与“自然”——韩非子的“自然”观念考察》，《晋阳学刊》2019 第 2 期。
⑤ ［战国］商鞅、韩非子：《商君书・韩非子》，第 257 页。
⑥ ［战国］商鞅、韩非子：《商君书・韩非子》，第 156 页。

构想中，贵族、智者、勇者、大臣、匹夫都得平等地遵守法令，公平赏罚：“法不阿贵，绳不挠曲。法之所加，智者弗能辞，勇者弗敢争。刑过不避大臣，赏善不遗匹夫。”（《韩非子·有度》）[①]

“法”“术”“势”作为具有高现实性、操作性的治国手段，为韩非子所向往的有序政治提供了制度上的保障。虽然韩非子也多次提及君主“虚静”、养德、去其好恶，提倡执政者、官吏皆克制私心私欲、去私立公。但其强调刑罚在社会治理中的作用，提倡“以刑去刑”：“行刑，重其轻者，轻者不至，重者不来，此谓以刑去刑。罪重而刑轻，刑轻则事生，此谓以刑致刑，其国必削。”（《韩非子·饬令》）[②] 只有做到“重轻”即轻罪重罚，才能威慑到潜在的犯罪者，使其不敢以身试法，如是刑法便没有了惩戒功能，也就不必存在，这就是“以刑去刑”。韩非的治国方略是以“正明法，陈严刑”为基础的：“故其治国也，正明法，陈严刑，将以救群生之乱，去天下之祸，使强不陵弱，众不暴寡，耆老得遂，幼孤得长，边境不侵，君臣相亲，父子相保，而无死亡系虏之患，此亦功之至厚者也。”（《韩非子·奸劫弑臣》）[③] 人人都懂法，知道何事可为，何事不可为，害怕因为触犯国家法令而遭到惩戒，人人自律，便达到一种自治的境界，构建出一个“至德复立”的社会，“强不陵弱，众不暴寡，耆老得遂，幼孤得长，边境不侵，君臣相亲，父子相保”。韩非也呼吁“至德”的回归，但他强调明法严法，以轻罪重罚为治理手段，这已经彻底否决了儒家以“德”治国、教化养民的为政之道，也与《黄帝四经》“刑德相养”“德主刑辅”的法治思想大相径庭。

三 关于人性论起点的差异

《黄帝四经》不以善恶论人性，而是认为人之本性就是生而具有的自然

---

① ［战国］商鞅、韩非子：《商君书·韩非子》，第 80 页。
② ［战国］商鞅、韩非子：《商君书·韩非子》，第 298 页。
③ ［战国］商鞅、韩非子：《商君书·韩非子》，第 107 页。

性情，其中最重要的是好恶之情，所喜好者即为“欲”“利”，所厌恶者即为“恶”“害”，人的自然性情就是“趋利避害”，就是“自为”。由此《黄帝四经》主张“因”人之情，在制定法令的时候要“从其俗”，满足百姓生存、繁衍的基本欲望。“天因而成之。弗因则不成，［弗］养则不生。夫民之生也，规规生食与继。不会不继，无与守地；不食不人，无与守天。”（《十六经·观》）[①] 同时，为了避免过多的欲望蒙蔽了“自为”的天性，为政者必须克制欲望，即破除“嗜欲”。向内需修炼心性，去除心中私意，不惑于情感意志和外物的束缚。向外则执规守矩，“以法为符”，依“法”实施赏罚，对人性进行引导。于是，在《黄帝四经》的社会治理构想中，“法”便出现了，“道”由此“生”出了“法”。

法家之“法”的人性论逻辑与此不同，无论慎到、商鞅还是韩非，都更为注重人性在生活实践上的具体表现，以及这样的表现可能造成的后果，并不太关心人性是什么，人性从何而来。韩东育认为：“法家对人性的评判是后天原则，而不是先天原则；是事实判断，而不是价值判断；是现实主义而非理想主义。”[②]

法家在言及人性时，更多提及的是人情，认为人情就是人类好利恶害的现实表现，这与《黄帝四经》中所言的人情逻辑起点是一致：

> 天道，因则大，化则细。因也者，因人之情也。人莫不自为也，化而使之为我，则莫可得而用矣。（《慎子·因循》）[③]
>
> 匠人成棺，不憎人死，利之所在，忘其丑也。（《慎子·逸文》）[④]
>
> 能辞万钟之禄于朝陛，不能不拾一金于无人之地；能谨百节之

① 陈鼓应注译：《黄帝四经今注今译》，第 210 页。
② 韩东育：《〈性自命出〉与法家的人情论》，《史学集刊》2002 年第 2 期。
③ 许富宏：《慎子集校集注》，第 24—25 页。
④ 许富宏：《慎子集校集注》，第 83 页。

礼于庙宇，不能不弛一容于独居之余。盖人情每狎于所私故也。（《慎子·逸文》）[①]

一个人可能会短暂地表现出对名利的不在乎，压抑自己“逐利”的自然人性，但终究在私下独处之时会暴露，因为对名利的不在乎，行为并不符合人的本性。

商鞅也认为人性是从自我需求出发：“民之性，饥而求食，劳而求佚，苦则索乐，辱则求荣，此民之情也。民之求利，失礼之法；求名，失性之常。”（《商君书·算地》）[②] 但正因好利而恶害是人情之常，所以百姓可治：“人君（生）而有好恶，故民可治也。”（《商君书·错法》）[③]

在对于人性的治理对策，慎到和商鞅所代表的法家也和《黄帝四经》一样，提出了“因循”，因人情而制定法令：“故用人之自为，不用人之为我，则莫不可得而用矣。此之谓因。”（《慎子·因循》）[④] 韩东育对此评析说：“（法家）既知人情好利，则所有的治国原则、大政方针乃至铺规里法，都应自觉地建立在对‘人情好利’之现实‘必然’的充分认识的基础上，而不是建立于某种‘应然’而非现实，惟此也极易流为虚幻的假设的基础上。”[⑤]

韩非继承了其老师荀子情心两分的人性观念，以情来释性，荀况认为：“若夫目好色，耳好声，口好味，心好利，骨体肤理好愉佚，是皆生于人之情性者也，感而自然，不待事而后生之者也。”（《荀子·性恶》）[⑥] 韩非也认为人情好利而恶害：“夫安利者就之，危害者去之，此人之情也。”（《韩非子·奸劫弑臣》）[⑦] 并认为“欲利之心”是人的天性，不可避免：“人无毛羽，不衣

---

① 许富宏：《慎子集校集注》，第 106 页。
② 高亨：《商君书注译》，中华书局，1974 年，第 156 页。
③ 高亨：《商君书注译》，第 226 页。
④ 许富宏：《慎子集校集注》，第 25 页。
⑤ 韩东育：《徂徕学派与法家的“人情论”》，《日本研究》2002 年第 5 期。
⑥ 安小兰译注：《荀子》，中华书局，2007 年，第 271—272 页。
⑦ ［战国］商鞅、韩非子：《商君书·韩非子》，第 105 页。

则不犯寒。上不属天而下不著地，以肠胃为根本，不食则不能活，是以不免于欲利之心。”（《韩非子·解老》）[①] 他不谈人性善恶，但其人性论也有从“道”至“德”再到仁、义、礼的推衍：“道有积而德有功，德者，道之功。功有实而实有光，仁者，德之光。光有泽而泽有事；义者，仁之事也。事有礼而礼有文；礼者，义之文也。”（《韩非子·解老》）[②] 韩非子认为，“仁”“义”“礼”这些人性品质是“德”的表现。“道”经过覆理的过程实现了天德到人德之间的转移，这种人德体现出来便是人的本质，人的生心。也就是说从人性论的构成来讲，韩非和其师荀子一样是“伦理向”的，认为仁、义、礼是人天性的组成部分，但在人性论生成的逻辑上，韩非又和老庄相似，认为“道”是仁、义、礼的源头，“德”只是“道”之功，“德”在人身上的体现便是仁、义、礼等伦理德目。可见，韩非是在荀子及老庄的人性论基础上论述自己的人性论的。

韩非子把人的基本需求作为人性论中最基本的逻辑起点，因为人穿衣吃饭这样的欲求是不需要去证明的，是不证自明的铁律。以吃、穿为人情的源头，层层递进，从最基本的口腹之情再到享乐之欲，阐述人情好利在社会各个阶层、各种关系上的具体体现。韩非子认为，只要是人，“以欲利计”就在所难免，这是人的本质，而这也决定了整个社会中各种各样的人际关系都将是在围绕着“利”来进行。

> 人为婴儿也，父母养之简，子长而怨；子盛壮成人，其供养薄，父母怒而诮之。子、父，至亲也，而或谯或怨者，皆挟相为而不周于为己也。……皆挟自为心也。故人行事施予，以利之为心，则越人易和；以害之为心，则父子离且怨。（《韩非子·外储说左上》）[③]
>
> 且父母之于子也，产男则相贺，产女则杀之。此俱出父母之怀衽，

---

① ［战国］商鞅、韩非子：《商君书·韩非子》，第 129 页。
② ［战国］商鞅、韩非子：《商君书·韩非子》，第 123 页。
③ ［战国］商鞅、韩非子：《商君书·韩非子》，第 190—191 页。

然男子受贺，女子杀之者，虑其后便、计之长利也。故父母之于子也，犹用计算之心以相待也，而况无父子之泽乎？（《韩非子·六反》）①

卫人嫁其子而教之曰：“必私积聚。为人妇而出，常也。其成居，幸也。”其子因私积聚。其姑以为多私而出之。其子所以反者，倍其所以嫁。其父不自罪于教子非也，而自知其益富。（《韩非子·说林》）②

父之所以欲有贤子者，家贫则富之，父苦则乐之；君之所以欲有贤臣者，国乱则治之，主卑则尊之。（《韩非子·忠孝》）③

人臣之情，非必能爱其君也，为重利之故也。（《韩非子·二柄》）④

《韩非子》所呈现的是出乎人情、以“利”相交的社会现实。父母子女之间、夫妻之间，君臣之间，莫不如是。即或是宏图霸业的万乘之主、千乘之君，后妃、夫人、适子也可能从自己的私利私欲出发，希望他早死：

且万乘之主，千乘之君，后妃、夫人、适子为太子者，或有欲其君之蚤死者。何以知其然？……人主弗知，则乱多资，故曰：“利君死者众，则人主危。”（《韩非子·备内》）⑤

从人性上来看，韩非子把每一个大臣看成精致的利己主义者，为了自身的利益，他们至少有八种行为可以危害到君主的统治，随时都有可能变为奸臣，此为“八奸”，包括“同床”“在旁”“父兄”“养殃（宠物）”“民萌（招揽民心）”“流行（延揽辩士）”“威强（蓄养门客游侠）”“四方（结交他国）”。同时，韩非认为民智等同于婴儿之心，只看到眼前的利害得失，不懂得取小害获大利的道理：“民智之不可用，犹婴儿之心也。夫婴儿不剔首则腹痛，不揊痤则寖益。剔首、揊痤必一人抱之，慈母治之，然犹啼呼不止，

---

① ［战国］商鞅、韩非子：《商君书·韩非子》，第 268 页。
② ［战国］商鞅、韩非子：《商君书·韩非子》，第 145 页。
③ ［战国］商鞅、韩非子：《商君书·韩非子》，第 294 页。
④ ［战国］商鞅、韩非子：《商君书·韩非子》，第 82 页。
⑤ ［战国］商鞅、韩非子：《商君书·韩非子》，第 114—115 页。

婴儿子不知犯其所小苦致其所大利也。”（《韩非子·显学》）[①] 韩非子以“楚王好细腰”的故事来说明民众只会无脑效仿君上之所好，一如“乌合之众”：“故越王好勇而民多轻死；楚灵王好细腰而国中多饿人。”（《韩非子·二柄》）[②]“凡人难变古者，惮易民之安也。夫不变古者，袭乱之迹；适民心者，恣奸之行也。民愚而不知乱，上懦而不能更，是治之失也。人主者，明能知治，严必行之，故虽拂于民心，必立其治。”（《韩非子·南面》）[③]

在臣下与百姓都各有私欲私心的情况下，君主要对自己的能力保持清醒的认识，学会借力打力，以物治物，利用人性人情去治理国家：“且夫物众而智寡，寡不胜众，智不足以遍知物，故则因物以治物。下众而上寡，寡子胜众者，言君不足以遍知臣也，故因人以知人。”《韩非子·难三》[④] 人情好利恶害，好生恶死，可利用赏罚来使臣下、百姓为己所用：“凡治天下，必因人情。人情者，有好恶，故赏罚可用。”（《韩非子·八经》）[⑤] 人们只有在谋取更大利益的时候才会做一些利他的举动。当人们所追求的利益与自己的生命发生冲突之时，人会毫不犹豫地选择生命而放弃前者，可见生命是大利。“夫有天下，大利也，犹不为者，知必死，故不必得也，则虽辜磔，窃金不止；知必死，则天下不为也。”（《韩非子·内储说上》）[⑥] 由此，只有厚赏良田大宅、高爵厚禄、美名令誉、财物帛金，才能刺激士、民为主上尽力：“夫上所以陈良田大宅，设爵禄，所以易民死命也。”（《韩非子·显学》）[⑦]“利之所在民归之，名之所彰士死之。”（《韩非子·外储说左上》）[⑧] 国家的“公利”与匹夫的“私

---

① ［战国］商鞅、韩非子：《商君书·韩非子》，第 292 页。
② ［战国］商鞅、韩非子：《商君书·韩非子》，第 82 页。
③ ［战国］商鞅、韩非子：《商君书·韩非子》，第 117 页。
④ ［战国］商鞅、韩非子：《商君书·韩非子》，第 246 页。
⑤ ［战国］商鞅、韩非子：《商君书·韩非子》，第 275 页。
⑥ ［战国］商鞅、韩非子：《商君书·韩非子》，第 166 页。
⑦ ［战国］商鞅、韩非子：《商君书·韩非子》，第 289 页。
⑧ ［战国］商鞅、韩非子：《商君书·韩非子》，第 185 页。

便”往往是相悖的：“匹夫有私便，人主有公利。不作而养足，不仕而名显，此私便也。息文学而明法度，塞私便而一功劳，此公利也。”（《韩非子·八说》）[①]这种时候，就应该采用法律手段促使匹夫为“公利”放弃自己的“私便”。而只有严刑峻法之下，百姓感觉自己的生命受到威胁，这才会放弃自己的私利，采取利他或利国的行为。故而韩非强调严刑峻法，对于怯懦懒惰的人绝不法外容情：“夫严刑者，民之所畏也；重罚者，民之所恶也。故圣人陈其所畏以禁其邪，设其所恶以防其奸。”（《韩非子·奸劫弑臣》）[②]“民之政计，皆就安利如辟危穷。今为之攻战，进则死于敌，退则死于诛，则危矣。”（《韩非子·五蠹》）[③]爱怜百姓，轻刑罚只会导致国家危难：“夫严刑重罚者，民之所恶也，而国之所以治也。哀怜百姓轻刑罚者，民之所喜，而国之所以危也。”（《韩非子·奸劫弑臣》）[④]

与《黄帝四经》和商鞅、慎到一样，韩非子也强调“因循”，因循“道”，顺应自然规律，顺应天理人情，在做人、做事上无一不会取得成功。韩非的理想人格是能全“大体”之人：“望天地，观江海，因山谷、日月所照，四时所行，云布风动；不以智累心，不以私累己；寄治乱于法术，托是非于赏罚，属轻重于权衡；不逆天理，不伤情性；不吹毛而求小疵，不洗垢而察难知；不引绳之外，不推绳之内；不急法之外，不缓法之乎内；守成理，因自然；祸福生乎道法，而不出乎爱恶；荣辱之责在乎己，而不在乎人。故至安之世，法如朝露，纯朴不散，心无结怨，口无烦言。故车马不疲弊于远路，旌旗不乱于大泽，万民不失命于寇戎，雄骏不创寿于旗幢；豪杰不著名于图书，不录功于盘盂，记年之牒空虚。故曰：利莫长于简，福莫久于安。”（《韩非子·大体》）[⑤]陈

① ［战国］商鞅、韩非子：《商君书·韩非子》，第 272 页。
② ［战国］商鞅、韩非子：《商君书·韩非子》，第 108 页。
③ ［战国］商鞅、韩非子：《商君书·韩非子》，第 287 页。
④ ［战国］商鞅、韩非子：《商君书·韩非子》，第 107 页。
⑤ ［战国］商鞅、韩非子：《商君书·韩非子》，第 159 页。

奇猷对“大体”解释道：“据此，则是以事分为整体和局部，著目于事之整体，则能见事之全面，能见其全面，自能挈其要领，故自全面而看其事以挈其要谓之大体。”[①] 也就是说，“道”为整体，“人性”“人情”为部分，因循“道”便是因循人情，不随意援引法则准绳之外的法令规则作为行为依据，也不推诿法则准绳之内的行为规范。形而下落实到人情，“因人情而治”便有了理论上的立足点。

韩非的人性论只讲客观事实，这体现出了法家一贯的强调现实、注重事功的思维方式。韩非《韩非子》的“道法”与《黄帝四经》的“道生法”都是从“道”出发，提倡“因循”天道而探究人性、利用人性，但也许是由于《韩非子》的作者看多了政治领域中君臣离心、下臣犯上，夫妻反目、父子亲戚相残等黑暗事例，其人性论过分强调人情中自私自利的一面，从而推导出严刑峻法的治理方式。相较之下，《黄帝四经》的人性论更偏向于老庄“自足”“自为”的一面，在治国方略上强调“法”要满足民众基本的生存繁衍之欲望，按照天道的“四时刑德”的规律来实施奖惩赏罚，刑德相养，德主刑辅。二者同源而异途。

---

① ［战国］韩非子著，陈奇猷校注：《韩非子新校注》，第556页。

第五章

养生与治国：黄老『道法』体系的两大层面

在黄老之学中，身国同治一直是其最为突出的特征之一。黄老学者喜欢以养生比喻治国。《吕氏春秋》中录有一段田骈游说齐王的话：“臣之言，无政而可以得政。譬之若林木，无材而可以得材。愿王之自取齐国之政也。”并解释道：“骈犹浅言之也，博言之，岂独齐国之政哉！变化应求而皆有章，因性任物而莫不宜当，彭祖以寿，三代以昌，五帝以昭，神农以鸿。”[①] 意即治国要把握物之“性”，依据其不同的特性给予恰当的运用。彭祖之寿与三代之昌、五帝之昭、神农之鸿是并列的国家大治之貌，可见养生长寿也是国家大治的前提。

曹峰认为，黄老道家的基本特征包括“从天道到人道”和“从养生到治国”，“从天道到人道”指黄老道家借助阴阳家的天道阴阳等概念，“让社会政治和大众生活完全按照来源于自然秩序的法则运行”。“从养生到治国”则是指“只有通过养生才能让圣人体道、得道”，“从而顺理成章地成为天下的主宰”。[②] 对于统治者而言，养生即体悟“道”并履行之，最终成为通晓并顺应“天道”“人道”“物性”的“执道者”，如此制定出来的法令与政策并非强制为百姓做主，而是符合人性与天道的，就像《经法·道法》所说：“故唯执［道］者能上明于天之反，而中达君臣之半，富密察于万物之所终始，而弗为主。故能至素至精，悎（浩）弥无刑（形），然后可以为天下正。”[③] 可见，“道”生“法”需要“执道”的“明君”“圣君”，而“执道者”需以“养生”为先决条件。

《黄帝四经》将身体与政治联系起来的一个理论根源是老庄。老子认为，善于保养身体，必然可以托付天下。所谓“宠辱若惊，贵大患若身”，“故贵以身为天下，若可寄天下，爱以身为天下，若可托天下”[④]：

---

① 许维遹撰，梁运华整理：《吕氏春秋集释》卷第十七《审分览·执一》，中华书局，2009 年，第 470 页。

② 曹峰：《近年出土黄老思想文献研究》，中国社会科学出版社，2015 年，第 34 页。

③ 陈鼓应注译：《黄帝四经今注今译》，商务印书馆，2016 年，第 31 页。

④ ［魏］王弼注，楼宇烈校释：《老子道德经注校释》，中华书局，2016 年，第 29 页。

> 宠辱若惊，贵大患若身。何谓宠辱若惊？宠，为下得之若惊，失之若惊，是谓宠辱若惊。何谓贵大患若身？吾所以有大患者，为吾有身，及吾无身，吾有何患？故贵以身为天下，若可寄天下；爱以身为天下，若可托天下。（通行本《老子》第十三章）①

同样的观点亦见于《庄子·在宥》，假托黄帝与广成子之口，叙述了善治身者可以治国的道理。

> 黄帝立为天子十九年，令行天下，闻广成子在于空同之上，故往见之，曰："我闻吾子达于至道，敢问至道之精。吾欲取天地之精，以佐五谷，以养民人，吾又欲官阴阳，以遂群生，为之奈何？"广成子曰："而所欲问者，物之质也；而所欲官者，物之残也。自而治天下，云气不待族而雨，草木不待黄而落，日月之光益以荒矣，而佞人之心翦翦者，又奚足以语至道哉！"黄帝退，捐天下，筑特室，席白茅，闲居三月，复往邀之。广成子南首而卧，黄帝顺下风膝行而进，再拜稽首而问曰："吾闻子达于至道，敢问，治身奈何而可以长久？"广成子蹶然而起，曰："善哉问乎！来！吾语汝至道。至道之精，窈窈冥冥；至道之极，昏昏默默。无视无听，抱神以静，形将自正。心静必清，无劳汝形，无摇汝精，乃可以长生。目无所见，耳无所闻，心无所知，汝神将守形，形乃长生。慎汝内，闭汝外，多知为败。我为汝遂于大明之上矣，至彼至阳之原也；为汝入于窈冥之门矣，至彼至阴之原也。天地有官，阴阳有藏，慎守汝身，物将自壮。我守其一以处其和，故我修身千二百岁矣，吾形未常衰。"黄帝再拜稽首曰："广成子之谓天矣！"（《庄子·在宥》）②

---

① ［魏］王弼注，楼宇烈校释：《老子道德经注校释》，第28—29页。

② 陈鼓应注译：《庄子今注今译》，中华书局，2009年，第304—305页。

黄帝问“至精之道”，“欲取天地之精，以佐五谷，以养民人。吾又欲官阴阳，以遂群生。”广成子告知黄帝，他所问的“至精之道”为万物的本质，所想掌管的“阴阳”与“群生”又是形质分化的弃余与碎片，（应该从整体来把握物性），不如顺其自然，领受至道运行的道理。黄帝受此教诲，隐居三月。复问广成子，“治身奈何可以长久？”广成子认为黄帝问到点子上了。“慎守汝身，物将自壮。”“慎守汝身”即“以你的身体领悟天道人道及物性合一的道理”，也就是后面所说的“守其一以处其和”，万物将顺其物性而自然繁茂。也就是将治身当作治国的前提。胡孚琛等认为，庄子在身、家、国、天下四者关系上，是以“身”为本位的。[①]

《黄帝四经》也设置了与庄子类似的黄帝问政的场景：“黄帝问阉冉曰：吾欲布施五正，焉止焉始？对曰：始在于身，中有正度，后及外人。外内交绥（接），乃正于事之所成。”（《十六经·五正》）[②]于是黄帝辞国三年以自求，终有所成。黄老学派著作《管子·内业》勾画了由身体而国政的轨迹：“圣人与时变而不化，从物而不移。能正能静，然后能定。定心在中，耳目聪明，四枝坚固，可以为精舍……人能正静，皮肤裕宽，耳目聪明，筋信而骨强，乃能戴大圜而履大方，鉴于大清，视于大明，敬慎无忒，日新其德，遍知天下，穷于四极。敬发其充，是谓内得。然而不反，此生之忒。”[③]还提出“形不正者德不来，中不精者心不治。正形饰德，万物毕得。翼然自来，神莫知其极”《管子·心术下》[④]，认为形貌之美是得道的外在表现。可见，黄老学说的“养身”与老庄重在养“精”“神”不全然一致，重在养形，比较而言更类似杨朱的贵己说。杨朱“贵己贵生”，强调外在的形，论养生之时多以毫毛、肌肤、骨节

① 胡孚琛、李锡琛：《道学通论》，社会科学文献出版社，1999 年，第 25 页。
② 陈鼓应注译：《黄帝四经今注今译》，第 233 页。
③ 黎翔凤撰，梁运华整理：《管子校注》，中华书局，2004 年，第 937—939 页。
④ 黎翔凤撰，梁运华整理：《管子校注》，第 778 页。

为例。[①]身体是黄老学说中连接“心术”与“治术”的重要载体，修炼者借由身体来体悟“道”，并经由身体经验的启发，把“道”的力量由个人发散至整个国家，乃至宇宙。这就是“执一而不失，能君万物，日月之与同光，天地之与同理，圣人裁物，不为物使”的道理。[②]“欲爱吾身，先知吾情。君亲六合，以考内身。以此知象，乃知行情。既知行情，乃知养生。”进而实现“无迁无衍，命乃长久”的追求，并能远知天下，成为“一以无贰，是谓知道”的得道者。[③]

由“道法”推衍而来的“治法”，如果要在政治实践中落实，要先从“治身”开始，这在帛书《黄帝四经》“五正”论中阐述得非常明确：

> 黄帝问阉冉曰：吾欲布施五正，焉止焉始？对曰：“始在于身，中有正度，后及外人。外内交绥（接），乃正于事之所成。”（《十六经·五正》）[④]

这里的“五正”可以理解为“己身与四方之正”，也就是从“君主本身之正推至外人之正、万事之正”[⑤]。这种主张的基本逻辑是由“内正”到“外正”。黄老道家以身为万事之本的思想，与儒家经典《大学》所持有的修身、齐家、治国、平天下的主张非常相似。或者说，以修身为本是儒道两家的共同特征。不同的是，儒家以伦理德性为主，道家则以持虚守静为主，用老子的话来说就是“致虚极，守静笃”。

如何实现自身的“中有正度”，《十六经·五正》继续通过黄帝与阉冉的对话，提出了“深伏于渊，以求内刑”的主张：

> 黄帝问：吾身未自知，若何？对曰：后身未自知，乃深伏于渊，以求内刑。内刑已得，后[乃]自知屈其身。黄帝曰：吾欲屈吾身，

① 王博：《论杨朱之学》，《道家文化研究》第十五辑，生活·读书·新知三联书店，1999年，第144—145页。
② 黎翔凤撰，梁运华整理：《管子校注》卷一三《心术下》，第780—781页。
③ 黎翔凤撰，梁运华整理：《管子校注》卷一三《白心》，第810—811页。
④ 陈鼓应注译：《黄帝四经今注今译》，第233页。
⑤ 李学勤：《〈鹖冠子〉与两种帛书》，《道家文化研究》第一辑，上海古籍出版社，1992年，第342页。

屈吾身若何？对曰：道同者，其事同；道异者，其事异。今天下大争，时至矣，后能慎勿争乎？黄帝曰：勿争若何？对曰：怒者血气也，争者外脂肤也。怒若不发，浸廪是为癰疽。后能去四者，枯骨何能争矣。黄帝于是辞其国大夫，上于博望之山，谈卧三年以自求也。单（战）才（哉），阉冉乃上起黄帝曰：可矣。夫作争者凶，不争［者］亦无成功。何不可矣？[①]

“五正”在阉冉看来是通过“内刑”实现的。其中“刑”也可以理解为“正”，如孟子曰：“《诗》云：刑于寡妻，至于兄弟，以御家邦。”赵岐注：“刑，正也。”[②]另外，在《广雅·释诂》中，“刑”与“正”也可以互训。[③]所以，“内刑”即“内正”。《管子》中也有与“内刑”意义相近的描述：“以刑役心”，“凡心之刑，自充自盈，自生自成”（《管子·内业》）[④]。“心刑”也就是自我完善，在阉冉看来，黄帝如果实现了“内刑”的自我完善，就自然地知道“屈其身”，从而自然有效地克制自己。黄帝问：“吾屈吾身，屈吾身若何？”阉冉答：“道同者其事同，道异者其事异。今天下大争，时至矣，后能慎勿争乎？”对于“道同者其事同”和“道异者其事异”的理解，至今未见到很好的解释。陈鼓应先生认为，其中的“道”指“观点”“主张”，“事”指“举措应对”，全句的意思则是“根据观点和主张的是否相同，来决定如何去应对”[⑤]。这种解释并不能表达出“屈身”的意义。联系下文我们可以发现，针对黄帝“屈吾身若何？”的问题，阉冉回答“道同者其事同，道异者其事异”是为了引出下一个核心问题“勿争”。阉冉阐释如何达到“勿争”说，像枯骨那样便不会再争，其条件是祛除身上的血、气、脂、肤。在阉冉眼里，人身的

① 陈鼓应注译：《黄帝四经今注今译》，第 236 页。

② ［清］阮元：《十三经注疏》，中华书局，2009 年，第 5808 页。

③ ［清］王念孙著，钟宇讯点校：《广雅疏证》，中华书局，1983 年，第 11 页。

④ 黎翔凤撰，梁运华整理：《管子校注》，第 931 页。

⑤ 陈鼓应注译：《黄帝四经今注今译》，第 238 页。

血气会导致“怒”，而脂肤则会产生“争”，如果“怒”得不到发泄，浸淫于其中，就会生出疾病。推广到社会生活中，“怒”与“争”的关系就像是血气与脂肤的关系一样。要消灭肌肤上出现的痈疽，必须先抑制血气。同理，要想达到“勿争”的境界，先得在内心“止怒”。而“内刑”（内正）显然是“止怒”的重要手段。这就是“道同者其事同，道异者其事异”的含义所在：抑制血气可以消除肌肤上的痈疽脓疮，息怒可以止争，推而广之，祛除血、气、脂、肤这些人生而具有的东西，如同枯骨一般，就可以更好地认知自我。其中的“道”是相通的。

《经法·道法》中也有“四害”的说法：“生有害，曰欲，曰不知足。生必动，动有害，曰不时，曰时而□。动有事，事有害，曰逆，曰不称，不知所为用。事必有言，言有害，曰不信，曰不知畏人，曰自诬，曰虚夸，以不足为有余。”[①]“四害”即生害、动害、事害、言害。“生有害，曰欲，曰不知足”源于《老子》之“祸莫大于不知足，咎莫大于欲得”（通行本《老子》第四十六章）[②]。老子的“不见可欲，使心不乱”“知足不辱”“知足者富”以及“见素抱朴”“少私寡欲”等思想也都体现在“生有害，曰欲，曰不知足”此句中。结合《经法·道法》提出的“四害”来理解《十六经·五正》的“勿争”，我们可以知道：人因其天生的欲望，导致对于己身或死、或生、或败、或成的结局却不自知，而只有体认到“道”的“执道者”能够摆脱这种局限。为了求得“自身之正”的“内刑”或“心刑”便是“治身”，如同祛除了血、气、脂、肤的枯骨一般，以此实现“道驻于身”，从而能够完全遵循“道法”从事，进而依此“治国”以实现“四方之正”。可以说，“治身”与“治国”是同一个道理的两个方面。[③]

① 陈鼓应注译：《黄帝四经今注今译》，第 5 页。

② ［魏］王弼注，楼宇烈校释：《老子道德经注校释》，第 125 页。

③ 冯友兰：《中国哲学史新编》上卷，人民出版社，1998 年，第 376 页。

黄老学说不仅论述治身的意义，还提供了一系列养生的方法、规则、手段。养生之本是通天道，与天、地、宇宙同频，方法则是通过无所不在的“气”。养生的要义在于修炼“精气”，“精气”含有阴阳二气，与“四时”相感应。只有修炼出“精气”之后，才能把天道与人道结合起来。《十六经·观》曰：“黄帝曰：群群□□□□□□为一囷。无晦无明，未有阴阳。阴阳未定，吾未有以名。今始判为两，分为阴阳，离为四［时］，□□□□□□□［德虐之行］，因以为常。其明者以为法，而微道是行。行法循□□□牝牡。牝牡相求，会刚与柔。柔刚相成，牝牡若刑（形）。下会于地，上会于天。得天之微，时若□□□□□□□□□□寺（恃）地气之发也，乃梦（萌）者梦而兹（孳）者兹（孳），天因而成之。”[①] 此处详细描绘了天地阴阳的生成过程，认为天地未生之时混沌不明，天地分开后，便分成了阴阳，离析为春夏秋冬四时。阴阳聚合，刚柔相济，而生万物。《管子》在天地、阴阳创生之后又明确提出了“精气”的概念：“凡物之精，此则为生，下生五谷，上为列星。流于天地之间，谓之鬼神；藏于胸中，谓之圣人。”（《管子·内业》）[②] 又曰：“思之思之，又重思之，思之而不通，鬼神将通之，非鬼神之力也，精气之极也。”（《管子·内业》）[③] 可见养生要义，是将精气藏于胸中，如此方为圣人。

将养生的手段推衍到治国方面，其中最主要的手段就是“因循”，亦即遵循天地运动规律，遵循物性等。《黄帝四经》中多处体现了因循天时的特点。比如：“禁伐当罪当亡，必虚（墟）其国，兼之而勿擅，是胃（谓）天功。天地无私，四时不息。”（《经法·国次》）[④] “人之本在地，地之本在宜，宜

① 陈鼓应注译：《黄帝四经今注今译》，第 210 页。
② 黎翔凤撰，梁运华整理：《管子校注》，第 931 页。
③ 黎翔凤撰，梁运华整理：《管子校注》，第 943 页。
④ 陈鼓应注译：《黄帝四经今注今译》，第 35 页。

之生在时。”（《经法•君正》）[1]“因天时，伐天毁，谓之武。”（《经法•四度》）[2]强调统治者要效法天道、地道，因循天时，顺应物性，实施征伐，安养百姓。由此，《黄帝四经》从“春夏为德，秋冬为刑”推论出“刑德相养”的道理，《十六经・观》中说：“不靡不黑，而正之以刑与德。春夏为德，秋冬为刑。先德后刑以养生。”[3]“天因而成之。夫并时以养民功，先德后刑，顺于天。”[4]《十六经・姓争》中也说：“刑德皇皇，日月相望，以明其当。……天德皇皇，非刑不行；缪（穆）缪（穆）天刑，非德必顷（倾）。刑德相养，逆顺若成。”[5]

概而言之，调养身体和治理国家遵循的都是由“道”统御的法则，养生遵循的是“道—气”，气生于道，化阴阳，阴阳二气合为“精气”，精气化万物，万物“刑名”相符，便自发地形成符合事物自身的外在秩序。“精行四时”，天道环周，枯荣兴衰，皆是“刑德相养”“文武并行”：“天有死生之时，国有死生之正（政）。因天之生也以养生，胃（谓）之文；因天之杀也以伐死，胃（谓）之武；［文］武并行，则天下从矣。”（《经法・君正》）[6]此处的养生指国政方面的养育生民。由是，便建立了一个“道—天（天道）—阴阳/四时—刑德/刑名—法”的逻辑模式，道由此而生法，治国与养生也因此紧紧地关联在一起。

黄老学派所要达到的政治理想和老庄尊崇的“无为而治”并没有多大差别，但对于这一构想的实现过程，黄老学说较之老庄学说有了相当大的突破与创新。主要体现在：养生方面，强调治心养气聚气、形神相守为一，特重精气在调理、护养生命中的作用；《黄帝四经》及《管子》等黄老著作引入了“神”“神明”

---

① 陈鼓应注译：《黄帝四经今注今译》，第 67 页。
② 陈鼓应注译：《黄帝四经今注今译》，第 119 页。
③ 陈鼓应注译：《黄帝四经今注今译》，第 217 页。
④ 陈鼓应注译：《黄帝四经今注今译》，第 223 页。
⑤ 陈鼓应注译：《黄帝四经今注今译》，第 265 页。
⑥ 陈鼓应注译：《黄帝四经今注今译》，第 65 页。

等概念来搭建从“养气”到“治国”的阶梯，“气”及“精气”构成了人体，参与人体生长、变化的过程。“神”参与万物产生、发展、变化的过程。“养气”可以“通神”，从而明白“道”的神妙是相同的，在天道“八政”“七法”的指导之下，构建人理之“六柄”“三名”。此为“气”在养身与治国之间的贯通。正因为有了“精气”的贯通，便可以把养生的“内刑（内正）”及“心刑（正心）”的方法推及治国领域，“身国同构”的理论便得以实现。比如强调君臣分职，各安其分，并将“无为”改造成“君无为而臣有为”。《管子》四篇将治国者身体诸器官的协调运作同国家官僚系统的运转相比拟，以“无为而制窍”来总结心身关系。以“心术”对应君主对于臣下的统御之术。君主为“心”，臣下为人体的“九窍”。心“处其道”即可，九窍会自然地循理运转。君主万不可越俎代庖。君无为同臣有为的有机结合，正是黄老派治国之道的核心所在。

第一节
“气”在养生与治国间的贯通

“气”与天地、万物、人的关系在《左传》《国语》中已经有较为详细地论述。《左传·昭公元年》曰：“六气曰阴、阳、风、雨、晦、明也，分为四时，序为五节，过则为灾。阴淫寒疾，阳淫热疾，风淫末疾，雨淫腹疾，晦淫惑疾，明淫心疾。”[①] 这是秦医医和为晋侯诊病后得出的“六气病源”学说。此处把“气”分为六种不同的形式，六种不同的形式组成“四时”和“五节”的变化。同时也与人体的疾病相关，可见，以“气”把天道、自然与人体结合起来，是春秋战国时期流行的做法。《国语·周语》中记载“西周三川皆震。伯阳父曰“周将亡矣！夫天地之气，不失其序；若过其序，民乱之也。阳伏而不能出，阴迫而不能烝，于是有地震。今三川实震，是阳失其所而镇阴也。阳失而在阴，川源必塞；源塞，国必亡。”[②] 提出了“天地之气”的概念，并认为“气”处在不断运动之中并有一定的运行法则，如果违反了其运行轨道，就会天崩地裂，发生地震，治理大乱，国家将亡。而且，这段话还提到阳气的运动应该是从地下往上升，与老子所云“万物负阴而抱阳，冲气以为和”是一致的，阳气自下而上，故而地上的万物“抱之”；阴气自上而下，故而地上的万

① ［春秋］左丘明传，［晋］杜预注，［唐］孔颖达疏：《春秋左传正义》，北京大学出版社，2000 年，第 1342 页。

② ［春秋］左丘明著，陈桐生译注：《国语》，中华书局 ，2014 年，第 14 页。

物“负之”。天地之气以阴阳二气上下转换的方式不断地运动着，这是先秦各家气论的共识。

孔子更关注“气”对于人的作用，提出了“血气”的观念：“孔子曰：君子有三戒：少之时，血气未定，戒之在色。及其壮也，血气方刚，戒之在斗。及其老也，血气既衰，戒之在得。”（《论语·季氏篇》）[①]孔子认为血气能够影响人的行为举止，如少年血气未定，认知能力欠缺，则不要被外表迷惑。由此可见，血气是与人体紧密相连的，血气的稳定与人的成长息息相关。朱熹解释孔子“血气”云：其一，血气是“形之所待以生者，血阴而气阳也”，血气是人体形成必须借助的，并用阴阳来分别解释血气；其二，血气具有自然天性，这种自然天性不加以引导教化就会蒙蔽天理人性，应以天理胜血气，不为血气所使；其三，把“血气”与“志气”对举 ，认为血气就是“少未定、壮而刚、老而衰 ”，志气就是 “三戒”，由此，君子应该养志气，不为血气所打动。[②]总的来说，孔子的“血气”更多的指气与人类生命相关联的状态，他探讨的是身体内部之“气”，对于外部的“天地之气”等并未过多地加以阐述描述。

孟子提出“浩然之气”为其“性善论”张目。他认为天地之间有“浩然之气”，此气天然地蕴含“义”与“道”，故而人类选择“道”“义”是天理使然：“我善养吾浩然之气……其为气也，至大至刚，以直养而无害，则塞于天地之间……其为气也，配义与道；无是，馁也。是集义所生者，非义袭而取之也。”（《孟子·公孙丑上》）[③]“浩然之气”非普通之气，其特征为“至大”“至刚”“塞于天地之间”，并“配义与道”，人可以通过“养气”来增强自己的心性修养，

---

① ［魏］何晏注，［宋］邢昺疏，朱汉民整理：《论语注疏》，北京大学出版社，2000 年，第 258 页。

② 朱熹：《四书章句集注》，中华书局，2011 年，第 163 页。

③ ［汉］赵岐注，［宋］孙奭疏，廖名春、刘佑平整理：《孟子注疏》，北京大学出版社，2000 年，第 90—91 页。

尤其应该“善养浩然之气”。这是孟子对于“养气”与心性修炼的明确阐释。

《荀子·礼论》曰：“天地合而万物生，阴阳接而变化起。”[①]认为阴阳二气促成万物四季变化，与《左传》和《国语》的说法一致。在他看来，“气”是人之为人的重要组成部分，但并非唯一元素。《荀子·王制》说到：“水火有气而无生，草木有生而无知，禽兽有知而无义，人有气、有生、有知、亦且有义。”[②]通过人与水火、草木、禽兽的对比，将“气”与“生”（生命）、“知”（知觉）、“义”并列为人类不可或缺之的特性。《荀子·修身》篇中也提到“血气”说，并提出治气养心的方法：“治气养心之术：血气刚强，则柔之以调和；知虑渐深，则一之以易良；勇胆猛戾，则辅之以道顺；齐给便利，则节之以动止；狭隘褊小，则廓之以广大；卑湿、重迟、贪利，则抗之以高志；庸众驽散，则劫之以师友；怠慢僄弃，则炤之以祸灾；愚款端悫，则合之以礼乐，通之以思索。”[③]由此可见，“心”负责知虑，“气”则负责行为。荀子还提出了具体修炼之法：“凡治气养心之术，莫径由礼，莫要得师，莫神一好。”[④]也就是说，遵循礼仪、名师指导、神凝专一，是最好不过的治气养心的办法。

由上可知，儒家的“养气”常结合道义，老庄的“养气”则是另外的方向。《老子》的气参与了宇宙生成及运行过程，“道生一，一生二，二生三，三生万物。万物负阴而抱阳，冲气以为和”（通行本《老子》第四十二章）[⑤]。当万物被创生之后，便“负阴而抱阳，冲气以为和”。也就是说，由上往下的阴气自然笼罩在大地之上，阳气沉匿于大地之下并由下往上运动，万物生长其中，抱着阳气，背负阴气。阴阳二气不断地融合、涌摇、交荡，晦明与四时等才得以出现，宇宙便呈现出以“道”运行的状态。也有人说，“道生一”的“一”

① 安小兰译注：《荀子》，中华书局，2007年，第180页。

② 安小兰译注：《荀子》，中华书局，第90页。

③ 安小兰译注：《荀子》，中华书局，第22—23页。

④ 安小兰译注：《荀子》，中华书局，第23页。

⑤ [魏]王弼注，楼宇烈校释：《老子道德经注校释》，第117页。

即阴阳二气未分化之前的“元气”，如是则“气”更早地参与了宇宙生成的过程，但这种说法并没有在《老子》中得到更多的佐证。我们可以确定的是，万物处于阴气阳气相互对冲、循环往复的运动过程之间，可见“气”是老子的“道”运行及发挥作用的重要载体。

《老子》第二十五章说：“有物混成，先天地生，寂兮寥兮，独立不改，周行而不殆，可以为天下母。吾不知其名，字之曰道，强为之名曰大。”[①] 在老子看来，生成天地万物的“道”自身是不断循环往复运动着的，正所谓“反者，道之动；弱者，道之用”（通行本第四十章）[②]。万物从“道”而生，又复归于本根之“道”，如此往复，“夫物芸芸，各复归其根”（通行本第十六章）[③]。“道”在宇宙、天地、万物间发挥作用的过程，就是阴阳二气相互对冲的过程。

老子还提出了“专气”的概念：“载营魄抱一，能无离乎？专气致柔，能婴儿乎？……生之、畜之，生而不有，为而不恃，长而不宰，是谓玄德。”（通行本第十章）[④] 一般认为“专气”指的是“抟气”，与《管子·内业篇》中“抟气如神，万物备存”是同一意思，都是指集气。集精气与形气，然后保持像婴儿刚出生的样子。具体抟气的方法为“生之，畜之，生而不有，为而不恃，长而不宰”，也就是集聚气体于人体内，让气在体内生长、运行、壮大，但不刻意持有它，控制它，自然而为，就是大德。

《庄子·田子方》中亦有“至阴肃肃，至阳赫赫；肃肃出乎天，赫赫发乎地；两者交通成和而物生焉”[⑤] 的论述，他明确指出，阴气来自于“天”，阳气来自于“地”。这一点与前文提及的《国语》中伯阳父论述地震的成因相似。但庄子认为，阴阳交通，合二为一，可生万物。先有阴阳，才有万物，这

---

① ［魏］王弼注，楼宇烈校释：《老子道德经注校释》，第 62—63 页。

② ［魏］王弼注，楼宇烈校释：《老子道德经注校释》，第 110 页。

③ ［魏］王弼注，楼宇烈校释：《老子道德经注校释》，第 35 页。

④ ［魏］王弼注，楼宇烈校释：《老子道德经注校释》，第 22—24 页。

⑤ 陈鼓应注译：《庄子今注今译》，第 576 页。

与老子所说“万物负阴而抱阳”相悖。老子的阴阳二气运行于万物之间，在宇宙、天地、万物上展现出“道”的功用，也就是赋予万物各自的特性与规律，但这所有的特性与规律都可归于“道”，这就是“冲气以为和”的“和”。庄子的阴阳二气自天地出，交汇融合，相互作用，然后才有万物。可见，比之老子，庄子的“气”更有创生的意义。庄子还说：“人之生，气之聚也。聚则为生，散则为死。”（《庄子·知北游》）[①] 庄子的“气”可生万物，亦可生人，生万物与生人都是同一个“气”，所以庄子“齐物”，认为人与万物本质上是相同的。既然万物都由“气”构成，都是聚则生、散则死的现象，自然就不必有所忧患。此之谓“死生为徙，吾又何患！故万物一也”。“故曰通天下一气耳。圣人故贵一。”（《庄子·知北游》）[②]

除“道”之外，“气”也是黄老哲学沿袭老庄的重要核心词汇。黄老把老庄自然无为的“道”作为宇宙自然的终极根源以及必须遵循的客观法则，保持了老庄之道的宇宙本体和宇宙规律两层含义。并吸取了老庄道家以道为万物之宗和生命本原的思想。同时发挥庄子关于“气”的思想并加以改造，把生命之“道”与生命之“气”联系起来，在解决生命产生、存在、发展和消亡等问题上，更加突出气的作用，使得道、气合而为一，气与道共同成为宇宙万物以及人类生命的本原，逐步建构起以气释道、道气结合的道（气）本原论。

在黄老哲学中，尤其在其生命哲学中，气与道一样具有构成万物的根源和始基的特点，是生命未形成之前的一种状态；同时，气又是世界万物存在发展的根本动力，生命的产生与存在的根源在于阴阳二气的变化流行。与格外关注生命存在形上根据的老庄相较，黄老更关注形成生命的质料、动力、过程等问题，本原之道的形下化、以气释道、以“气”作为专属于人类的生命本原是

---

① 陈鼓应注译：《庄子今注今译》，第 597 页。

② 陈鼓应注译：《庄子今注今译》，第 597 页。

黄老生命哲学本原论的根本特点和重要特色。

《黄帝四经》承继了《老子》“道”的观念，但在对道的描述上却比《老子》更为形象具体。《老子》在谈及“道”体及“道”之为物时云：“有物混成，先天地生，寂兮寥兮，独立不改，周行而不殆，可以为天下母。吾不知其名，字之曰道。”（通行本第二十五章）[①]，“道之为物，惟恍惟惚。惚兮恍兮，其中有象；恍兮惚兮，其中有物。窈兮冥兮，其中有精；其精甚真，其中有信。”（通行本第二十一章）[②] 这一论述使得“道”及“道之为物”的过程具有了极大的抽象性、模糊性，也就令人难以把握“道”之为物的实在过程，从而导致承袭自“道”性的人性及心理行为特征变得更加难以度量和揣摩。《黄帝四经》中对于“道”的论述具有了气的品格特征，《道原》篇曰：“恒无之初，迵同大（太）虚。虚同为一，恒一而止。湿湿梦梦，未有明晦，神微周盈，精静不配（熙）。古（故）未有以，万物莫以。古（故）无有刑（形），大迵无名。天弗能覆，地弗能载。小以成小，大以成大。盈四海之内，又包其外。……万物得之以生，百事得之以成。人皆以之，莫知其名，人皆用之，莫见其刑（形）。”[③] 陈鼓应先生认为，这里“恒无”是指一切皆无，“太虚”是指宇宙、天地，“一”指先天一气，实即“道”，“湿湿梦梦”是形容先天一气的混沌状态。这是说，在最初一切皆无的洪荒时代，宇宙天地还处于混同混沌的状态，空虚混同成为先天一气，除此恒定的一气（道）之外，别无他物。先天一气涌动聚合不分，没有白天黑夜。先天一气神妙微奥、周密充盈，精细宁静而不显耀。气（道）好像不存在，万物似乎也并不依赖于它。气（道）没有固定的形态和名称，天不能覆、地不能载，但是却可以精微纤细成就小物，也可以广大浩渺成就大物。

① ［魏］王弼注，楼宇烈校释：《老子道德经注校释》，第 62—63 页。

② ［魏］王弼注，楼宇烈校释：《老子道德经注校释》，第 52 页。

③ 陈鼓应注译：《黄帝四经今注今译》，第 399 页。

它充满于四海之内，而且可以涵盖四海以外的一切世界。[①]可见，这里的道表示宇宙未形之前的混沌状态，这种状态无名无形而又客观存在，是一切宇宙万物的存在根源，这是一种类似于气的状态。正如滕复先生所言，在这里的“道”虽然仍同于太虚，是无形无名的，但是已经同“气”一样，既能化成小物，充盈于四海之内，又包裹在四海之外。大至宏观天体，小至微观之极，飞鸟、走兽、百事、万物都由道所直接化生构成，这与老子那里“道”不是直接化生万物而要经过几个环节和过程的说法截然不同。因此，无形的“道”就已不再是绝对的精神实体，而是类似于气的物质存在的一种相对形态；“道”也不再是万事万物的造物主，而是构成万事万物的最基本元素。[②]的确如此，《黄帝四经》中的道具有了气的特征，从某种程度上说，道即气，气即道，这也是黄老道家生命本原论的最重要特征。道与气在《黄帝四经》中已经开始结合，共同作为生命的本原出现，黄老道家的生命哲学道（气）本原论在《黄帝四经》中初步形成。

《十六经・观》曰：“黄帝曰：群群□□□□□□为一囷。无晦无明，未有阴阳。阴阳未定，吾未有以名。今始判为两，分为阴阳，离为四［时］，□□□□□□□［德虐之行］，因以为常。其明者以为法，而微道是行。”[③]此处的“群群□□□□□□为一囷”“无晦无明”说的是先天之“道”没有形状，没有明暗，无以名状。道分阴阳、四时，刚柔相成，才生有万物。《黄帝四经》并不像《老子》一样，强调阴阳二气“冲气以为和”形成万物，其强调的是“道”的运动。“道”是本原，亦是规定性与规律的总括，还是依赖其规定性与规律不停发展、变化、运作的原始推动力。“道”的运作与运动生成了宇宙万物。《黄帝四经》将老子天道“周行而不殆”的抽象运动具象化为日月

① 陈鼓应注译：《黄帝四经今注今译》，第 399—402 页。
② 滕复：《黄老哲学对老子“道”的改造和发展》，《哲学研究》1986 年第 9 期。
③ 陈鼓应注译：《黄帝四经今注今译》，第 210，426—427 页。

星辰运行、四季更替的规律变化。《十六经·姓争》曰：“天道环［周］。”[①]又云：“天稽环周。”[②]强调人应该效法天道运行的规律，适时采取行动。并认为“四时”的轮转是天道运行的体现：“日月星辰之期，四时之度，［动静］之立（位），外内之处，天之稽也。”（《经法·四度》）[③]《吕氏春秋》“精行四时”的“圜道说”将老子天道“周行而不殆”的抽象运动具体到四时之气的规律变化：“精行四时，一上一下，各与遇，圜道也。”[④]这与《庄子》“环中”说所主张的气化流行观念也有一定关系。庄子认为万物都处于“物化”之中，“物化”的本质是气化流行。万物形态各异，以不同形态相互变化、传接，实质上都是一气的流行。《庄子·寓言》曰：“万物皆种也，以不同形相禅，始卒若环。”[⑤]《庄子·则阳》则曰：“冉相氏得其环中以随成，与物无终无始，无几无时。日与物化者，一不化者也，阖尝舍之！”[⑥]《庄子·至乐》云：“杂乎芒芴之间，变而有气，气变而有形，形变而有生。”[⑦]“圜道”之“圜”与“环中”之“环”同样是强调气化流行的循环往复。庄子的“环中”强调的是人面对万物“始卒若环”的气化过程的一种顺遂达观的人生态度。《吕氏春秋》强调的是“精行四时”不以人的意志为转移的客观法则。

《吕氏春秋》“圜道说”中的“精气”概念在《管子》四篇中有详细的体现。《管子·内业》曰：“凡物之精，此则为生，下生五谷，上为列星。流于天地之间，谓之鬼神；藏于胸中，谓之圣人。”[⑧]又曰：“思之思之，又重思之，思之而不通，

---

① 陈鼓应注译：《黄帝四经今注今译》，第 267 页。
② 陈鼓应注译：《黄帝四经今注今译》，第 267 页。
③ 陈鼓应注译：《黄帝四经今注今译》，第 115 页。
④ 杨坚点校：《吕氏春秋·淮南子》，岳麓书社，1989 年，第 20 页。
⑤ 陈鼓应注译：《庄子今注今译》，第 775 页。
⑥ 陈鼓应注译：《庄子今注今译》，第 718 页。
⑦ 陈鼓应注译：《庄子今注今译》，第 484 页。
⑧ 黎翔凤撰，梁运华整理：《管子校注》，第 931 页。

鬼神将通之。非鬼神之力也，精气之极也。”[①]《管子》之“精气”类似于一种更为淳朴、更善于变化的“气 ”，“一气能变曰精。”（《管子·心术下》）[②]可以理解为“气”中“精华”，所以书中有时把“精气”简称“精”：“精也者，气之精者也。”（《管子·内业》）[③]在《管子》中，精气是人生成的根据，人的生成要依赖于男女精气和合，《内业》篇又提出：“凡人之生也，天出其精，地出其形，合此以为人。 ”[④]认为人的生命必须“精气”和形体两者的融合，这便告诉人们，养形与养气都是养生的重要手段，而“气”在黄老学说的宇宙生成图景中，更是“道”生万物乃至生成人类过程中必不可少的介质。

先秦儒家、道家分别围绕“气”概念作了一系列阐释，二者都认为“气”有阴阳两种不同的表现形式，是生成万物的依据，是生成人体的材料。“气”处在不断运动、变化之中，存在于天地、万物之间，也存在于人体内，乃至人的思想认识之中，在实体、虚空和思想之间互相转换、圆融无碍。由于“气”与人体生成、人的生活和思想关系紧密，所以“气”通过每个人与社会治乱、社会思想便产生了联系。不同的是，儒家提出通过“养气”保存、扩充仁义，从而达到天下大治，而道家认为“通天下一气”，既然人与自然通过“气”产生紧密联系，那么人可以通过养气炼气来保存人的天性，与天地万物合而为一。黄老学派进一步提出，更纯粹、更富于变化的“精气”才是人生成的根据，也是道作用于人的介质，君主应善养精气，明了宇宙、天地、万物的发展变化规律，成为“执道者”，并把这些规律、规则运用到治国上面，如是才能保证社会良好运行。同时，黄老学说还提出了养“精气”的具体方法，那就是运用“养形”“修身”“聚气”等手段。由此，黄老学说就通过“气”把养生与治国贯

---

① 黎翔凤撰，梁运华整理：《管子校注》，第 943 页。
② 黎翔凤撰，梁运华整理：《管子校注》，第 780 页。
③ 黎翔凤撰，梁运华整理：《管子校注》，第 937 页。
④ 黎翔凤撰，梁运华整理：《管子校注》，第 945 页。

通了起来。

《管子》的养生之学的具体方式跟老子提出的修身养性是一致的：正、静、定。“凡人之生也，必以其欢。忧则失纪，怒则失端。忧悲喜怒，道乃无处。爱欲静之，遇乱正之。……心能执静，道将自定。得道之人，理丞蒸而屯泄，胸中无败。节欲之道，万物不害。”（《管子·内业》）[①] 同时也吸收了儒家礼乐教化的重要主张：“凡人之生也，必以平正。所以失之，必以喜怒忧患。是故止怒莫若诗，去忧莫若乐，节乐莫若礼，守礼莫若敬，守敬莫若静。内静外敬，能反其性，性将大定。”[②] 其在老子、儒家气论的基础上，提出了“精气”之说。

《管子》四篇首次提及“精气”，并给“精气”下了明确的定义：“一气能变曰精。”“精也者，气之精者也。”又详细地描述了“精气”的千变万化：“忽忽乎如将不得，秒妙话如穷无极。”可是若能在日常的生活中“日用其德”，“正形饰德”，便能“德成而智出，万物果得”（《管子·内业》）。[③] 从养生的角度而言，精气能否留存于人体内，其身心状况的表现也大不相同：“精存自生，其外安荣，内藏以为泉原，浩然和平，以为气渊。渊之不涸，四体乃固。…… 不逢天灾，不遇人害，谓之圣人。”（《管子·内业》）[④]

《管子·内业》还将“精”与“鬼”“神”相对应：“有神自在身，一往一来，莫之能思，失之必乱，得之必治。敬除其舍，精将自来。精想思之，宁念治之。严容畏敬，精将至定，得之而勿舍，耳目不淫，心无他图。正心在中，万物得度。”[⑤] 从这句看，“神”与“精”似乎是同一种更为纯粹、更“正”的气，都对人有好处，“得之必治”“万物得度”。而《内业》同篇中又说：“凡

① 黎翔凤撰，梁运华整理：《管子校注》，第 950 页。
② 黎翔凤撰，梁运华整理：《管子校注》，第 947 页。
③ 黎翔凤撰，梁运华整理，《管子校注》，第 931 页。
④ 黎翔凤撰，梁运华整理：《管子校注》，第 938—939 页。
⑤ 黎翔凤撰，梁运华整理：《管子校注》，第 938 页。

物之精，此则为生，下生五谷，上为列星。流于天地之间，谓之鬼神。藏于胸中，谓之圣人。”[①]此句中“精”的概念又大于“鬼神”。“精”流于天地间为“鬼神”，藏于人胸中，是“圣人”。《内业》中还有：“思之思之，又重思之。思之而不通，鬼神将通之，非鬼神之力也，其精气之极也。”[②]可见鬼神之力需要借精气来完成。既然《管子·水地》说过：“人，水也。男女精气合而水流形。”[③]人是由精气构成的。所以我们可以推测，天地之间的精气在人体内为“精”或“精气”，在非人类的万物那里即为“鬼神”。但“神”也可以像“精气”一样出入人体：“有神自在身，一往一来，莫之能思，失之必乱，得之必治。”（《管子·内业》）[④]学道者必须消除各种不当的、过度的欲望与杂念，使自己内心保持虚静、无为之状态，“精气”或“神”就会自然而然地来了，“敬除其舍，精将自来”。还说：“去欲则宣，宣则静矣。静则精，精则独立矣。独则明，明则神矣。神者至贵也，故馆不辟除，则贵人不舍焉。故曰‘不洁则神不处’。”《管子·心术上》[⑤]“宣”意为通。去除欲望，思维意识便通畅、静止了下来，便能使心胸中充盈“精气”，就可以不借助外力而把握本性，从而明了“道”的神妙，此为“神”。心中欲念杂生，便不会有“神”。

《黄帝四经》中也有类似的说法：“[强生威，威]生惠，惠生正，[正]生静。静则平，平则宁，宁则素，素则精，精则神。至神之极，[见]知不惑。”（《经法·论》）[⑥]其中值得注意的是“精则神”。心境空灵则充盈精气，精气带来的是变化无穷、神妙莫测。神妙到了极点，人的认知便不会再迷惑。这是因为，“道”作用于万物即为“神”，作用于人则为“精”，“精”与“神”

① 黎翔凤撰，梁运华整理：《管子校注》，第931页。
② 黎翔凤撰，梁运华整理：《管子校注》，第943页。
③ 黎翔凤撰，梁运华整理：《管子校注》，第815页。
④ 黎翔凤撰，梁运华整理：《管子校注》，第938页。
⑤ 黎翔凤撰，梁运华整理：《管子校注》，第767页。
⑥ 陈鼓应注译：《黄帝四经今注今译》，第134页。

同气相通，故而是人体感知天道的重要媒介，只有人体的“精气”才能感应“神”，才能明了“道”作用于万物的神妙之处。《黄帝四经》中还提到了“神明”这个概念：“道者，神明之原也。神明者，处于度之内而见于度之外者也。处于度之［内］者，不言而信；见于度之外者，言而不可易也。处于度之内者，静而不可移也；见于度之外者，动而不可化也。静而不移，动而不化，故曰神。神明者，见知之稽也。”（《经法·名理》）[①]从文中可以看出，《黄帝四经》的“神明”主要指“道”的神妙作用，这种神妙作用，既存在于天道规定的恒定的范围之内，又表现于事物的极限变化当中。所谓“度之内”，对应的是“道”的规律性，万物依照“道”给予的规律运行、发展。所谓“度之外”，对应的是“道”的规定性，万物在发展运动的过程中会有变化，而这种变化不会改变万物的性质，此即“动而不化”。在《经法·名理》中，《黄帝四经》详细地阐述了“道”除了是万物本原之外，亦是一切规律的总和，“道”依照一定之律生成万物，同时赋予万物各种特性，并以此特性推动着万事万物的运行与发展变化，在宇宙万物、天上人间一切的发展变化中，物性因“道”而不变化，“道”也不会有所改变，这就是人们的认知应该要取法的楷式。

除了由“精气”连接“道”的神妙以外，《管子》还论述了“精气”与天下治理的关系。《管子·心术下》曰：“形不正者德不来，中不精者心不治。正形饰德，万物毕得，翼然自来，神莫知其极。昭知天下，通于四极。是故曰：无以物乱官，毋以官乱心，此之谓内德。是故意气定然后反正。气者，身之充也。行者，正之义也。充不美则心不得，行不正则民不服。是故圣人若天然，无私覆也；若地然，无私载也。私者，乱天下者也。”[②]这段话的意思是：外表不端正的人，是因为德没有养成；内里不专一的人，是因为心没有修养好。

---

① 陈鼓应注译：《黄帝四经今注今译》，第176页。
② 黎翔凤撰，梁运华整理：《管子校注》，第778页。

端正形貌，整饬内德，就可以理解并掌握万物，这种境界好像是飞鸟自来，充满无穷无尽的神妙，能够明察天下，思维也能通达四方极远的地域。所以说，不让外物扰乱五官，不让五官扰乱心，这就叫作“内德”。因此，先做到意气安定，然后才能使行为端正。气是充盈身体的材质，行为要按照气的运行法则。身体充盈不好的气，心灵便感受不到“道”的玄妙，行为不按照气的运行法则，民众便不会服从。所以，圣人总是像天一样，不为私心被覆万物；像地一样，不为私心载置万物。私心私欲，是乱天下的根源。可见，治国的关键在于君主能否修内德，聚“精气”。如果不能使体内充盈纯粹的、好的“精气”，就不能发挥“心”的作用，体会“道”的玄妙。“行者正之义也”意思则是君主治理国家时应该按照“气”的运行法则 ，“正”便是“气 ”的运行法则，诸如阴阳二气的平衡等，通晓气之“正”， 与天地之“气”完美交融，便可通晓天地之道，像天地一样抚育、承载人们。

《经法》之《论》篇也论述了人理如何取法天道。天道有“八政”（春、夏、秋、冬、外、内、动、静）、“七法”（明以正、适、信、极而反、必、顺正、有常），人理就是“六柄”（观、论、动、专、变、化）、“三名”（正名、倚名、无名）。《黄帝四经》建议帝王遵从上述“［强生威，威］生惠，惠生正，［正］生静。静则平，平则宁，宁则素，素则精，精则神”的顺序来取法天道，然后成帝王之道：“帝王者，执此道也。是以守天地之极，与天俱见，尽［施］于四极之中，执六枋（柄）以令天下，审三名以为万事［稽］，察逆顺以观于朝（霸）王危亡之理，知虚实动静之所为，达于名实［相］应，尽知请（情）伪而不惑，然后帝王之道成。”[①]也就是说，在以人理取法天道的过程中，君主应该“强、威、惠、正”，培育“静、平、宁、素”的心境，以涵养精气。因为“精”“神”是同质的，“养气”便可以达到通“神明”的

① 陈鼓应注译：《黄帝四经今注今译》，第134—135页。

效果，有了对“道”的神妙的把握，就可以依照“八政”“七法”，执“六柄”以令天下，审“三名”以为万事万物的准则。最终成就帝王之道。

总之，在《黄帝四经》及《管子》等黄老著作中，引入了“神”“神明”等概念来搭建从“养气”到“治国”的阶梯，“气”及“精气”构成了人体，参与人体生长、变化的过程。“神”参与万物产生、发展、变化的过程。“养气”可以“通神”，从而明白“道”的神妙是相同的，在天道“八政”“七法”的指导之下，构建人理之“六柄”“三名”。此为“气”在养生与治国之间的贯通。正因为有了“精气”的贯通，“身国同构”的理论便成为可能。

《管子》中从阴阳、心身关系类推君臣及上下关系：“我心治，官乃治。我心安，官乃安。治之者心也，安之者心也，心以藏心，心之中又有心焉。”（《管子·内业》）[①]这是指能觉悟到自我、意识到自我的那个“心”要回到其本来的常态，生命的各项机能也才会回到其各自本来的常态；觉醒到自我的那个“心”处于能自主持而稳定存续（即“心处其道”）的状态境界，则生命的各项机能才能回到有所主持而稳定存续的“安”的状态。使得生命处于本来的运行状态的，是“心”，使得生命处于“安”的状态的，是“心”。作为人心（识神），它当中潜藏着、保藏着道心（元神），人心之中，还有道心在那里主持着。并且，《管子·心术上》直接把“心”与“九窍”的关系比拟为上下级关系：

> 心之在体，君之位也。九窍之有职，官之分也。心处其道。九窍循理；嗜欲充益，目不见色，耳不闻声。故曰：上离其道，下失其事。毋代马走，使尽其力。毋代鸟飞，使弊其羽翼。毋先物动，以观其则。动则失位，静乃自得。[②]

① 黎翔凤撰，梁运华整理：《管子校注》，第938页。

② 黎翔凤撰，梁运华整理：《管子校注》，第759页。

“精气”与“心术”把黄老学说的“养生”与“治国”共同归结到“阴阳四时”这个大框架中。《管子·四时》曰：“是故阴阳者，天地之大理也；四时者，阴阳之大经也。”[①] 视天地、阴阳、四时为一个完备的自然结构框架，人与万物在其中生生不息。《史记·太史公自序》说：“夫阴阳四时、八位、十二度、二十四节各有教令。”又曰：“夫春生夏长，秋收冬藏，此天道之大经也。”[②] 皆可证天地四方或曰阴阳四时，乃阴阳家视域中基本的宇宙世界结构框架，为人们活动提供了完备的时空环境条件。《经法·论约》也强调“人事之理”应取法“四时有度”的天地之道：“始于文而卒于武，天地之道也。四时有度，天地之李（理）也。日月星晨（辰）有数，天地之纪也。三时成功，一时刑杀，天地之道也。四时而定，不爽不代（忒），常有法式，［天地之理也］。一立一废，一生一杀，四时代正，冬（终）而复始。人事之理也。”[③]

《黄帝四经》借由阴阳之分区辨人事，包含君臣、贵贱、主客、师役、父子、兄弟、男女、长少等关系。君主若能掌握阴阳之别，统治便可因应得宜。阴阳两判的分法具有相对性：一方面，一个事物的阴阳属性，在不同情境中可能有不同结果；另一方面，在同一组阴阳结构中，关系也是动态的，有可能出现相互转化。

> 凡论必以阴阳□大义。天阳地阴，春阳秋阴，夏阳冬阴，昼阳夜阴。大国阳，小国阴；重国阳，轻国阴。有事阳而无事阴，信（伸）者阳而屈者阴。主阳臣阴，上阳下阴，男阳［女阴，父］阳［子］阴，兄阳弟阴，长阳少［阴］，贵［阳］贱阴，达阳穷阴。取（娶）妇姓（生）子阳，有丧阴。制人者阳，制于人者阴。客阳主人阴。师阳役阴。言阳黑（默）阴。予阳受阴。诸阳者法天，天贵正；过

① 黎翔凤撰，梁运华整理：《管子校注》，第 838 页。

② ［汉］司马迁撰：《史记》，中华书局，1982 年，第 3290 页。

③ 陈鼓应注译：《黄帝四经今注今译》，第 166 页。

正曰诡，□□□□祭乃反。诸阴者法地，地［之］德安徐正静，柔节先定，善予不争。此地之度而雌之节也。（《称》）[1]

当“德”的主体是统治者时，符合“阴阳学说”的养生与治国成为紧密相连的两个方面，“内德”便成了一种政治德性。养生是治国的基础，作为养生的核心“养气成德”是政治活动获得正当性的前提。此即曹峰先生所云“从养生到治国”[2]。当最高统治者修炼“内德”，成为“圣人”，作为个体心性状态的“内德”便具有了政治上的功效，以涵养“精气”通达“神明”为途径的养生也就与治国息息相关：

一物能化谓之神，一事能变谓之智。化不易气，变不易智。惟执一之君子能为此乎！执一不失，能君万物。君子使物，不为物使。得一之理，治心在于中，治言出于口，治事加于人，然则天下治矣。一言得而天下服，一言定而天下听，公之谓也。（《管子·内业》）[3]

一气能变曰精，一事能变曰智。慕选者，所以等事也；极变者，所以应物也。慕选而不乱，极变而不烦，执一之君子。执一而不失，能君万物，日月之与同光，天地之与同理。圣人裁物，不为物使。

心安，是国安也；心治，是国治也。治也者，心也，安也者，心也。治心在中，治言出口，治事加于民，故功作而民从，则百姓治矣。（《管子·心术下》）[4]

故唯圣人能察无刑（形），能听无（声）。知虚之实，后能大虚；乃通天地之精，通同而无间，周袭而不盈。服此道者，是胃（谓）能精。明者固能察极，知人之所不能知，服人之所不能得。是胃（谓）

---

① 陈鼓应注译：《黄帝四经今注今译》，第 394 页。

② 曹峰：《近年出土黄老思想文献研究》，第 3—4 页。

③ 黎翔凤撰，梁运华整理：《管子校注》，第 937 页。

④ 黎翔凤撰，梁运华整理：《管子校注》，第 780—782 页。

察稽知极。圣王用此，天下服。

无好无亚（恶），上用□□而民不麋（迷）惑。上虚下静而道得其正。信能无欲，可为民命；上信无事，则万物周扁：分之以其分，而万民不争；授之以其名，而万物自定。不为治劝，不为乱解（懈）。广大，弗务及也；深微，弗索得也。夫为一而不化：得道之本，握少以知多；得事之要，操正以政（正）畸（奇）。前知大（太）古，后［能］精明。抱道执度，天下可一也……（《黄帝四经·道原》）①

《管子》强调“执一”的重要性，“执一”是说把握“一”这个道理，所谓“一”即精气之道。把握了精气之道，便是修成了“内德”，其心得以安治，其言、其行也皆能安治，进而天下安治。“心安，是国安也；心治，是国治也”。君主须得气意，定心意。“气意得而天下服，心意定而天下听。抟气如神，万物备存。”《黄帝四经》强调“抱道执度”。“通天地之精”即为以精气通天地，然后可“察稽知极”，明了认知应该要取法的楷式，“知人之所不能知，服人之所不能得。”无欲无事，使万民各有其分，万物各有其名。遵守“道”制定的准则与限度，则天下可一。也就是《经法·道法》所说：“故唯执［道］者能上明于天之反，而中达君臣之半，富密察于万物之所终始，而弗为主。故能至素至精，悎（浩）弥无刑（形），然后可以为天下正。”②

总而言之，黄老学说的养生首在养气，贵“心术”。涵养“精气”，通达“神明”，便可明白“道”之神妙，这种体悟过程即“养生”；以这种体悟运用于治国，定形名，建刑德，便是“道法”。

① 陈鼓应注译：《黄帝四经今注今译》，第406、409页。
② 陈鼓应注译：《黄帝四经今注今译》，第31页。

第二节
“气”与“道”“法”的互感

如前所述，黄老道家关于生命本原问题的探讨，集中在“道”与“气”的问题上，一方面，道仍然被黄老道家视为宇宙之本、万物之源，把生命产生的根源归结道。但是黄老学派不似老庄以“有”“无”讨论道，而是以“有形”“无形”论道，“无形的道”是具有创生意义的道，代表的是生命未形成之前的状态，是可以先于宇宙天地而生的；同时，黄老学派也用气来解释生命的起源和归宿。在黄老道家生命哲学中，气与道一样具有构成万物的根源和始基的特点，也是生命未形成之前的一种状态。另一方面，黄老道家突出道的规律性特征，把因循自然之道作为治国治身的重要法则，贯彻于理论的始终。治身之道最根本的原则就是“法自然”，这个自然指的就是天地自然规律，把“天道”与“人道”联系起来，并提出“道生法”，认为由宇宙本原之道产生了天地万物及人类社会的各项法则与法度，同理，天地万物及人类社会的各项法则与法度也必须遵循并显现天道。同时，气与道一样，也是世界万物存在发展的根本动力，尤其生命的产生与存在，其根源在阴阳二气的变化流行。也就是说，在《黄帝四经》的生命哲学中，道气一体又有区别：道统御、引领着气的运行；气是道在生命体中运作的外在显现。

同时，法气关系是天道与人道“合一”思想在治国层面的显现和展开。《黄帝四经》的“法”不止有法律、政令的意思，它包括标准规范、效法模仿、典章制度、刑罚律令、原理规律、方法技巧等不同的含义指称，展示出内涵丰富性和范畴多元性的独特风貌。而气为法政之依。早在尧舜时代，先民即按照四时节气等制定岁历，告时授事。《左传》记载赵简子向子大叔问礼，子大叔用子产的话说明，作为政令制度内容的“礼”和“法”，也以气为其根据。“夫礼，天之经也，地之义也，民之行也。天地之经，而民实则之。则天之明，因地之性，生其六气，用其五行。气为五味，发为五色，意为五声，淫则昏乱。民失其性，是故为礼以奉之。”（《左传·正义·昭公二十五年》）[①]《礼记正义·祭义》中孔子解释神道设教说：“气也者，神之盛也。魄也者，鬼之盛也。合鬼与神，教之至也。众生必死，死必归土，此之谓鬼。骨肉毙于下，阴为野土。其气发扬于上，为昭明，焄蒿悽怆，此百物之精也，神之著也。因物之精，制为之极，明命鬼神，以为黔首则，百众以畏，万明以服。”[②]明确以气化的鬼神作为百姓行为规范的设定依据。

《黄帝四经》的“气”是通过阴阳、四时、五行的运作方式，对于人间事理发挥作用的。比如阴阳刑德理论，其核心观点是《十六经·姓争》提出的“刑阴而德阳”的思想，这种思想的提出是基于对阴阳二气在一年中盈缩消长的规律的认识。春夏阳气盛，为“阳节”，秋冬阴气多，为“阴节”。天道有阴有阳，为政就应该刑德相辅并用。春夏两季阳气充盈，万物萌发生长，宜施行温和的政治——“德政”，以符合“阳节”；秋冬两季阴气渐盛，万物肃杀凋零，宜正名修刑，施行严急的政治——“刑政”，以符合“阴节”。“春夏为德，秋冬为刑，先德后刑以养生。”又曰：“夫并时以养民功，先德后刑，顺于天。”（《十六经·观》）[③]四时中春夏在先，秋冬在后，这就决定了德政与刑政的先后次序为“先德后刑”，这才是“顺于天”。“先德后刑”的目的是“养生”，先实施德政让万物和百姓得到休养生息，到了秋冬两季再实行

---

① ［春秋］左丘明传，［晋］杜预注，［唐］孔颖达正义：《春秋左传正义》，第1666—1669页。

② ［汉］郑玄注，［唐］孔颖达疏：《礼记正义》，北京大学出版社，2000年，第1545—1546页。

③ 陈鼓应注译：《黄帝四经今注今译》，第217、223页。

严厉的刑政。这种“先德后刑”治国方略的天道观根据就是阴阳二气的盈缩消长规律。《黄帝四经》还进一步提出“天德”和“天刑”的概念，把德与刑解释为天的特质的一体两面，从天道观的高度来论证德与刑相辅并用的必然性：“天德皇皇，非刑不行；缪（穆）缪（穆）天刑，非德必顷（倾）。”（《十六经·姓争》）[①]从而根据宇宙间最基本的自然现象——阴阳四时的流布运行规律，为刑与德的施行确立了根据和法式，在中国思想史上首创了刑德与四时相配的理论模式，也为君主施政树立了天道观方面的指导和依据，其深层理念是天人合一的哲学思想。

《十六经·观》还提出了“赢阴布德”和“宿阳修刑”，使这些原则性的指导思想落实到可具体操作的层面。“是［故］赢阴布德，［重阳长，昼气开］民功者，所以食之也；宿阳修刑，童（重）阴长，夜气闭地绳（孕）者，［所］以继之也。不靡不黑，而正之以刑与德。”[②]此处讲的是“地气”“夜气”等阴阳之气在不同时节的“萌”“滋”“长”“闭”等变化规律，此处的“赢阴”指的是阴气在冬至日达到极致开始衰退，阳气开始萌生，为国者应该不失时机地“布德”，开始实行温和的德政。“宿阳”即“缩阳”，指的是阳气在夏至日发展到极致开始收缩，阴气开始萌生，为国者应该顺应这一变化，在此关节点上开始实行严急的刑政。这其中不仅有阴阳观念与施政纲领的互动，也表明了对物极必反的法则和对立转化的规律的深刻认识。《经法·四度》曰“极而反，盛而衰：天地之道也，人之李（理）也”[③]，认为物极必反是天地之道与人之理，亦即宇宙万物、自然界和人类社会共同遵循的规律。并进一步提出“极阳杀于外，极阴生于内”的说法，“杀”指草木的凋败枯萎，“极阳杀于外”是说，当阳气发展到极盛时便开始转衰，阴气转盛，这种变化是通过事物的外表呈现

① 陈鼓应注译：《黄帝四经今注今译》，第265页。
② 陈鼓应注译：《黄帝四经今注今译》，第217页。
③ 陈鼓应注译：《黄帝四经今注今译》，第109页。

出来的，那就是草木始“杀”；而当阴气发展到极致时，阳气就开始转盛，这种变化发生于事物的内部，那就是万物内部萌发的生机，而从事物的外在往往不易看出。自然界是这样，人类社会也必须依此而行，这就是“嬴阴布德”和“宿阳修刑”。

《管子·七法》中将“根天地之气，寒暑之和，水土之性。人民、鸟兽、草木之生物”[①]称之为“则”，认为立法定制、发号施令必须先明了“则”，如果“不明于则，而欲出号令，犹立朝夕于铉均之上，檐竿而欲定其末”，即把天地之气和寒暑、水土及人和其他生物的自然规律和属性作为法令制定的准则；《管子·四时》篇对阴阳刑德的理论有更深入的论证：“阴阳者，天地之大理也；四时者，阴阳之大径也；刑德者，四时之合也。刑德合于时则生福，诡则生祸。”[②]并将《黄帝四经》的“春夏为德，秋冬为刑”进一步细化为“德始于春，长于夏；刑始于秋，流于冬”[③]。《形势解》所言更加具体：“春者阳气始上，故万物生。夏者阳气毕上，故万物长。秋者阴气始下，故万物收。冬者阴气毕下，故万物藏。故春夏生长，秋冬收藏，四时之节也。赏赐刑罚，主之节也。四时未尝不生杀也，主未尝不赏罚也。”[④]《四时》还提出，施行符合该季节阴阳节律的政令，对阴阳二气的运行有辅助作用，如夏季“其事号令，赏赐赋爵，受禄顺乡，谨修神祀，量功赏贤，以动阳气”[⑤]。较之《黄帝四经》，《管子》对一年中阴阳二气嬴缩消长的规律有了更多的了解，对人的行为同自然节律的关系有了更深入的认识，体现了更为深刻的天人合一观念。

《吕氏春秋》更以“月令”将德与刑更进一步细化落实到十二个月，诸如仲春与孟秋：“仲春之月……安萌牙，养幼少，存诸孤。择元日，命人社。命

---

① 黎翔凤撰，梁运华整理：《管子校注》，第 106 页。
② 黎翔凤撰，梁运华整理：《管子校注》，第 838 页。
③ 黎翔凤撰，梁运华整理：《管子校注》，第 857 页。
④ 黎翔凤撰，梁运华整理：《管子校注》，第 1168 页。
⑤ 黎翔凤撰，梁运华整理：《管子校注》，第 846—847 页。

有司，省囹圄，去桎梏，无肆掠，止狱讼。”[①]“孟秋之月……命有司修法制，缮囹圄，具桎梏，禁止奸，慎罪邪，务搏执。命理瞻伤察创，视折审断，决狱讼必正平，戮有罪，严断刑。天地始肃，不可以赢。”[②]

从《黄帝四经》的“春夏为德，秋冬为刑”，经《管子》的“德始于春，长于夏；刑始于秋，流于冬”，到《吕氏春秋》的十二月令，我们可以清晰地看到阴阳刑德思想发展的轨迹。《礼记·月令》照搬了《吕氏春秋》的十二纪：“孟秋行冬令，则阴气大胜，介虫败谷，戎兵乃来，行春令，则其国乃旱，阳气复还，五谷无实。行夏令，则国多火灾。寒热不节，民多疟疾。”[③]这不仅反映了汉代儒家对黄老之学的阴阳刑德理论接受程度之高，也更充分说明了政治的刑德善恶与“气”的善恶变化之间的感召响应。

《黄帝四经》也以阴阳灾异来强调，人的社会活动特别是政治活动的失当可以导致阴阳失序而引发灾异，主张用人事服从天道，以实现阴阳协调有序的方式来避免灾异。这个理论在中国古代思想史上产生了深远的影响。

《十六经·观》曰：“其时赢而事绌，阴节复次，地尤复收。正名修刑，执（蛰）虫不出，雪霜复清，孟谷乃萧（肃），此材（灾）［乃］生，如此者举事将不成。其时绌而事赢，阳节复次，地尤不收。正名施（弛）刑，执（蛰）虫发声，草苴复荣，已阳而有（又）阳，重时而无光，如此者举事将不行。”[④]“赢”为生长，“绌”为收缩，“阴节”即秋冬季节，“阳节”即春夏季节。此句是说，春夏两季是阳气上升、万物生长的季节，应实行宽厚温和的政治，如果此时实行“正名修刑”之类本应在秋冬时节实行的严厉的政治，就会促使阴气不正常地发展，致使地气收缩，表现为昆虫蛰伏不出，霜雪再现，谷物凋敝等本应秋

① 许维遹撰，梁运华整理：《吕氏春秋集释》，第33—34页。
② 许维遹撰，梁运华整理：《吕氏春秋集释》，第154—156页。
③ ［清］阮元：《十三经注疏》，第1373页。
④ 陈鼓应注译：《黄帝四经今注今译》，第223页。

冬才有的现象，造成灾害。同样的道理，秋冬两季阴气占主导地位，本应实行严急的政治，若此时刑罚弛懈，实行宽仁的政治，就会使得本已停止发展的阳气不正常地发展，使地气不能收缩，将会出现天气炎热，蛰虫不伏，草木复荣等反常现象，造成灾害。这种用阴阳四时解释灾异的理论，其关键在于“时”和“事”是否协调一致，强调的是人事必须顺应天时，才能调和天地间的阴阳二气。可见从《黄帝四经》看来，社会政治的刑德失序是天地间阴阳失调的重要原因。这样的理论路向在《管子》中也有体现。《管子·四时》篇认为，四时各有其政，不可错乱，否则就会气候反常，导致灾害，如“春行冬政则雕，行秋政则霜，行夏政则欲”，“秋行春政则荣，行夏政则水，行冬政则耗”，并总结说，“刑德离乡，时乃逆行，作事不成，必有大殃”，这些“大殃”包括日食、月食、彗星见、风与日争明等灾异现象，甚至还会导致军事行动等国家大事的失败。《吕氏春秋》所论比《管子》更进一步，对刑德失次导致灾异的认识更加细密，具体到了每一个月：“孟春行夏令，则风雨不时，草木早槁，国乃有恐。行秋令，则民大疫，疾风暴雨数至，藜莠蓬蒿并兴。行冬令，则水潦为败，霜雪大挚，首种不入。”[①]“仲春行秋令，则其国大水，寒气总至，寇戎来征；行冬令，则阳气不胜，麦乃不熟，民多相掠；行夏令，则国乃大旱，暖气早来，虫螟为害。”[②]“季春行冬令，则寒气时发，草木皆肃，国有大恐。行夏令，则民多疾疫，时雨不降，山陵不收。行秋令，则天多沈阴，淫雨早降，兵革并起。”[③]

既然黄老学派强调身国同治，那么君主刑赏断事、治理国家，也需要虚气平心。只有君主气平意清，方可理顺天地之间的阴阳之气，从而达到令行禁止、纲纪得理的治理效果。《管子·版法解》讲：“乘夏方长，审治刑赏，必

① 杨坚点校：《吕氏春秋·淮南子》，第 2 页。
② 杨坚点校：《吕氏春秋·淮南子》，第 9 页。
③ 杨坚点校：《吕氏春秋·淮南子》，第 16 页。

明经纪。陈义设法，断事以理，虚气平心，乃去怒喜。若倍法弃令而行怒喜，祸乱乃生，上位乃殆。”[①]《淮南子·齐俗训》讲：“故古之圣王，能得诸己，故令行禁止，名传后世，德施四海。是故凡将举事，必先平意清神；……故水击则波兴，气乱则智昏；智昏不可以为政，波水不可以为平。”[②]《淮南子·精神训》中有“夫血气能专于五脏而不外越，则胸腹充而嗜欲省矣。胸腹充而嗜欲省，则耳目清、听视达矣。耳目清，听视达，谓之明。……精神盛而气不散则理，理则均，均则通，通则神，神则以视无不见，以听无不闻也，以为无不成也”[③]的说法，又说明听察析理时上下同气、血气归藏、精气不散泄有利于明辨事理、治事理政。

总而言之，在黄老学派看来，人间之“法”与天地之“气”二者的关系相互表里，互相致用，“气”是“法”的基础和本体，“法”是“气”的体现和运用，“法”与“气”相互利益且互动感应。

① 黎翔凤撰，梁运华整理：《管子校注》，第 1198 页。

② 杨坚点校：《吕氏春秋·淮南子》，第 121 页。

③ 杨坚点校：《吕氏春秋·淮南子》，第 69 页。

第六章

无为——《黄帝四经》的政治持守

徐复观认为，在中国过去，政治中存有一个基本的矛盾问题。政治的理念，民才是主体；而政治的现实，则君又是主体。……于是中国的政治思想，总是想解消人君在政治中的主体性，以凸显出天下的主体性，因而解消上述的对立。人君显示其主体性的工具是其个人的好恶与才智。好恶乃人所同有，才智也是人生中可宝贵的东西。但因为人君是政治最高权力之所在，于是它的好恶与才智，常挟其政治的最高权力表达出来，以构成其政治的主体性，这便会抑压了天下的好恶与才智，即抑压了天下的政治主体性。……所以儒家、道家认为，人君之成其为人君，不在其才智之增加，而在将其才智转化为一种德量，才智在德量中作自我的否定，好恶也在德量中作自我的否定，使其才智与好恶不致与政治权力相结合，以构成强大的支配欲。并因此而凸显出天下的才智与好恶，以天下的才智来满足天下的好恶，这即是“以天下治天下”，而人君自己，乃客观化于天下的才智与天下的好恶之中，更无自己本身的才智与好恶，人君自身遂处于一种 “无为的状态”，亦即是非主体性底状态。人君无为，人臣乃能有为，亦即天下乃能有为。这才是真正的治道。①

学界一般认为，“无为而治”是《黄帝四经》政治思想的重要指导纲领，它也正好符合徐复观所说的“君主无为臣下有为”的“治道”。事实上，《黄帝四经》的“无为”的主体并非仅有君主，在天与君主、君主与臣下、臣下与百姓这种种不同的关系中，上下的名位不停地变动，“无为”的实施者也会变。

① 徐复观：《中国的治道——读陆宣公传集书后》，见陈克艰编《中国学术精神》，华东师范大学出版社，2004 年，第 46 页。

这使得黄老学派的“无为”内涵非常丰富，值得探索研究。

《黄帝四经》中“无为”有三处：

> 故执道者之观于天下殹(也)，无执殹(也)，无处也，无为殹(也)，无私殹(也)。(《经法·道法》)[①]
>
> 欲知得失，请必审名察刑(形)。刑(形)恒自定，是我俞(愈)静。事恒自包(施)，是我无为。静翳不动，来自至，去自往。能一乎？能止乎？能毋有己，能自择而尊理乎？纾也，毛也，其如莫存。万物群至，我无不能应。我不臧(藏)故，不挟陈。乡(向)者已去，至者乃新。新故不翏，我有所周。(《十六经·名刑》)[②]
>
> 一者其号也，虚其舍也，无为其素也，和其用也。是故上道高而不可察也，深而不可则(测)也。显明弗能为名，广大弗能为刑(形)。独立不偶，万物莫之能令。天地阴阳，[四]时日月，星辰云气，规(蚑)行侥(蛲)重(动)，戴根之徒，皆取生，道弗为益少；皆反焉，道弗为益多。坚强而不撌，柔弱而不可化。精微之所不能至，稽极之所不能过。(《道原》)[③]

在《黄帝四经》及黄老典籍中，“无为”是执道者的重要表征。首先，“无为”以“化”及“神化”作为理想目标。《黄帝四经》的“天下化之”的政治理想与“精气论”有关，“执道者”定形名、立天子、置三公之后，不需要礼乐教化，百姓以气相感，便会应而从之。其次，“无为”以“虚静”作为外在表征。《黄帝四经》提出，“上虚下静”是天地万物的基本原理，而且，“虚静”跟“阴阳”“黑白”一样，处于相辅相生、相互转化的过程中，尤其在“天—君主—臣下—百姓”这个自上而下的统治链中，“上下”关系是相对的而不是

① 陈鼓应注译：《黄帝四经今注今译》，商务印书馆，2016年，第10页。

② 陈鼓应注译：《黄帝四经今注今译》，第336页。

③ 陈鼓应注译：《黄帝四经今注今译》，第402页。

绝对的，比如君主在与天的关系中为“下”，在面对臣子的时候又处于“上”位。随着不同关系中上下位置的变换，“虚”“静”“作”的主体也经常发生改变。在天与君主、君主与臣下、臣下与百姓这种种不同的上下关系中，君主有时处“静”，也可能“作”，臣子亦是如此。由是，弄清“静作”的时机便显得尤为重要，此之谓“静作得时”。由是，《黄帝四经》为君主的作为赋予了“正名”“得时”的规定性，“无为”并非不作为，而是刑名相符、静作得时的“作为”。第三，“因循”是达到“无为”的手段与途径。黄老学派重视“人道法天”，提出了“天道”这一概念作为天人之际沟通的桥梁。因循天道与天时，便可以在人类社会模拟“道”的神妙。于是，作为执道者的君主必须要采取顺应天道、天时、民情、形势、四时更替等规律性法则的统治措施来治国安民。由于君主的施政纲领便是“因循”，而天道环周，因循天道意味着运作不止，这使得黄老学说的“无为”成为在“天道”等自然规律中不停运作的“有为”。换而言之，黄老学说的“无为”是“天道”及“道”的“有为”，也可以说是“因道而为”。

总之，如果说老子的“无为”呼吁人类素朴本性的回归；庄子的“无为”偏向于“自然而然”，让万事万物顺应本性而发展变化；黄老学说在“道”之下提出了降格的“天道”，以“天道”构筑天人关系，以“人道法天”搭建了天人之间沟通的桥梁，黄老学说的“无为”从而也变为了“因天道而为”，强调的则是循“天道”而治。在“天道”的指引下，君主因循天道的一切“有为”皆可视为“不妄为”和“无为”，这为君主在“道”之“度”内制定法令预留了理论空间。从而由“道法”生成了人之法，这便是《黄帝四经》中着重论述的“道生法”，“天道”是黄老学派 “无为而治”和 “法治”相互连接的交点。

第一节
《黄帝四经》“无为”的特性

一、“化”——“无为”之境

《黄帝四经》之《经法·道法》提及“无为”与“执道者”有关：

故执道者之观于天下殹(也)，无执殹(也)，无处也，无为殹(也)，无私殹(也)。[①]

在《黄帝四经》中，无为是“执道者”的一种重要表征，唯有“执道者”才能“无执”“无处”“无为”“无私”。老子也认为“无为”是“圣人”之行，通行本第二十九章云：“天下神器，不可为也。”[②]第六十四章云：“为者败之，执者失之。是以圣人无为，故无败；无执，故无失。”[③]王弼注：“万物以自然为性，故可因而不可为，可通而不可执也。”[④]通行本第二章又云：“为而不恃，功成而弗居。”[⑤]其中的“弗恃”“弗居”亦有“无处”之意。我们可以看出，“无为”与“天道自然”有关，既然万物以自然为性，那就不能以人力“有为”地去改变其规律；同理，既然万物以自然为性，而“道法自然”，

① 陈鼓应注译：《黄帝四经今注今译》，第10页。
② ［魏］王弼注，楼宇烈校释：《老子道德经注校释》，中华书局，2016年，第76页。
③ ［魏］王弼注，楼宇烈校释：《老子道德经注校释》，第165—166页。
④ ［魏］王弼注，楼宇烈校释：《老子道德经注校释》，第76页。
⑤ ［魏］王弼注，楼宇烈校释：《老子道德经注校释》，第6页。

“执道者”或“圣人”必须得顺“道”而行，任万物“自然”“自为”，万物“自然”才是圣人“无为”的重要表征。

《老子》中论到“无为”的共有十二处。[①] 在这十二处中，“无为”首先是“道”的特性：“道常无为而无不为。侯王若能守之，万物将自化。”（通行本第三十七章）[②] 在老子的思想中，道是一种无形无象的存在，它的无为表现为万物循其自性自然发展，不受外力束缚，此为“自化”。道的无为特性实已隐含在道、物关系之中。首先，道生万物，但万物之生乃自然而然之过程，并非是道的“有为”之结果。其次，道为万物之生成者，但道对于万物只提供其生存发展之质料，并不干涉万物的具体生存发展过程。此即“道生之，德畜之：长之、育之，亭之、毒之，养之、覆之。生而不有，为而不恃，长而不宰”（通行本第五十一章）[③]。

老子的无为思想已经具备了一个贯通形上与形下的理论体系的雏形，这个体系便是：“人法地，地法天，天法道，道法自然。”（通行本第二十五章）[④]“道法自然”并非说明存在一个高于道、值得道效法的自然，道所法之自然也并非存在于道之外，此处的“法”说的是依据、因循，万物之循其本性而动即是道的自然，自然便是道之无为在具象的万物中的表现。于是，在政治领域与此相应的无为亦具有尊崇自然人性的意蕴。老子批判礼法、道德、仁义，便是因为它们违背了人的自然本性。“大道废，有仁义；慧智出，有大伪；六亲不和，有孝慈；国家昏乱，有忠臣。”（通行本第十八章）[⑤] 老子认为，道德教化不值得提倡：“多言数穷，不如守中。”（通行本第五章）[⑥] 又说：“太上，下

① ［美］安乐哲著，滕复译：《主术——中国古代政治艺术之研究》，北京大学出版社，1995 年，第 37 页。
② ［魏］王弼注，楼宇烈校释：《老子道德经注校释》，第 90—91 页。
③ ［魏］王弼注，楼宇烈校释：《老子道德经注校释》，第 137 页。
④ ［魏］王弼注，楼宇烈校释：《老子道德经注校释》，第 64 页。
⑤ ［魏］王弼注，楼宇烈校释：《老子道德经注校释》，第 43 页。
⑥ ［魏］王弼注，楼宇烈校释：《老子道德经注校释》，第 14 页。

知有之。其次，亲而誉之。其次，畏之，其次，侮之。信不足，焉有不信焉。悠兮其贵言。功成事遂，百姓皆谓我自然。”（通行本第十七章）[①]老子的圣人是静默无言的，他从不自我标榜，亦不对民众施行教化。民众对于圣人亦不过是知道有那么一个人而已。“下知有之”，但感受不到他做了什么事。其次的统治者，民众亲近他、赞誉他。再次的统治者，人民畏惧他。更次的统治者，人民轻蔑他。其中的原因便在于高明的统治者是循万物本性进行统治的，“百姓皆谓我自然”。王弼注曰：“太上，谓大人也。大人在上，故曰太上。大人在上，居无为之事，行不言之教，万物作焉而不为始，故下知有之而已。言从上也。不能以无为居事，不言为教，立善行施，使下得亲而誉之也。”[②]“居无为之事，行不言之教，万物作焉而不为始。”这便是执道者“太上”的统治纲领。“不复能以恩仁令物，而赖威权也。不能法以正齐民，而以智治国，下知避之，其令不从，故曰侮之也。夫御体失性，则疾病生；辅物失真，则疵舋作。信不足焉，则有不信，此自然之道也。已处不足，非智之所齐也。”[③]不再能以恩德仁爱使事物服从，而依赖威严的生杀奖惩之权。不能褒赏正确的行为、贬罚错误的行为来管理百姓，而以智谋、欺诈来治理国家，百姓识破而巧妙地回避法令，法令因此不被遵从，所以说百姓轻蔑、侮辱它。过分看重物质性的身体会失去本性，疾病就出现了；过分执着于外物就失去了自己的本真，错误、瑕疵就出现了。人若失信，别人也会对他失信，这是自然规律。已经处于不足、被动的地位，不是智力能够扭转局势的。这是说明除了“太上”之外的统治者谬误之处。“自然，其端兆不可得而见也，其意趣不可得而睹也。无物可以易其言，言必有应，故曰‘悠兮其贵言’也。居无为之事，行不言之教，

① ［魏］王弼注，楼宇烈校释：《老子道德经注校释》，第 40 页。

② ［魏］王弼注，楼宇烈校释：《老子道德经注校释》，见第 40 页王弼注释。

③ ［魏］王弼注，楼宇烈校释：《老子道德经注校释》，见第 40 页王弼注释。

不以形立物，故功成事遂，而百姓不知其所以然也。”[①] 这段话是说：如果按照自然规律去治理百姓，谁都无法看到君主行使权力的预兆，谁也都无法了解他的动机和想法；他说出的话什么也不能令它改变，说了就一定能做到，所以说珍惜自己的话语；不以自己的意图妄自作为，不以自己的观念和言辞妄加教导，不只以形态来定义事物，所以功绩达成、事情完工，而老百姓不知道为什么会这样。

由上可知，在老子看来，无为并非无所建树，它指低调地循自然规律做事。无为只是手段，目的在于“无不为”。此谓“道恒无为，而无不为”。并直接地说：“损之又损，以至于无为，无为而无不为。”（通行本第四十八章）[②] 老子认为，很多时候，“为”与“有为”等于“妄为”，只会导致不良效果，而“无为”由于“法自然”，遵循了规律，虽然看起来什么都没做，也能获得成效，故而等同于“无不为”。

庄子基本沿袭老子这一思路，且走得更远。《庄子·在宥》曰：“昔者黄帝始以仁义撄人之心，尧舜于是乎股无胈，胫无毛，以养天下之形，愁其五藏以为仁义，矜其血气以规法度。然犹有不胜也，尧于是放讙兜于崇山，投三苗于三峗，流共工于幽都，此不胜天下也。夫施及三王而天下大骇矣。下有桀跖，上有曾史，而儒墨毕起。于是乎喜怒相疑，愚知相欺，善否相非，诞信相讥，而天下衰矣。大德不同，而性命烂漫矣；天下好知，而百姓求竭矣。于是乎釿锯制焉，绳墨杀焉，锥凿决焉。天下脊脊大乱，罪在撄人心。故贤者伏处大山嵁岩之下，而万乘之君忧慄乎庙堂之上。今世殊死者相枕也，桁杨者相推也，形戮者相望也，而儒墨乃始离跂攘臂乎桎梏之间。噫！甚矣哉！其无愧而不知耻也甚矣！吾未知圣知之不为桁杨接槢也，仁义之不为桎梏凿枘也，焉知

---

① ［魏］王弼注，楼宇烈校释：《老子道德经注校释》，见第 41 页王弼注释。
② ［魏］王弼注，楼宇烈校释：《老子道德经注校释》，第 128 页。

曾史之不为桀、跖嚆矢也！故曰：绝圣弃知而天下大治。”[①] 从这段话可知，庄子认为仁义只有负价值，它和无为是根本对立的。在庄子看来，无为不仅仅是手段，也是目的。

《黄帝四经》继承了老子“道”的哲学概念，其“无为”亦具有“道”之特质，尤其是遵循“自然”，讲求“天性”。天地不必对事物之处境过多忧心与干预，概因事物皆可以自身之规律和需求而自为之。君主也应按照天地之道，以无为应对万事万物，不将自己的意愿强加于百姓之上，也不能为了有所为而强行作为。《称》曰：“［夫］天有明而不忧民之晦也，［百］姓辟（阚）其户牖而各取昭焉；天无事焉。地有［财］而不忧民之贫也，百姓斩木刈（荆）新（薪）而各取富焉；地亦无事焉。”[②] 自然界为人类提供了丰富的物质资源，人们的生产生活都是循本性而动，从自然界各取所需，统治者不必强加干扰。这种“天地无事，百姓自为”的主张便是黄老“无为而治”思想的重要逻辑环节。

老子认为，“无为”与“自化”息息相关：“道常无为而无不为。侯王若能守之，万物将自化。化而欲作，吾将镇之以无名之朴。无名之朴，夫亦将无欲。不欲以静，天下将自定。”（通行本第三十七章）[③]《老子》一书中用了三个“化”字，此后庄子论“化”更加细致、深入，王中江说：“在《庄子》一书中，‘化’这个词的使用，数量相当多（有数十次），已成为他整个形上学中的关键词之一。”[④] 黄老学派对“化”亦非常重视，如《鹖冠子》的“化”字有 26 例，《文子》中“化”高达 90 例等。[⑤] 可见，在战国晚期至汉初的黄老著作中，“化”已经成为重要的哲学概念。但“化”的来源及基础，还是《老子》的“万物自

---

① 陈鼓应注译：《庄子今注今译》，中华书局，2009 年，第 299 页。

② 陈鼓应注译：《黄帝四经今注今译》，第 382 页。

③ ［魏］王弼注，楼宇烈校释：《老子道德经注校释》，第 90—91 页。

④ 王中江：《道家学说的观念史研究》，中华书局，2015 年，第 190 页。

⑤ 宋德刚、孙功进：《〈老子〉的万物“自化”观念探微》，《南昌大学学报（人文社会科学版）》2017 年第 2 期。

化”观念。

从存在论的视角去理解“自化”便可知道，“自化”就是每一物作为独立的主体在不同的活动场域中主动的变化过程，是对万物在自主运动、变化过程中所具有的各种具体的存在状态的概括、归结。[①] 老子说：“道常无为而无不为。侯王若能守之，万物将自化。”[②] 可见，侯王“无为”是原因，万物“自化”是结果。此处的“万物”指的是除了侯王之外的天地之间的其他物。此处的“侯王”应是老子所说“域中四大”之一，亦即“道大，天大，地大，王亦大”（通行本第二十五章）[③] 的“王”。 侯王的存在状态是“守”“无为”，他者与“万物”的存在状态是“自化”；“侯王”与“万物”是一种既对应又包容的关系：“侯王”包含在“万物”之中；我们可以推知“无为”与“自化”也是既对应又包容的关系：“无为”是“自化”的一种突出表征，“自化”包含“无为”。在“道”的视角下，如果不加以外界的干预，一切物、每一物都是“自化”的。也正如王庆节所说：“老子‘无为’概念中的哲学真谛更在于：这是一种存在论上更基本的要求。它要求我对于作为我的行为之对象的‘受者’的他人或他物的存在与独特性，给予一种基本的承认和尊重，并因此反对任何这种‘他者性’的承认和尊重的外来强制和侵犯。”[④]

从老子的上下文看，“万物自化”的“化”有“循自身特质自行变化发展”之意。《易·彖传》疏：“化，谓一有一无，忽然而改。”《列子·周穆王》注：“俯仰变异谓之化。”可见“化”的本意即为改变，且具有“道”意义上的“有无相生”之意。后世儒家把“化”解为“教化”，《说文》中曰：“化，教行

① 宋德刚、孙功进：《〈老子〉的万物“自化”观念探微》，《南昌大学学报（人文社会科学版）》2017 年第 2 期。

② ［魏］王弼注，楼宇烈校释：《老子道德经注校释》，第 90—91 页。

③ ［魏］王弼注，楼宇烈校释：《老子道德经注校释》，第 64 页。

④ 王庆节：《解释学、海德格尔与儒道今释》，中国人民大学出版社，2004 年，第 154 页。

也。”段玉裁注曰：“教行于上，则化成于下。”[①] 许慎认为“化”乃是指人的教行活动，段玉裁进一步指出教行活动是自上而下的。但是老子的“自化”更多地指自内而外的自我“教行”活动，马叙伦认为“教行”并非“化”的本意：“此盖以已为变化义而作之字。从人。匕声。说解教行也非本训。教行盖引申义。”[②] 王中江说：“从甲骨文的构形上看，一种解释说，它像人一正一倒之形，但其会义不明。按照对金文形体的一种解释，它是一指事字，左右两个人字，以对称而置，说明人的变化，也就是从人死的样子中，表示‘变化’的意义。由此而言，‘化’的本义，是指活人倒下死去而发生的这一变化。”[③] 在老庄及黄老学派的著作中，“化”释为“教化”是不合适的，它代表的是一种可能会使物体的性质发生改变的、重大的发展变化，譬如从无到有，从有到无，又或者从生到死，这些都是“化”的本来含义。

《黄帝四经》约有十余处“化”，试取数处释之：

应化之道，平衡而止。轻重不称，是胃（谓）失道。（《经法·道法》）[④]

不处外内之立（位），不应动静之化，则事宭（窘）于内而举宭（窘）于［外］。［八］正皆失，［与天地离］。……［处］外［内之位，应动静之化，则事］得于内而举得于外。八正不失，则与天地总矣。（《经法·论》）[⑤]

天下有参（三）死：忿不量力死，耆（嗜）欲无穷死，寡不辟（避）众死。·毋籍（藉）贼兵，毋裹盗量（粮）。籍（藉）贼兵，裹盗量（粮），

---

① ［汉］许慎撰，［清］段玉裁注：《说文解字注》，上海古籍出版社，1988 年，第 384 页。

② 转引自宋德刚、孙功进：《〈老子〉的万物“自化”观念探微》，《南昌大学学报（人文社会科学版）》2017 年第 2 期。

③ 王中江：《道家学说的观念史研究》，第 188 页。

④ 陈鼓应注译：《黄帝四经今注今译》，第 16 页。

⑤ 陈鼓应注译：《黄帝四经今注今译》，第 123—124 页。

短者长，弱者强；嬴绌变化，后将反𠃵（施）。·弗同而同，举而为同；弗异而异，举而为异；弗为而自成，因而建事。（《称》）[①]

六枋（柄）：一曰观，二曰论，三曰僮（动），四曰槫，五曰变，六曰化。观则知死生之国，论则知存亡兴坏之所在，动则能破强兴弱，槫则不失讳（韪）非之［分］，变则伐死养生，化则能明德徐（除）害。六枋（柄）备则王矣。（《经法·论》）[②]

夫天有［恒］干，地有恒常。合［此干］常，是以有晦有明，有阴有阳。夫地有山有泽，有黑有白，有美有亚［恶］。地俗德以静，而天正名以作。静作相养，德虐相成。两若有名，相与则成。阴阳备物，化变乃生。（《十六经·果童》）[③]

"应化""应动静之化"指的是顺应变化。"嬴绌变化，后将反𠃵（施）"说的是不能扶植邪恶势力，强行介入，改变力量的消长变化，会带来反噬。因顺时势，方能成事。但"变"与"化"的层次还不一样，陈鼓应认为，"变"指应变，"化"指交替改变，在此指赏罚威惠交替变化使用，例如，刑德如同四季更替一样的交替呈现，这里面有"道"的展现，所以才能"明德除害"。《十六经·果童》中的"阴阳备物，化变乃生"更为明确地说明了"化"与阴阳的关系，"化"不是普通的改变与转变，它是万物内部含有如同阴阳一样相辅相生的特质，然后这两种特质交替呈现，展现出不同的外在面目或不同的事态。可见，与"变"比较起来，"化"更像是基于物体内部的一种运动、发展的驱动力。

一者，道其本也，胡为而无长？□□所失，莫能守一。一之解，察于天地；一之理，施于四海。何以知□之至，远近之稽？夫唯一不失，

① 陈鼓应注译：《黄帝四经今注今译》，第 378 页。
② 陈鼓应注译：《黄帝四经今注今译》，第 138 页。
③ 陈鼓应注译：《黄帝四经今注今译》，第 241 页。

一以驺化，少以知多。（《十六经·成法》）[①]

此处的“一以驺化”即“一以趋化”，亦即道驱使万物发展变化。这更说明了“化”与“道”的关系。唯“道”驱动的万物发展变迁方能称之为“化”。

善为国者，大（太）上无刑，其［次］□□，［其］下斗果讼果，大（太）上不斗不讼有（又）不果。□大（太）上争于□，其次争于明，其下救（救）患祸。·寒时而独暑，暑时而独寒，其生危，以其逆也。……□□□□□□□，观前□以知反。故□□观今之曲直，审其名，以称断之。积者积而居，胥时而用。观主树以知与治，合积化以知时；□□□正贵□存亡。（《称》）[②]

此处的“化”与“积”同出，应为“积”的相反意“散”。陈鼓应释曰：“观主树”可知奇正、贵贱；“合积化”可明贵贱存亡。“合积化以知时”，是取譬的手法。当囤、当售而不囤、不售，不当囤、不当售而妄囤、妄售，都是不合时宜的；以此取喻人的动静进退应顺应天时、把握捕捉时机。[③]可见“化”有时候也指代具体事物的变通。

故执道者之观于天下也，必审观事之所始起，审其刑（形）名。刑（形）名以定，逆顺有立（位），死生有分，存亡兴坏有处，然后参之于天地之恒道，乃定祸福死生存亡兴坏之所在。是故万举不失理，论天下无遗策。故能立天子，置三公，而天下化之。之胃（谓）有道。（《经法·论约》）[④]

“天下化之”是黄老学者的一种政治理想，《淮南子·泰族训》也说过：“治身，太上养神，其次养形。治国，太上养化，其次正法。”[⑤]学界多认为

① 陈鼓应注译：《黄帝四经今注今译》，第 291 页。
② 陈鼓应注译：《黄帝四经今注今译》，第 388 页。
③ 陈鼓应注译：《黄帝四经今注今译》，第 391—392 页。
④ 陈鼓应注译：《黄帝四经今注今译》，第 173 页。
⑤ 杨坚点校：《吕氏春秋·淮南子》，岳麓书社，1989 年，第 266 页。

此处的化为“教化”，“天下化之”指的是“百姓受到教化”；“太上养化”指的是“让百姓得到教化”的治国方略才是最上乘的治国手段。事实上，此处的“化”与后世儒家的“教化”还是有一定的差别。“天下化之”是指在“刑名以定，逆顺有立（位），死生有分，存亡兴坏有处”的秩序之下，百姓自然而然得到教化。“执道者”定形名，立分位，参天地之道，厘清祸福、死生、存亡、兴坏的原因，不需要特意采取手段，百姓自然便会向善、向好。这便是君主的“有为”与“无为”。而百姓的“化”在此处更类似于“感化”，与《道法》《论》等篇的“应化”“应动静之化”遥相呼应。黄老学派有“精气之论”，因为“气”在天、地、人之间运行、交感，构成人与天地的气是同质的，所以在“执道者”定形名、立天子、置三公之后，不需要礼乐教化，百姓以气相感，便会应而从之。这是老庄及黄老学派的“化”中隐藏的哲学逻辑。

在黄老学派看来，气是万物的共同本质，具有“本原之气”与“形质之气”的双重含义。当气与生命相关联时，“本原之气”与形上之“道”相联系，是生命产生的根源，是指生命未形成之前的一种混沌不分的状态。“精气”属于“本原之气”的一种，也是生命的最精微、最纯粹的根源之气。“形质之气”即生命构成要素之气，是与生命体相关的作为生命质料的气，或为“血气”维持形体，或为“志气”（又称“气志”）与精神沟通。由此构成了黄老学说中气、形、神三位一体的生命构成论。这一点在前文已有论述。精气作为精微洁净之气，是一种物质实体：不仅对于养生、治身有重大的意义，其本身亦具有某些神妙的作用。鬼神及其作用都是精气的产物，人的思维活动和对外界的认识，也是精气参与的结果。《管子·内业》曰：“凡物之精，此则为生。下生五谷，上为列星。流于天地之间，谓之鬼神。藏于胸中，谓之圣人。”[1]又曰：“抟气如神，万物备存。能抟乎？能一乎？能无卜筮而知吉凶乎？能止乎？能

① 黎翔凤撰，梁运华整理：《管子校注》，中华书局，2004年，第931页。

已乎？能勿求诸人而之己乎？思之思之，又重思之。思之而不通，鬼神将通之。非鬼神之力也，精气之极也。”[①] 卜筮是古人和鬼神进行沟通的一种方式，“无卜筮而知吉凶”指不求助于鬼神而能对事物发展趋势的准确预测，这是修道者以“精气”与天、地相互交流的结果，也就是所谓“精气之极也”。换言之，人体内的精气与地上的五谷、天上的列星等万物是同质的存在，人对外物的认识过程，也就是外界事物的精气和人体内部的精气之间的相互交流、感通。人的精神活动，也就是人体内细微的精气的运动变化，这种精气之间的交流、感通达到极致就可以“无卜筮而知吉凶”了。

《吕氏春秋》和《淮南子》进一步阐述，得道的君主能够用精气与外界交流与感通。《吕氏春秋·精通》曰：“圣人南面而立，以爱利民为心，号令未出而天下皆延颈举踵矣，则精通乎民也。”[②]《淮南子·主术训》曰：“至精之所动，若春气之生，秋气之杀也，虽驰传骛置，不若此其亟。故君人者，其犹射者乎？于此豪末，于彼寻常矣。故慎所以感之也。”[③] 圣人修炼体内精气，使其与天地四时同频，“若春气之生，秋气之杀也”，就能与民众所想相互感应，所出政令自然也是符合民情民意的，由是则政令未出而天下期盼，政令一出则天下顺从之。

既然道（气）是宇宙万物和人体的共同本原，天地万物生于道（气），并都由无形之气产生与构成，所以天人之间存在着同构的关系，自然现象与人体具有相似之处。同时，万物有着共同的物质基础，所以人类才能感知并利用天体及万事万物的变化，故能“应化”“应动静之化”。《称》有云：“道无始而有應（应）。”[④] 又云：“时若可行，亟應（应）勿言。”[⑤] 可见《黄帝四经》

① 黎翔凤撰，梁运华整理：《管子校注》，第 943 页。
② 杨坚点校：《吕氏春秋·淮南子》，第 62 页。
③ 杨坚点校：《吕氏春秋·淮南子》，第 87 页。
④ 裘锡圭主编：《长沙马王堆汉墓简帛集成·肆》（修订本），中华书局，2024 年，第 203 页。
⑤ 裘锡圭主编：《长沙马王堆汉墓简帛集成·肆》（修订本），第 206 页。

的“应”并非普通的“回应”“应对”，而是指的是与“道”息息相关的“应”，只有符合于道并依照天时行事，才能看作“应”。

《黄帝四经》在老子“自化”的基础上提出了与天地相互感应的“应化”，《淮南子·主术训》则进一步提出，与天地相互感应的“化”的最高级别为“神化”，并完整地描述了如何由“气”达到“太上神化”的过程：“天气为魂，地气为魄，反之玄房，各处其宅；守而勿失，上通太一。太一之精，通［合］于天道。天道玄默，无容无则，大不可极，深不可测；尚与人化，知不能得。昔者神农之治天下也，神不驰于胸中，智不出于四域，怀其仁诚之心。甘雨时降，五谷蕃植，春生夏长，秋收冬藏。月省时考，岁终献功；以时尝谷，祀于明堂。明堂之制，有盖而无四方，风雨不能袭，寒暑不能伤；迁延而入之，养民以公。其民朴重端悫，不忿争而财足，不劳形而功成。因天地之资而与之和同，是故威厉而不杀（试），刑错而不用，法省而不烦。故其化如神。……故太上神化，其次使不得为非，其次赏贤而罚暴。”[1]《淮南子》多处明确指出“神化”是由于“精气”，如《缪称训》：“心之精者，可以神化，而不可以导人；目之精者，可以消泽，而不可以昭認。在混冥之中，不可谕于人。故舜不降席而天下治，桀不下陛而天下乱，盖情甚乎叫呼也。”[2]也就是说，天地之气是人的“魂魄”，修道者通过“守”天地之精气，才与天道相通。通天道的神农、舜等君主让百姓自然而然地被感化，而桀的政令却让天下大乱，这都是因为执道者怀着仁诚之心去感知“道”的神妙，按照天地四时的安排来治理国家，尤其重视精神感召的作用，这就是“神化”。

“神化”并非圣人的有意为之，而是通过神妙的不为常人认识的途径而产生的变化。“神化”之“神”不是指鬼神，而是指称“道”的神妙之处。也就

① 杨坚点校：《吕氏春秋·淮南子》，第85—87页。

② 杨坚点校：《吕氏春秋·淮南子》，第107页。

是说，这种符合“道”的“化”不是人力有意为之的改变与变化，君主勉力为之只会使天下扰攘不安，只有以“精气”贯通天、地、人，君主守天地之精气，顺应天道、地道及人性，任万事万物自然而然发生变化，这种完全符合“道”的“神妙”发生的改变才称之为“神化”，因其符合天道、地道，且不伤人性，政令所出，无所不从，所以是上等的治国方略，此为“太上神化”。《主术训》进一步解释说：“故圣人事省而易治，求寡而易澹，不施而仁，不言而信，不求而得，不为而成，块然保真，抱德推诚，天下从之，如响之应声，景之像形，其所修者本也。刑罚不足以移风，杀戮不足以禁奸，唯神化为贵，至精为神。”[①]这段话很好地描述了“神化”与“无为”的关系：精气运行于天地间，只有极其纯粹的“至精”才能体现“道”的神妙。圣人修炼精气，“保真”“抱德”“推诚”，使自身精气至真至纯，方能通于“道”的根本，行事顺应天道、地道及人性，便可“不施而仁，不言而信，不求而得，不为而成”，不需要过多的手段施为，万事万物自然而然发生变化，同时，君主的思维也可感化民众的“精气”，政令一出，便得到民众的认可，这并非刑罚与杀戮所能做到的。如此完全符合“道”的“神妙”、自上而下的改变才能称之为“神化”。

《黄帝四经》中还有三处提及“不化”：

> 道者，神明之原也。神明者，处于度之内而见于度之外者也。处于度之［内］者，不言而信；见于度之外者，言而不可易也。处于度之内者，静而不可移也；见于度之外者，动而不可化也。静而不移，动而不化，故曰神。神明者，见知之稽也。（《经法·名理》）[②]
>
> 一者其号也，虚其舍也，无为其素也，和其用也。是故上道高而不可察也，深而不可则（测）也。显明弗能为名，广大弗能为刑（形）。

① 杨坚点校：《吕氏春秋·淮南子》，第86页。

② 陈鼓应注译：《黄帝四经今注今译》，第176页。

> 独立不偶，万物莫之能令。天地阴阳，［四］时日月，星辰云气，规（蚑）行侥（蛲）重（动），戴根之徒，皆取生，道弗为益少；皆反焉，道弗为益多。坚强而不可撌，柔弱而不可化。精微之所不能至，稽极之所不能过。（《道原》）[①]

> 夫为一而不化：得道之本，握少以知多；得事之要，操正以政（正）畸（奇）。前知大（太）古，后［能］精明。抱道执度，天下可一也，观之大（太）古，周其所以；索之未无，得之所以。（《道原》）[②]

“动而不可化也”“柔弱而不可化”“为一而不化”说的都是“道”的性质。《老子》说：“坚强者死之徒，柔弱者生之徒……木强则兵。强大处下，柔弱处上。”（通行本第七十六章）[③] 又说：“揣（端）而锐之，不可长保。”（通行本第九章）[④] 强调柔弱而反对刚强。《黄帝四经》则不然，它更强调能刚能柔，刚柔相济，这是对老子“柔弱胜刚强”思想的发展。道可动可静，不管是度之内还是度之外，事物动、静不同，但道的神妙作用不变：“静而不移，动而不化，故曰神。”[⑤] 这也就是《管子·内业》所说的：“是故圣人与时变而不化，从物而不移，能正能静，然后能定。”[⑥]《管子·内业》又说：“化不易气，变不易智。惟执一之君子能为此乎！执一不失，能君万物。君子使物，不为物使，得一之理，治心在于中，治言出于口，治事加于人，然则天下治矣。”[⑦] 即或外在形迹变化了，内在的“气”与“智”却是始终如一的。可见，“不化”并非一成不变，“化”也并非面目全非、脱胎换骨，“执一之君子”能够以不

① 陈鼓应注译：《黄帝四经今注今译》，第 402 页。
② 陈鼓应注译：《黄帝四经今注今译》，第 409 页。
③ ［魏］王弼注，楼宇烈校释：《老子道德经注校释》，第 185 页。
④ ［魏］王弼注，楼宇烈校释：《老子道德经注校释》，第 21 页。
⑤ 陈鼓应注译：《黄帝四经今注今译》，第 176 页。
⑥ 黎翔凤撰，梁运华整理：《管子校注》，第 937 页。
⑦ 黎翔凤撰，梁运华整理：《管子校注》，第 937 页。

变应万变，且万变不离其宗——核心的“道”，此谓“执一”。故而说，“化”与“不化”，都是“道”的性质。同时我们也可以看出，《黄帝四经》对“不化”与“为”（或“有为”）的对应关系的阐释，如“为一而不化”“静而不移，动而不化，故曰神”，是为了反向论证“化”与“无为”的对应关系。

总而言之，较之《老子》的“自化”，《黄帝四经》的“化”内涵及外延更加丰富。除了与“变”“动静”搭配体现“变动”之意，《黄帝四经》的“化”还搭配“积”等动词，用作该动词的相反义，如“合积化以知时”，这说明“化”的词义发生了由抽象向具体的转变，其外延扩展了。同时，《黄帝四经》更加清晰地描绘了“化”与“道”及“阴阳”的关系，如“唯一不失，一以驺化”[①]“阴阳备物，化变乃生”。[②]明确地指出“化”并非普通的变化，而是“道”驱动之下、阴阳互感才产生的万物的运行与变迁。这使得“化”的内涵更为深刻，且成为黄老哲学的核心词汇之一。不仅如此，“化”这个词还用来表达黄老学派的政治理想：“故能立天子，置三公，而天下化之。之胃（谓）有道。”[③]“天下化之”是在天子已立、三公已定的前提下形成的秩序感，也就是万物各得其位，表现为“刑（形）名以定，逆顺有立（位），死生有分，存亡兴坏有处”。[④]这需要“执道者”参天地之道，厘定祸福、死生、存亡、兴坏才能达到，“参之于天地之恒道，乃定祸福死生存亡兴坏之所在。是故万举不失理，论天下无遗策”。[⑤]

《黄帝四经》却说：“一者其号也，虚其舍也，无为其素也，和其用也。”[⑥]在黄老学者看来，“一”是“道”的名号，虚无是“道”的处所，无为是“道”

① 陈鼓应注译：《黄帝四经今注今译》，第 291 页。
② 陈鼓应注译：《黄帝四经今注今译》，第 241 页。
③ 陈鼓应注译：《黄帝四经今注今译》，第 173 页。
④ 陈鼓应注译：《黄帝四经今注今译》，第 173 页。
⑤ 陈鼓应注译：《黄帝四经今注今译》，第 173 页。
⑥ 陈鼓应注译：《黄帝四经今注今译》，第 402 页。

的根本，和合是“道”的作用。“道”生天地、阴阳，又生阴阳和合之气，阴阳和合而生万物，此谓“和其用也”。这里面有一对体用关系：“无为”为体（素），“和”为用。而阴阳和合表征于外即为“化”。因为有了体用之别，这里的“无为”必须具备“和”与“化”的能力。换而言之，在“道”的统御之下，君主在“道”允许范围内的一切“有为”皆可视为“不妄为”和“无为”，其最终是为了完成“道”的功用，这个功用可能是“和”，也可能是“化”。可见，《黄帝四经》的“化”虽然呈现出林林总总各种面目，但万物需依照天地之“道”行事，君主“参道”“执道”之后，“定祸福死生存亡兴坏之所在”，百姓自会追随从之，这和《老子》所云“君主无为”而“百姓自化”是一样的。不同的是，《黄帝四经》为君主在“道”之“度”内制定法令预留了理论空间：在“道”的统御之下，君主在“道”允许范围内的一切“有为”皆可视为“不妄为”和“无为”，此为“万举不失理”，如是，由“道”生成具体的法令，也就是顺理成章的事情。

二、“虚静”——“无为”之表征

《老子》的“虚”大致可分为三层含义。其一是作动词用：“是以圣人之治，虚其心，实其腹，弱其志，强其骨。”（通行本第三章）[①] 此处为使动用法，“使心空虚”，体现的是心性修行的方法。其二是“空”之本意：“朝甚除，田甚芜，仓甚虚。”（通行本第五十三章）[②] 其三为“道”的本质：“天地之间，其犹橐籥乎？虚而不屈，动而愈出。多言数穷，不如守中。”（通行本第五章）[③]“致虚极，守静笃，万物并作，吾以观复。”（通行本第十六章）[④] 从“致虚极，守静笃”可以看出，《老子》的“虚”与“静”是相互关联的两

① ［魏］王弼注，楼宇烈校释：《老子道德经注校释》，第 8 页。
② ［魏］王弼注，楼宇烈校释：《老子道德经注校释》，第 141 页。
③ ［魏］王弼注，楼宇烈校释：《老子道德经注校释》，第 14 页。
④ ［魏］王弼注，楼宇烈校释：《老子道德经注校释》，第 35 页。

个概念："不欲以静，天地将自定。"[①]"躁胜寒，静胜热，清净为天下正。"[②]可见，老子之"虚"与"静"，可以修身养生、长养万物、包容万事，"圣人"以"虚""静"察"天下之正"。

《庄子·人间世》曰："虚者，心斋也。" 又言："虚室生白，吉祥止止。"《经典释文》引司马彪注解释云："室比喻心，心能空虚，则纯白独生也。" 郭象云："夫吉祥之所集者，至虚至静也。"[③] 《庄子·天道》又说："圣人之静也，非曰静也善，故静也；万物无足以铙心者，故静也。水静则明烛须眉，平中准，大匠取法焉。水静犹明，而况精神！圣人之心静乎！天地之鉴也，万物之镜也。"[④] 可见，庄子也把心之虚静视为得道的必要条件。圣人之静是指圣人之心已经去除了对外物的欲念，外物的存在状态与己不相关，则自然平静。圣人之心平静则可以达到对天地万物的认知，有如明镜，凡物之来而无不照。庄子所说的"静"主要指去除欲望和情感对认识活动的干扰。过度的欲望、纷乱的情绪会妨碍人心和感官正常功能的发挥，认识活动便无从开展。但是庄子反对主体对客观事物的认识、改造甚至要求取消对他们的一切感知，因此其"虚静"并不具有认识论意义。

《黄帝四经》完全承袭了《老子》关于虚静之思想，并提出了"虚静"之说，且将"虚静""无为"发展成为"执道者"的治国之术。尤为重要的是，《淮南子》《管子》等黄老著作以"精气论"为"虚静"之说的基础，搭建了"虚静"与"无为"之间的桥梁：因构筑人体的"精气"与构筑天地、万物的"气"是同源的，"虚静"方能感知天地万物之神妙，从而"因循""天道"与"地道"行事，也就是取法"自然"。这种取法"自然"的统治方式，就是黄老的

---

① ［魏］王弼注，楼宇烈校释：《老子道德经今注校释》，第 91 页。
② ［魏］王弼注，楼宇烈校释：《老子道德经今注校释》，第 123 页。
③ 郭庆藩撰：《庄子集释》，中华书局，2012 年，第 147—151 页。
④ 郭庆藩撰：《庄子集释》，第 457 页。

“无为”。由是，老子的“无为”的现实性终于在黄老学派的思想主张和政治实践中最终得以彰显。

《黄帝四经》的“虚”也有《老子》的“虚”的各种含义。

禁伐当罪当亡，必虚（墟）其国。（《经法·国次》）[①]

毋□□□□，毋御死以生，毋为虚声。（《经法·四度》）[②]

帝王者，执此道也。是以守天地之极，与天俱见，尽□于四极之中。执六枋（柄）以令天下，审三名以为万事□，察逆顺以观于霸王危亡之理，知虚实动静之所为，达于名实［相］应，尽知请（情）伪而不惑，然后帝王之道成。（《经法·论》）[③]

吾畏天爱地亲［民］，□无命，执虚信。（《十六经·立命》）[④]

天下名轩执□士于是虚。（《十六经·前道》）[⑤]

与《老子》不同的是，《黄帝四经》更加强了对于“虚”与“道”关系的强调，尤其《经法·道法》与《道原》二篇，更是详细阐述了“虚”是“道”的本质特征：“见知之道，唯虚无有。虚无有，秋毫成之，必有刑（形）名，刑（形）名立，则黑白之分已。”[⑥]“虚无刑（形），其裻冥冥，万物之所从生。”[⑦]可见“无形”的“虚”是“道”的本体，是组成“形名”的基础。“恒无之初，迥同大（太）虚。虚同为一，恒一而止。”[⑧]“一者其号也，虚其舍也，无为其素也，和其用也。”[⑨]“故唯圣人能察无刑（形），能听无［声］。知虚之实，

① 裘锡圭主编：《长沙马王堆汉墓简帛集成·肆》（修订本），第 154 页。
② 裘锡圭主编：《长沙马王堆汉墓简帛集成·肆》（修订本），第 162 页。
③ 裘锡圭主编：《长沙马王堆汉墓简帛集成·肆》（修订本），第 165 页。
④ 裘锡圭主编：《长沙马王堆汉墓简帛集成·肆》（修订本），第 177 页。
⑤ 裘锡圭主编：《长沙马王堆汉墓简帛集成·肆》（修订本），第 195 页。
⑥ 陈鼓应注译：《黄帝四经今注今译》，第 10 页。
⑦ 陈鼓应注译：《黄帝四经今注今译》，第 5 页。
⑧ 陈鼓应注译：《黄帝四经今注今译》，第 399 页。
⑨ 陈鼓应注译：《黄帝四经今注今译》，第 402 页。

后能大虚；乃通天地之精，通同而无间，周袭而不盈。”[①]这说明“虚”即是重要的哲学概念“一”，亦是“道”的分身，是“道”存在的处所。只有圣人才能从无形、无声的“虚”中悟出“道”的存在。事实上，当我们感知到无形、无声的虚无中有“道”在实实在在地发挥功用时，我们便触摸到了“道”虚静之极的本质，从而也才真正地弄明白了精气周而复始地游走、贯通于天地之间的道理。

与“虚”相比，《黄帝四经》的“静”则大多用来描述修道者的行为模式：

公者明，至明者有功。至正者静，至静者圣。无私者知（智），至知（智）者为天下稽。（《经法·道法》）[②]

静则安，正［则］治。（《经法·四度》）[③]

人则视（示）镜：人静则静，人作则作。（《十六经·观》）[④]

圣人正以侍（待）天，静以须人。不达天刑，不襦不传。（《十六经·观》）[⑤]

黄帝曰：吾既正既静，吾国家愈不定。若何？（《十六经·五正》）[⑥]

上人正之，下人静之；正以侍（待）天，静以须人。（《十六经·正乱》）[⑦]

从文意可知，《黄帝四经》的“静”常与“正”同出，像是一对描绘人的行为的相似概念，又有高下之分：“上人正之，下人静之；正以侍（待）天，静以须人。”“正”是人的行为之“上品”，是与“天”连用的高阶概念，其层次比“静”要高。这是因为在黄老学者看来，“正”是指“刑名”相符、符

① 陈鼓应注译：《黄帝四经今注今译》，第 406 页。
② 陈鼓应注译：《黄帝四经今注今译》，第 16 页。
③ 裘锡圭主编：《长沙马王堆汉墓简帛集成・肆》（修订本），第 162 页。
④ 裘锡圭主编：《长沙马王堆汉墓简帛集成・肆》（修订本），第 178 页。
⑤ 裘锡圭主编：《长沙马王堆汉墓简帛集成・肆》（修订本），第 178 页。
⑥ 裘锡圭主编：《长沙马王堆汉墓简帛集成・肆》（修订本），第 181 页。
⑦ 裘锡圭主编：《长沙马王堆汉墓简帛集成・肆》（修订本），第 185 页。

合天道，“静”是“地之德”，也就是与“天之道”对应的“地之道”：“夫天有［恒］干，地有恒常。合［此干］常，是以有晦有明，有阴有阳。夫地有山有泽，有黑有白，有美有亚（恶）。地俗德以静，而天正名以作。静作相养，德虐相成。两若有名，相与则成。阴阳备物，化变乃生。”《十六经·果童》[①]“静”与“作”是天道轮回过程中两种相对的行事方式，天“作”地“静”，相辅相成。人只有抓住了天地运行的规律，“静”“作”合时，才能在天道的周遭运行中反客为主：“天道环［周］，于人反为之客。争（静）作得时，天地与之。争不衰，时静不静，国家不定。可作不作，天稽环周，人反为之［客］。静作得时，天地与之；静作失时，天地夺之。”（《十六经·姓争》）[②]反之，该静不静，该作而不作，就会失去天地的庇护，甚至所有之物都会被夺走。

《黄帝四经》中“虚”“静”连用，是对老子“虚”“静”的突破：“无好无亚（恶），上用□□而民不麋（迷）惑。上虚下静而道得其正。”[③]“故唯执道者能虚静公正，乃见［正道］，乃得名理之诚。”[④]“虚静谨听，以法为符。”[⑤] 由上可知，“虚”乃天之道，“静”乃地之道，“执道者”体察“天虚”“地静”之道，并以“虚”“静”为用，方能法天地之“正道”，使万物形名相符。由此就能以天地的法则作为万事万物的指导方针。

尤为重要的是，《黄帝四经》的“虚静”引入“正”“作”等概念，为天道与人道之间搭建了可供交通的云梯。特别是“作”这个概念，在《黄帝四经》中不仅仅具备“动作”之意，更与“天”有着千丝万缕的联系，《经法·四度》说：“周署（迁）动作，天为之稽。天道不远，人与处，出与反。”[⑥]《称》

① 陈鼓应注译：《黄帝四经今注今译》，第241页。
② 陈鼓应注译：《黄帝四经今注今译》，第267页。
③ 陈鼓应注译：《黄帝四经今注今译》，第409页。
④ 陈鼓应注译：《黄帝四经今注今译》，第188页。
⑤ 陈鼓应注译：《黄帝四经今注今译》，第187页。
⑥ 陈鼓应注译：《黄帝四经今注今译》，第100页。

又说："天地之道，有左有右，有牝有牡。诰诰作事，毋从我冬（终）始。雷[以]为车，隆隆以为马。行而行，处而处。因地以为齎（资），因民以为师；弗因无穗也。"[①]都是指超越了普通"动作"的"天"之"作"。可见，"虚"是道的特征，"作"是"天道"的体现，"静"则是地道的表现，"上虚下静"便是"道"的正本。体现在人类的社会生活中，在"天—地—执道者（君主）—臣下—民众"这条社会生活统治链条之中，天地的"上虚下静"模式又呈现多种层次的表现形式。比如执道者在与天地的关系中，天地在上，执道者在下，但是在与臣下的关系中，执道者又是上位，所以，在"天"与"执道者"的关系中，执道者应以"正"对应"天道"的"虚"，自身要学习"地之道"的"静"，这便是"正以待天，静以须人"。同时，"天"不是一味地安静，有与"地"之静相对的"作"："争（静）作得时，天地与之"。执道者作为君主，在君臣关系中又是"君虚臣静""上用下行"。君主虚怀若谷，才能感应天地之正道，从而使得万事万物形名相符。臣下如"地道"之安静，不折腾，顺应民情，百姓便能安居乐业。而且，在君臣关系中处于上位的执道者（或君主）是"虚"的，同时也是可以"作"的，臣下安静地承担上位君主的"作"，正如君主全盘接受"天道"的"作"一样。同理，臣下在统御民众之时，也得效法天地之道，统治者"虚""作"，民众处"静"。也就是说，我们习惯性地把从老子到黄老学派的"无为"的主体看成是君主，甚至在《老子》与黄老典籍中也有不少"君主无为"的表达，而实际上，"上虚下静"才为黄老"无为"规定了一种发展变化的主从关系：在"道"与"执道者"的关系中，道（天）虚，执道者处静。而在君臣关系中，执道的君主处于上位，此刻君主为"虚"，但也如同天道一样"作"，臣下处静。这就是《十六经·姓争》所说："勿忧勿患，天制固然。天地已定，规（蚑）侥（蛲）毕挣（争）。作争者凶，不争亦毋（无）

---

① 陈鼓应注译：《黄帝四经今注今译》，第 367 页。

以成功。顺天者昌，逆天者亡。毋逆天道，则不失所守。”[①] 其中所云“作争者凶，不争亦毋（无）以成功”看上去并不符合虚静无为的精神，但却与“天作地静”的思想是一致的，对于上位者来说，符合天道的做法并非“不争”，而应是主动的“作争”。在臣下治理民众的关系中，统治者为“虚”，同时要“作”，民众处静。这才是天道、地道、人道因“虚”而保持的正位，此之谓“上人正之，下人静之”，也是“静作得时”“静作相养”的体现。

天之“作”是为了“正名”：“地俗德以静，而天正名以作。”（《十六经·果童》）[②] 这句话前文说：“夫天有［恒］干，地有恒常。合［此干］常，是以有晦有明，有阴有阳。夫地有山有泽，有黑有白，有美有亚（恶）。”[③] 也就是说，天地拥有诸多对立的两面，比如天道的明与暗、阴与阳，地道的山与水、黑与白、美与丑、好与坏等等，这些对立面相辅相成，相互转化。在不停的转化运动过程中，万事万物体现出其性质，这就是“正名以作”。

《黄帝四经》的“静”“作”常与“德”“虐”及“德”“刑”相互类比：

> 力黑对曰：勿忧勿患，天制固然。天地已（已）定，规（蚑）侥（蛲）毕挣（争）。作争者凶，不争亦毋（无）以成功。顺天者昌，逆天者亡。毋逆天道，则不失所守。天地已（已）成，黔首乃生。胜（姓）生已（已）定，敌者○生争，不谌不定。凡谌之极，在刑与德。（《十六经·姓争》）[④]

> 夫天有［恒］干，地有恒常。合□□常，是以有晦有明，有阴有阳。夫地有山有泽，有黑有白，有美有亚（恶）。地俗德以静，而天正名以作。静作相养，德虐相成。两若有名，相与则成。阴阳备物，

---

① 陈鼓应注译：《黄帝四经今注今译》，第 263 页。
② 陈鼓应注译：《黄帝四经今注今译》，第 241 页。
③ 陈鼓应注译：《黄帝四经今注今译》，第 241 页。
④ 裘锡圭主编：《长沙马王堆汉墓简帛集成·肆》（修订本），第 188 页。

化变乃生。（《十六经·果童》）[①]

人则视（示）镜：人静则静，人作则作。力黑已（已）布制建极，□□□□□曰：天地已（已）成，而民生，逆顺无纪，德虐无刑，静作无时，先后无○名。（《十六经·观》）[②]

明明（明明）至微，时反以为几（机）。天道环（还）于人，反为之客。争（静）作得时，天地与之。争不衰，时静不静，国家不定。可作不作，天稽环周，人反为之[客]。静作得时，天地与之；静作失时，天地夺之。夫天地之道，寒涅（热）燥湿，不能并立。刚柔阴阳，固不两行。两相养，时相成。居则有法，动作循名，其事若易成。若夫人事则无常，过极失当，变故易常；德则无有，昔（措）刑不当。居则无法，动作爽名，[其事乃不成，]是以僇受其刑。（《十六经·姓争》）[③]

由此我们可以进一步梳理《黄帝四经》的"虚""静""作""正"等概念的关系：

首先，"虚"是"道"的特质。"虚无形，其裻冥冥，万物之所从生。"[④]

其次，"静"为地之道，也是人类的修道方式。由"静"可以通"虚"，从而更能探知"道"的神妙。"公者明，至明者有功。至正者静，至静者圣。无私者知（智），至知（智）者为天下稽。"[⑤]

第三，"上虚下静"是天地万物的基本原理，而且，"虚静"跟"阴阳""黑白"一样，处于相辅相生、相互转化的过程中，尤其在"天—君主—臣下—百姓"这个自上而下的统治链中，"上下"关系是相对的而不是绝对的，比如君

---

① 裘锡圭主编：《长沙马王堆汉墓简帛集成·肆》（修订本），第184页。
② 裘锡圭主编：《长沙马王堆汉墓简帛集成·肆》（修订本），第178页。
③ 裘锡圭主编：《长沙马王堆汉墓简帛集成·肆》（修订本），第188页。
④ 裘锡圭主编：《长沙马王堆汉墓简帛集成·肆》（修订本），第151页。
⑤ 裘锡圭主编：《长沙马王堆汉墓简帛集成·肆》（修订本），第151页。

主在与天的关系中为“下”，在面对臣子的时候又处于“上”位。随着不同关系中上下位置的变换，“虚”“静”“作”的主体也经常发生改变。在天与君主、君主与臣下、臣下与百姓这种种不同的上下关系中，君主有时处“静”，也可能“作”，臣子亦是如此。由是，弄清“静作”的时机便显得尤为重要，此之谓“静作得时”。“上人正一，下人静之；正以侍（待）天，静以须人。”[①]“静”“作”相辅相成、不停相互转化的动态关系，造就了《黄帝四经》“无为”的丰富内涵。学界一再讨论，黄老学派的“无为”是“君无为而臣有为”，还是“君有为而臣无为”，如果以不同关系中的上下地位的变换来看，君主作为“执道者”是下，是静；天为上，为虚。在君主与臣下的关系中，君主为上，须虚怀若谷，须掌控大局的“作”；臣子为下，主静。这使得《黄帝四经》的君主表现得既“无为”又积极有为，具有一种极其特殊的气质。

第四，“静”与“作”跟阴阳、黑白等对立统一的概念一样，相辅相成，相互转化。在不停的转化运动过程中，万事万物体现出其性质，这就是“正名以作”。

第五，“得时”的“静”“作”产生“德”，不当的“作”与不遵守宇宙法则的“静”则会遭致灾殃。《十六经·姓争》说：“夫天地之道，寒涅（热）燥湿，不能并立。刚柔阴阳，固不两行。两相养，时相成。居则有法，动作循名，其事若易成。”[②]“静”与“作”二者都是天地之道，虽不能并立，却在适当的时机会相养相成，“静”有法则，“作”有正名，静作得时，如此则容易成事。由是，《黄帝四经》为君主的作为赋予了“正名”“得时”的规定性，“无为”并非不作为，而是形名相符、静作得时的为。如若作为不符合天时，形名不正，“静”不遵守宇宙法则，便会遭受灾殃：“若夫人事则无常。过极

① 陈鼓应注译：《黄帝四经今注今译》，第 253 页。
② 陈鼓应注译：《黄帝四经今注今译》，第 269 页。

失当，变故易常。德则无有，昔（措）刑不当。居则无法，动作爽名，［其事乃不成］，是以僇受其荆（刑）。”[①]

三、“因循”——“无为”之途

《老子》曰：“人法地，地法天，天法道，道法自然。”（通行本第二十五章）[②]说明了“道”并非强加于万事万物的外力，而是因循事物自身规律的一种规定性。《黄帝四经》同样认为，事物皆有其自身之规律，只有遵循和尊重万事万物的自然规律，才能获得成功。“无为”不仅仅指以“静”连通精气，体悟天地之道，还包括在变化的关系中找准上下位，处上则作，处下则静。对于统治者来说，也就是上应天道，静以修身；对下则需在顺应民心民情的基础上有所作为，采取一些顺应天道、时机、民情的治国措施，这便是“因循”。

蒙文通先生认为“因循为用”是黄老学说的精华所在，也是北方道家（稷下道家、黄老学派）与南方道家（老庄道家）最大的不同之处：“司马谈说道家‘以虚无为本，以因循为用，无成势，无常形，有法无法，因时为业，有度无度，因物与合’。可知‘虚无为本’是南北道之所故同称道家。而‘因循为用’则是北方道家所独有之精义。可以说黄老之精华即在此，其最后起而能压倒百家亦在此。”[③]南北道家之说，目前学界尚有争议，但蒙先生关于“因循”的看法却对我们启发甚大。黄老学派“无为”和老庄“无为”的区别就在于“因循”的引进，“因循”丰富了老庄的“无为”理论，对“无为”进行了积极意义上的改造，使“无为而无不为”在治国领域具备可操作性。正是由于“因循”的存在，“无为”才能和“治国”联系起来。

“因”这一概念出现很早。《论语·为政》有言：“殷因于夏礼，所损益

---

① 裘锡圭主编：《长沙马王堆汉墓简帛集成·肆》（修订本），第188页。
② ［魏］王弼注，楼宇烈校释：《老子道德经注校释》，第64页。
③ 蒙文通：《略论黄老学》，见其《先秦诸子与理学》，广西师范大学出版社，2006年，第192页。

可知也。周因于殷礼，所损益可知也。”[1] 但这里的“因”是沿袭之意，并不具备哲学意义。《黄帝四经》的“因”有27处，其中“因而”9处，从文中可知，“因”大多为“顺应”“凭借”之意，只是“因”的客体各有不同，或为“天”“天时”，或为阴阳、德虐，或为地，或为民。试举数例：

> 天反朕（胜）人，因与俱行。先屈后信（伸），必尽天极，而毋擅天功。（《经法·国次》）[2]

> 天有死生之时，国有死生之正（政）。因天之生也以养生，胃（谓）之文；因天之杀也以伐死，胃（谓）之武。[文]武并行，则天下从矣。（《经法·君正》）[3]

> 因天时，伐天悔，谓之武。武刃而以文随其后，则有成功矣，用二文一武者王。（《经法·四度》）[4]

> 黄帝曰：群群□□□□□□为一囷。无晦无明，未有阴=阳=。（阴阳。阴阳）未定，吾未有以名。今始判为两，分为阴阳，离为○四时，□□□□□□□□□□□因以为常，其明者以为法，而微道是行。行法循□，□□牝=牡=。（牝牡，牝牡）相求，会刚与柔。柔刚相成，牝牡若刑（形）。下会于地，上会于天。得天之微，时若□□□□□□□□□□寺（待）地气之发也，乃梦（萌）者梦（萌），而兹（孳）者兹（孳），天因而成之。弗因则不成，[弗]养则不生。夫民之生也，规规生食与继。不会不继，无与守地；不食不人，无与守天。（《十六经·观》）[5]

> 天地刑（形）之，圣人因而成之。圣人之功，时为之庸，因时秉□，

---

① [魏]何晏注，[宋]邢昺疏：《论语注疏》，北京大学出版社，2000年，第25—26页。

② 裘锡圭主编：《长沙马王堆汉墓简帛集成·肆》（修订本），第154页。

③ 裘锡圭主编：《长沙马王堆汉墓简帛集成·肆》（修订本），第156页。

④ 裘锡圭主编：《长沙马王堆汉墓简帛集成·肆》（修订本），第162页。

⑤ 裘锡圭主编：《长沙马王堆汉墓简帛集成·肆》（修订本），第178页。

是必有成功。圣人不达刑，不襦传。因天时，与之皆断。当断不断，反受其乱。（《十六经·兵容》）[①]

·天地之道，有左有右，有牝有牡。诰诰作事，毋从我冬（终）始。雷［以］为车，隆隆以为马。行而行，处而处。因地以为资，因民以为师。弗因无牵也。（《称》）[②]

圣人不为始，不剸（专）己；不豫谋，不为得，不辞福。因天之则。·失其天者死，欺其主者死，翟其上者危。（《称》）[③]

《说文解字·口部》曰："因，就也。从口、大。"段玉裁注："'就'下曰'就，高也。'为高必因丘陵，为大必就基队。故因从口大，就其区域而扩充之也。"[④]"凭借""依靠"是"因"的本来意，《黄帝四经》中，当所"因"对象是民、水、时等实体性存在时多用此意。当所"因"的对象为"天""时""自然"等规律性存在的时候，"因"又有沿袭、遵循的意思。正如《管子·心术上》所云："因也者，舍己而以物为法者也。"[⑤]这里的"物"就是指规律性的存在，"法"是准则之意。又说："因也者，无益无损也。以其形，因为之名，此因之术也。"[⑥]"无益无损"既是"因之术"的内容，也是其所要达到的目的。也就是说，"因"的实践活动一定要符合所因循对象的性质与自然规律，不能凭借自身臆断给所因循的对象妄加增减。同时，执道者不仅需要遵循天下之事的自然之理，而且需要能够举一反三，总结规律，并推而广之，把在具体事物中总结出来的规律性运用到相似事物的处理中。可见，黄老学说中的"因"既适用于具体事物，又适用于这一事物自身的规律性。"因"之对象的多样化和

① 裘锡圭主编：《长沙马王堆汉墓简帛集成·肆》（修订本），第190页。
② 裘锡圭主编：《长沙马王堆汉墓简帛集成·肆》（修订本），第209页。
③ 裘锡圭主编：《长沙马王堆汉墓简帛集成·肆》（修订本），第204页。
④ ［汉］许慎撰，［清］段玉裁注：《说文解字注》，第560页。
⑤ 黎翔凤撰，梁运华整理：《管子校注》，第776页。
⑥ 黎翔凤撰，梁运华整理：《管子校注》，第771页。

“因”之成为一种抽象的方法论原则是对应的。司马谈说黄老学派的特点是“无成势，无常形……有法无法，因时为业，有度无度，因物与合”[①]。正因为所“因”对象的多样化，黄老学派的政治思想才表现出“无成势，无常形”的特点。

在对于《黄帝四经》的“因”的考察中，我们会发现，“因天”出现了5次，有“因天时”2处，外加“因天之则”“因天之生”“因天之杀”3处。“因道”却一次也没有出现过。学者注意到了《黄帝四经》中“天”“天道”与“道”的不同，尤以张增田先生的论述最为典型。他认为：“‘道’只是帛书治道的一重理据，其治道理论同时又是依据‘天道’建构而成的。这样，帛书实际上包含着两重治道理据。尽管‘道’作为帛书乃至道家常说的最高范畴，从而充当着帛书的第一重治道理据，但其作者更倾向于‘天道’这一重。”[②]张增田先生进一步指出：“‘黄老’之称名表面上既专指黄帝和老子，又泛指黄帝之学和老子之学，实质上则指称同一价值立场的两种实现方式：‘黄’标志崇奉天道，把效法天道当作人间政治活动的根本原则和方法；‘老’标示道的重要性，把法道当作世间政治的根本原则和方法。老子之道是对天道（黄帝是其化身）的抽象，因此二者具有内在的圆融性。就其坚持天治立场又执定道治主义原则而论，后人冠之以‘黄老’应是至为恰当的。”[③]也就是说，张先生认为，黄帝即“天道”，随着黄帝的人格化，他便成为“人道法天”的典型，而所谓黄学或黄帝之学其实就是天学或天官之学。[④]“传说中的黄帝形象的基型就是太阳神，而太阳神又是天道的原生形态。逻辑地，当黄帝被理性化、历史化为人王时，他便自然成为效法天道的表率。”[⑤]当然，一般说来，在中华民族的上古神话传说中，太阳神一般是指炎帝而非黄帝，但从史书中描述的

---

① ［汉］司马迁撰：《史记》，中华书局，1982年，第3292页。
② 张增田：《黄老治道及其实践》，中山大学出版社，2005年，第41页。
③ 张增田：《黄老治道及其实践》，第158页。
④ 张增田：《黄老治道及其实践》，第165页。
⑤ 张增田：《黄老治道及其实践》，第169页。

黄老学派的特征来看，黄帝之学的确非常关注日月、星辰、阴阳等“天道”的运行变化，说“黄老之学”具有“法天”的理论特质，也未为不可。

“因天道”构筑了天人之际的桥梁，为天人一体的理论在现实世界的落实提供了可操作性。在黄老学说的政治思想中，天人之间互相纠结，天道的运转决定人事的成败，人事的兴衰也影响及于天道。由是治国不仅仅具有人间的意义，更是一项涉及整个宇宙运行的系统工程。黄老学说认为“天道即人道”，且天道是高于人道的，可能存在人道之外的天道，但不可能存在独立于天道的所谓人道。在此观念的支配下，黄老学派往往以对天道的探究代替对人道的建构，或者在天道的名义下来进行人道的建构。政治活动中所“因”的人道也就被替换成了天或天道。对“道”的“因循”从而具象化了，也更具有可操作性。《管子・内业》曰：“凡物之精，此则为生。下生五谷，上为列星。流于天地之间，谓之鬼神。藏于胸中，谓之圣人。”[①]在黄老学派的宇宙观中，把人与天连接起来的是精气。精气是构成天地、日月、星辰、人类的物质基础，又是它们运动的总原理。天体的运行轨迹和周期、阴阳之气的消长、四时节序的更替、人的生老病死，乃至一个政权的兴衰，这些内容中体现的规律性与道是统一的，表征也是一样的。

《十六经・观》论述“因”的重要作用云：“天因而成之。弗因则不成，[弗]养则不生。”[②]没有对“天道”的因循便是逆天，自然百事不成。所以治理国家应遵循人类社会自身的组织和发展规律，因民之情，“夫民之生也，规规生食与继。不会不继，无与守地，不食不人，无与守天”[③]。民情无非温饱与繁衍，百姓的正常需求应该得到满足。同时也需尊重农业生产的自然规律，“毋夺民时”。君主制定法令不应该从自己的好恶出发，而应克制自己的欲望，“知王

① 黎翔凤撰，梁运华整理：《管子校注》，第931页。
② 裘锡圭主编：《长沙马王堆汉墓简帛集成・肆》（修订本），第178页。
③ 裘锡圭主编：《长沙马王堆汉墓简帛集成・肆》（修订本），第178页。

述（术）者，驱骋驰猎则禽芒（荒），饮食喜乐而不面（湎）康，玩好睘（嬛）好则或（惑）心”[①]。从内在修养来约束君主的任意妄为。

由上文可知，“因循”本来指顺应天道、顺应万事万物自身规律之意，又指在人类社会活动中对于天道、地道的仿效行为，是沟通天地人之间的桥梁。具体到治国方面，则要求君主克制欲望，顺应民情，依照天时行事。由是，黄老学派对无为提出了新的要求。

《淮南子·修务训》认为，无为是某种有为：

> 或曰，无为者，寂然无声，漠然不动，引之不来，推之不往；如此者，乃得道之像。吾以为不然。尝试问之矣：若夫神农、尧、舜、禹、汤，可谓圣人乎？有论者必不能废。以五圣观之，则莫得无为，明矣。古者民茹草饮水，采树木之实，食蠃蚌之肉，时多疾病毒伤之害，于是神农乃始教民播种五谷……尝水泉之甘苦，令民知所辟就……尧立，孝慈仁爱，使民如子弟……舜作室筑墙茨屋……令民皆知去岩穴，各有家室……禹沐浴霪雨，栉扶风，决江疏河……随山栞木，平治水土，定千八百国。汤夙兴夜寐以致聪明，轻赋薄敛以宽民氓，布德施惠以振困穷，吊死问疾以养孤孀，百姓亲附，政令流行，乃整兵鸣条，困夏南巢，谯以其过。放之历山。此五圣者，天下之盛主，劳形尽虑，为民兴利除害而不懈，奉一爵酒，不知于色，挈一石之尊，则白汗交流，又况赢天下之忧而［任］海内之事者乎？……圣人忧民，如此其明也，而称以无为，岂不悖哉！……若吾所谓无为者，私志不得入公道，嗜欲不得枉正术，循理而举事，因资而立［功］，权［推］自然之势，而曲故不得容者，事成而身弗伐，功立而名弗有；非谓其感而不应，攻［迫］而不动者。若夫以火熯井，以淮灌山，

① 裘锡圭主编：《长沙马王堆汉墓简帛集成·肆》（修订本），第158页。

此用己而背自然，故谓之有为。[①]

“或曰”的“无为”显然是老庄“堕肢体，黜聪明”的消极“无为”，是《淮南子》批判的对象。《淮南子》推崇的“无为”是像尧、舜、禹、汤等圣人一样功绩满满。要做到这种“无为”，首先需要君主克制私欲，重点则在于“循理而举事，因资而立，权自然之势”，理、资、自然之势都是治国理政时所因循、权衡的对象。

总之，由于黄老学派重视“人道法天”，因循天道与天时，便可以在人类社会模拟“道”的神妙。于是，作为执道者的君主在虚静修身的基础上，体悟天道的玄妙，并采取顺应天道、时机、民情的统治措施来治国安民。由于君主的施政纲领便是“因循”，而天稽环周，因循天道意味着围绕周天运作不止，这使得黄老学说的“无为”成为在“天道”等自然规律中不停运作的“有为”。换而言之，黄老学说的“无为”是“天道”及“道”的“有为”，也可以说是“因道而为”。

① 杨坚点校：《吕氏春秋·淮南子》，第248—249页。

第二节
黄老“无为”与“道法”

在老子与庄子的学说中，“无为”是一个重要的思想概念，也是政治理想。老子和庄子分别提出“小国寡民”和“至德之世”的理想之世，都认为统治的最高境界是无为而治。黄老学派的“无为”在融汇了“神化”“虚静”“因循”等概念之后，更加强与“天道”的联系，如果说老子的“无为”呼吁人类素朴本性的回归；庄子的“无为”偏向于“自然而然”，让万事万物顺应本性而发展变化；黄老学说在“道”之下提出了降格的“天道”，以“天道”构筑天人关系，以“人道法天”搭建了天人之间沟通的桥梁，黄老学说的“无为”从而也变为了“因天道而为”，强调的则是循“天道”而治。在“天道”的指引下，由“道法”生成了人之法，这便是《黄帝四经》中着重论述的“道生法”，“天道”是黄老学派“无为而治”和“法治”相互连接的交点。

《黄帝四经》引入了“刑名”这个概念来建立“无为”与“道法”之间的联系。君王之“无为”，就是以名定位则自不相争，以名定物则自无错乱，形名既定则名实相副，即使出现偏差，也能通过法度对偏差之处进行纠正，因此只要确立了形名与法度，就能做到万物各安其性而百姓各安其命，进而实现无为而治。

《释名》曰：“名，明也。名实事使分明也。”可以说，“刑名”乃是连接本体层面之“道”与现实层面之“法”的重要一环。《经法·论约》：“故执道者之观于天下也，必审观事之所始起，审其刑（形）名。刑（形）名已定，逆顺有立（位），死生有分，存亡兴坏有处，然后参之于天地之恒道，乃定祸福死生存亡兴坏之所在。是故万举不失理，论天下无遗策。故能立天子，置三公，而天下化之。之胃（谓）有道。”[①]《黄帝四经》中的“名”“刑”代表着事物“规定的应有的性质”时，形名相符表示一种理想的“秩序”感。在黄老道家看来，执道者审合对象之“名”是否处于合乎理想秩序的应在位置，进而通过确定对象是否“名正”，就可预料对象的“死生”“存亡”“兴坏”。同时，“刑名”也为君主认知和裁定事物提供了极为明晰的判断标准，“居则无法，动作爽名”，便“僇（戮）受其刑”。[②] 君主虚静而审合形名，政治秩序便可井然有序。正如《经法·道原》所说：“分之以其分，而万民不争；授之以其名，而万物自定。”[③]

从另一个角度来说，既然“名”是依据事物本具之物形、物性而有之的，那么只要不加以人为干扰，名与形自然会相互对应。《经法·道法》说：“故执道者之观于天下殹（也），无执殹（也），无处也，无为殹（也），无私殹（也）。是故天下有事，无不自为刑（形）名声号矣。”[④]执道者无执无为，事物可以自为刑名，也就是名、位、实都相互符合，由此天下自然而然地得到治理。并说：“欲知得失，请必审名察刑（形）。刑（形）恒自定，是我俞（愈）静。事恒自包（施），是我无为。”[⑤]《道原》又云：“上信无事，则万物周扁：分之以其分，而万民不争；授之以其名，而万物自定。”[⑥]可见，《黄帝四经》认为，在不受干预的前提下，万物会自动呈现自身之“名”。而由于“名”是事物自身所自然呈现的，它便必然与事物之“形”或“实”相一致，所谓“形名相符”也正是在这一层意义上来讲的。

---

① 陈鼓应注译：《黄帝四经今注今译》，第 173 页。
② 陈鼓应注译：《黄帝四经今注今译》，第 269 页。
③ 陈鼓应注译：《黄帝四经今注今译》，第 409 页。
④ 陈鼓应注译：《黄帝四经今注今译》，第 10 页。
⑤ 陈鼓应注译：《黄帝四经今注今译》，第 336 页。裘锡圭主编：《长沙马王堆汉墓简帛集成·肆》（修订本），第 199 页。《简帛集成》中此段没有标题，在陈鼓应《黄帝四经今注今译》中取名为“名刑”。
⑥ 陈鼓应注译：《黄帝四经今注今译》，第 409 页。

其他黄老书籍也有与《黄帝四经》类似的说法，认为名与形都是物体自身具备的性质，而且它们会自动地与事物完美契合：

物固有形，形固有名。（《管子·心术上》）[①]

凡物载名而来。（《管子·心术下》）[②]

因为形名应该是天然“参同”，执道者对此不必有所行动，“无事”即可。只要执道者“执一以静”，也就是把自己放在“上虚下静”关系中的“下位”，如大地一般沉静地感受天道的“虚”及其运作的神妙。事物的形名会自动一一显现，其性质、发展变化规律等都可以定下来了。

有言者自为名，有事者自为形，形名参同，君乃无事焉，归之其情。（《韩非子·主道》）[③]

故圣人执一以静，使名自命，令事自定。……因而任之，使自事之；因而予之，彼将自举之。正与处之，使皆自定之。（《韩非子·扬权》）[④]

是以圣人之治也，静身以待之，物至而名自治之。正名自治之，奇身名废，名正法备，则圣人无事。（《管子·白心》）[⑤]

王中江指出：“对黄老学来说，‘形名’‘名实’两者关系的确立，就等于是确定了事物自身的秩序和统一性。在这种情况下，它本身就具有使事物对号入座、各就其位的自我确认能力。”[⑥]总之，统治者虚静无为，“名”自然会正，名形自然相符，万物的特质会得到自我呈现，事物自动地按照其固有的法则与规律运行、发展、变化。相应地，依“形名”而形成的外部准则，如法令、社会规则等，便也可以看作是事物“确定的归属”或本有的“运行发展的规律”，

① 黎翔凤撰，梁运华整理：《管子校注》，第771页。
② 黎翔凤撰，梁运华整理：《管子校注》，第778页。
③ 张觉点校：《商君书·韩非子》，岳麓书社，1990年，第76页。
④ 张觉点校：《商君书·韩非子》，第83页。
⑤ 黎翔凤撰，梁运华整理：《管子校注》，第789页。
⑥ 王中江：《早期道家“统治术”的转变》（下），《哲学动态》2016年第3期。

刑名之法的正当性与合理性也就由此确立了。

韩非子把形名与君臣关系联系起来。《韩非子·主道》云："道者，万物之始、是非之纪也。是以明君守始以知万物之源，治纪以知善败之端。故虚静以待令，令名自命也，令事自定也。虚则知实之情，静则知动者正。有言者自为名，有事者自为形，形名参同，君乃无事焉。"[①] 在此，韩非子把"名"看成臣僚之"言"，即相应的承诺，"形"则指臣僚之"事"，即在相应职位上的实绩。君主以臣僚之"言"来考察课臣僚之"事"，使臣僚各司其职、恪尽职守。"功当其事，事当其言，则赏；功不当其事，事不当其言，则诛。"[②]"凡治天下，必因人情。人情者，有好恶，故赏罚可用，赏罚可用，则禁令可立而治道具矣。"（《韩非子·八经》）[③] 君主看似"无为"，却深谙君臣分职之道，通过掌控人情，设计一系列的制度与法令，使臣民在"道法"的规范和引导下具体而为。这种基于"因情而治"的"无为"，已与老子的"无为"迥然有异，顺应了战国中后期官僚制度的发展，体现出理性行政意识，对于君王而言具有相当的可操作性。

《吕氏春秋·任数》也提出，君主"无知无为"比"有知有为"要好："因者，君术也，为者，臣道也。为则扰矣，因则静矣。……君道无知无为，而贤于有知有为，则得之矣。"[④] 从这段话中我们可以看出，君主"无知无为"之所以优于"有知有为"，是因为"因者君术也"，君主"因循""道"与"天道"，顺应天时以定形名，断除一己之私，摒弃一己之见，按形名之理，行文武刑德，这才是黄老学派的理想政治。可见，"刑名"这一概念的引入，让执道者在探索以天道为代表的自然运行规律的基础上，进一步拉近道与万物的关

---

① 张觉点校：《商君书·韩非子》，第 76 页。

② 张觉点校：《商君书·韩非子》，第 77 页。

③ 张觉点校：《商君书·韩非子》，第 275 页。

④ 杨坚点校：《吕氏春秋·淮南子》，第 143—144 页。

系。这是对先秦以来的“无为”思想的进一步丰富，使“无为”思想跳出“无为而无不为”的藩篱，变成了因顺的辩证的“有为”。

总而言之，在《老子》政治哲学中，“道”通过“无为”的方式来确保万物之“自然”，在政治思想中，圣人或侯王效法“道”之“无为”而成就了百姓之“自然”。此即《老子》通行本第三十七章所说：“道常无为而无不为，侯王若能守之，万物将自化。”[①]黄老学派接续了这一思想理路，同样倡导统治者施行“无为”以保障百姓之“自然”的实现。不同的是，黄老学说在其中加入了“形名”这一思想范畴。《黄帝四经》的“形名”表现为某种内在价值，“形名”的确立以万物之“自然”为根本依据，是从事物内部开出的，它为万物确立了客观而明确的认知标准；在政治哲学的层面，“形名”为君主提供了清晰的赏罚准则，君主必须克制主观意志，虚静无为而完全依据“形名”准则施行赏罚；同时，“形名”也为大臣和百姓设立了明确的行为准则，大臣与百姓的行为必须符合相对应的“名”。如果说老子的理想政治制度属意于“无为”，希冀通过回归淳朴的“赤子”“婴儿”的人性本真，来保障和成就万物本有的多样性和非规定性；黄老政治哲学则试图在“无为”的根基上，建构天道规则之内的“有为”，从而建构某种更为行之有效、井然有序的政治秩序。

黄老学派认为，法与人性同出于道。故而法与人性并不相违背，良好的社会法则是尊重民众生存繁衍、衣食住行这些基本需求的。所以，法令应该满足民情，顺应民风民俗，而不是与民情、民风、民俗相悖。这就是《经法·君正》所说的：“一年从其俗，二年用其德，三年而民有得……一年从其俗，则知民则。二年用[其德]，民则力。三年无赋敛，则民有得。四年发号令，则民畏敬……俗者，顺民心殹（也）。德者，爱勉之（也）。”[②]同时，人类社会的运行规

① [魏]王弼注，楼宇烈校释：《老子道德经注校释》，第90—91页。
② 陈鼓应注译：《黄帝四经今注今译》，第53、56页。

则需因循天道，并反映天道，制订法令如此，处理国事、人际关系、安养百姓等也都如此。

因循天道的一个重要方法便是“参以天当”，以上天的度量、权衡、规矩等客观性的标准作为处事的规则：“称以权衡，参以天当，天下有事，必有巧验。事如直木，多如仓粟。斗石已具，尺寸已陈，则无所逃其神。故曰：‘度量已具，则治而制之矣。’”[①]“规之内曰员（圆），拒（矩）之内曰［方］，［悬］之下曰正，水之［上］曰平。尺寸之度曰小大短长，权衡之称曰轻重不爽，斗石之量曰小（少）多有数。八度者，用之稽也。”[②]可见，法之于人类社会生活恰似规矩之于方圆、权衡之于轻重、斗石之于多少，它必须像规矩、权衡、斗石这些测量工具一样，具有客观性、标准性、统一性、普适性，才能判断人间的是非曲直。《经法·君正》曰：“法度者，正之至也。而以法度治者，不可乱也。而生法度者，不可乱也。”[③]《称》曰：“世恒不可择（释）法而用我，用我不可，是以生祸。”[④]这两句话分别从正反两个方面陈述了法令在国家治理中的的重要性。

黄老“道法体系”中的法一旦制定，就具有客观规定性，对社会成员具有普遍约束力。即或君主本人也不能随意触犯法律，也不能轻易改动法律。

> 故执道者，生法而弗敢犯殹（也），法立而弗敢废［也。□］能自引以绳，然后见知天下而不惑矣。（《经法·道法》）[⑤]
>
> 法者，天下之度量而人主之准绳也。悬法者，法不法也。设赏者，赏当赏也。
>
> 法定之后，中程者赏，缺绳者诛；尊贵者不轻其罚，而卑贱者

① 陈鼓应注译：《黄帝四经今注今译》，第16页。
② 陈鼓应注译：《黄帝四经今注今译》，第115页。
③ 陈鼓应注译：《黄帝四经今注今译》，第71页。
④ 陈鼓应注译：《黄帝四经今注今译》，第362页。
⑤ 裘锡圭主编：《长沙马王堆汉墓简帛集成·肆》（修订本），第151页。

不重其刑；犯法者虽贤必诛，中度者虽不肖必无罪；是故公道通而私道塞矣。古之置有司也，所以禁民使不得自恣也；其立君也，所以制有司使无专行也，法籍礼义者，所以禁君使无擅断也。（《淮南子·主术训》）[①]

故曰，有生法，有守法，有法于法。夫生法者，君也。守法者，臣也。法于法者，民也。君臣上下贵贱皆从法，此谓为大治。（《管子·任法》）[②]

黄老之学对“道法”概念的阐释，逐渐与大一统的历史趋势相适应，且被几代黄老家不断加以引申与推广，成为“无为而治”的另一种理解。尤其在汉高祖到文景之际的历史时期，“垂拱无为”在由“法”向“术”转变过程中获得巨大成功，甚且成为了国家机器的组织和运转原则。庞大的国家机器由数目可观的不同层级的官僚来构成，朝廷制定了一些制度来进行官僚之间的权力分配与职责分工，使得整个国家机器条理化、有序化。君主及大臣只需保障这种官僚体制的运作，便可垂拱而治。同时，即使拥有最高权力的君主，也不得随意干涉、侵犯百官职责范围内的权力。也就是在这样的政治环境中，逐渐发展出君主以“术”为核心的“帝王之术”。所谓“术者，藏之于胸，以偶众端而潜御群臣者也”（《韩非子·难三》）[③]，《管子·心术》曰：“是故有道之君，其处也若无之，其应物也若偶之，静因之道也。”[④]都是以君主之“术”的角度去阐述“无为而治”。《淮南子·主术训》云：“人主之术：处无为之事，而行不言之教，清静而不动，一度而不摇，因循而任下，责成而不劳。”[⑤]认为“无为”便是人主之术，并进一步解释道：“夫人主之听治也，清明而不暗，

① 杨坚点校：《吕氏春秋·淮南子》，第95页。
② 黎翔凤撰，梁运华整理：《管子校注》，第906页。
③ 张觉点校：《商君书·韩非子》，第247—248页。
④ 黎翔凤撰，梁运华整理：《管子校注》，第764页。
⑤ 杨坚点校：《吕氏春秋·淮南子》，第85页。

虚心而弱志，是故群臣辐凑并进，无愚智贤不肖莫不尽其能。”[①]“君人之道，处静以修身，俭约以率下。静则下不扰矣，俭则民不怨矣。”[②]可见，韩非等黄老学派把无为“术”的一面发扬光大，以此与大一统的历史趋势以及逐步加强的皇权相呼应，同时也保留了《老子》的无为“静”“俭约”的原始论调，从“治”的层面转向了对“术”的发挥。

① 杨坚点校：《吕氏春秋・淮南子》，第 90 页。
② 杨坚点校：《吕氏春秋・淮南子》，第 93 页。

第七章

内圣外王——《黄帝四经》的政治理想

黄老学说的产生与政治息息相关，由《黄帝四经》可知，虽然《黄帝四经》中有浓厚的哲学思辨，也有对个体修身养性的要求，但黄老学派探讨的问题不是虚无缥缈的形而上学，也不是个人的身心修养，它建立的是一个“道—天（天道）—阴阳 / 四时—刑德 / 刑名—法”的逻辑模式，试图在“礼崩乐坏”的社会现实中重建一种与“以德受命”不同的天人关系与社会秩序。其精神气质是一种政治哲学。首先，《黄帝四经》把“帝道”置于“圣道”“天道”之间，表明了“帝道”的重要性，建构了一种超脱于既有的王道、霸道的政治哲学新思维。其次，《黄帝四经》提出，君主应去私立公，节制自己的欲望，尊重百姓的天性来制定统治政策，这是其政治思想对统治者提出的修养要求。最后，《黄帝四经》体现了内圣外王的理论旨趣，其“内圣”即涵养“内德”之“心术”，其“外王”是以“法”并通过“刑德”达成“无刑”的“太上之世”，这与儒家的“外王”旨趣迥异。

第一节
以“帝道”为核心

“黄老”之“黄”，即为黄帝。在考察黄老学说的来源时我们可知，春秋战国时期有一个“百家言黄帝”的时期。“黄帝”形象实则为某种社会意象与政治符号。他是一个传说中的远古圣王，在历史记忆和想象的结合中，由于时代需要，而被创造成各民族的“共祖”。按照郑开的说法，“黄帝”（作为一个政治文化之符号）能够打破地域、民族的藩篱，使原本以邻为壑的不同种族、文化得以整合，抟聚为一个新的有机整体。[①]那么，春秋以来特别是战国中期以降的“黄帝”形象，恰好体现了维系共同的政治、文化与精神信仰的历史诉求，反映了向往“天下归一”“大一统”的政治要求。黄老政治哲学尤其重视的“一”“执一”也包含了“天下归一”政治意义。[②]顾颉刚先生也指出，古之“帝”“天”互文，而战国年间兴起的“帝制运动”，乃是“王”升级为“帝”的结果。[③]“黄帝”出现于思想史，正是因应了春秋战国的时代精神，黄老政治哲学推波助澜，以“黄帝”为号召，于其时流行的王道、霸道之外寻求新突破，“帝道”于是便应运而生。

《庄子》《管子》曾多次论述过“帝王之道”“帝道”。《庄子》出现“帝”

---

① 郑开：《黄老政治哲学阐幽》，《深圳社会科学》2019年第4期。

② 郑开：《试论黄老学文献中的“一”》，《中原文化研究》2018年第5期。

③ 顾颉刚：《史林杂识初编》，中华书局，1963年，第176—177页。

字达70余次，从这些语词出现的语境考察，它们似乎在建构某种不拘于俗、超出现实政治的政治合理性，以及另辟蹊径，重新构建一种不同于儒家政治传统“祖述尧舜”的圣王谱系。《庄子》有《应帝王》篇，郭象解题《应帝王》说：“夫无心而任乎自化者，应为帝王也。”[①]《应帝王》篇关切的问题在于政治，确切地说是超然于秩序之上的政治。《天地》篇所谓“帝王之德”虽然较为抽象，却具有明确的政治哲学涵义，它的参照系就是“尧舜之教”，就是针对“大圣（尧舜）之治天下”之政治模式而发。《天道》篇把“帝道”置于“圣道”“天道”之间，表明了“帝道”的重要性。从更广阔的思想史视野考察“帝”（特别是黄帝）和“帝道”出现于思想世界的必然性，估计它可能反映了新的政治、建构新的国家之政治哲学新思维，以超脱于既有的王道、霸道。我们还有理由推想，战国秦汉年间涌现出来的各种各样的“黄帝之道”（例如“黄帝书”和“黄帝言”以及方技术数传统里的“黄帝”）应该也是“帝道”的一部分或附庸。

《管子》比《庄子》更具体、更明确阐述了“帝道”与“王道”“霸道”的区别：

> 黄帝之王，谨逃其爪牙。有虞之王，枯泽童山。夏后之王，烧增薮，焚沛泽，不益民之利。殷人之王，诸侯无牛马之牢，不利其器。周人之王，官能以备物。五家之数殊，而用一也。（《管子·国准》）[②]
>
> 黄帝之王，童山竭泽。有虞之王，烧曾薮，斩群害，以为民利，封土为社，置木为闾，始民知礼也。当是其时，民无愠恶不服，而天下化之。夏人之王，外凿二十亩，韘十七湛，疏三江，凿五湖，道四泾之水，以商九州之高，以治九薮，民乃知城郭门闾室屋之筑，

① 陈鼓应注译：《庄子今注今译》，中华书局，2009年，第230页。

② 黎翔凤撰，梁运华整理：《管子校注》，中华书局，2004年，第1392页。

而天下化之。殷人之王，立帛牢，服牛马以为民利，而天下化之。周人之王，循六峜，合阴阳，而天下化之。（《管子·轻重戊》）①

昔者尧之治天下也，犹埴已埏也，唯陶之所以为；犹金之在炉，恣冶之所以铸。其民引之而来，推之而往，使之而成，禁之而止。故尧之治也，善明法禁之令而已矣。黄帝之治天下也，其民不引而来，不推而往，不使而成，不禁而止。故黄帝之治也，置法而不变，使民安其法者也。（《管子·任法》）②

凡有天下者，以情伐者帝，以事伐者王，以政伐者霸。（《管子·禁藏》）③

由引文可知，《管子》反复强调"无为者帝"（《乘马》《势》），表明其"帝道"之核心在于"无为"，当然是资取老庄政治哲学的结果。前引《庄子·天道》也是特别强调"无为"这一核心政治哲学概念。可以说，如果说"帝王之道（德）"具有某种政治哲学内涵的话，"无为"就是其核心内容。这也是老庄政治哲学与黄老政治哲学的连接点。

在《黄帝四经》之《十六经》的开篇《立命》篇中，便树立了一个"天下之宗"的帝王形象：

昔者黄宗，质始好信，作自为象，方四面，傅一心，四达自中，前参后参，左参右参，践立（位）履参，是以能为天下宗。"吾受命于天，定立（位）于地，成名于人。唯余一人［德］乃肥（配）天，乃立王、三公，立国置君、三卿。数日、历月、计岁，以当日月之行。允地广裕，类天大明。"吾畏天爱地亲民。［废］无命，执虚信。吾畏天爱［地］亲民，立有命，执虚信。吾爱民而民不亡，吾爱地

① 黎翔凤撰，梁运华整理：《管子校注》，第1507页。
② 黎翔凤撰，梁运华整理：《管子校注》，第901页。
③ 黎翔凤撰，梁运华整理：《管子校注》，第1027页。

而地不兄（荒），吾受民□□□□□□□□□死，吾位不［失］。吾句（苟）能亲亲而兴贤，吾不遗亦至矣。[①]

这里的黄帝可以为自己制造一个四面挟辅一心的形象，不需移动便可视四方。也有专家解释，此为比喻，意为黄帝手下有四个大臣统御四方。总之，即位后的黄帝任命了王、三公，设立诸国并配置三卿。也就是说，黄帝是帝王统治的最初缔造者。他还计算天体的运行，以太阳和月亮的运行规律创造历法，人类社会第一次掌握了天地的规律。

《十六经·观》中也说道：

［黄帝］令力黑浸行伏匿，周流四国，以观无恒，善之法则。力黑示象，见黑则黑，见白则白。地□□□□□□□□□［则］恶。人则视竞：人静则静，人作则作。力黑已布制建极，□□□□□曰：天地已成而民生，逆顺无纪，德瘧（虐）无刑，静作无时，先后无名。今吾欲得逆顺之［纪，德虐之刑，静作之时］，以为天下正，静作之时，因而勒之，为之若何？黄帝曰：群群□□□□□□为一囷。无晦无明，未有阴阳。阴阳未定，吾未有以名。今始判为两，分为阴阳，离为四［时］，□□□□□□□［德虐之行］，因以为常。其明者以为法，而微道是行。行法循□□□牝牡。牝牡相求，会刚与柔。柔刚相成，牝牡若刑（形）。下会于地，上会于天。[②]

此处的黄帝即位之初，世界是一个晦明、阴阳、四时都不分的混沌状态，黄帝派遣力黑悄悄观察，在这个混沌的世界里初次建立自然秩序，可以说，黄帝才是文明社会的创造者。

而在《黄帝四经·十六经》的《五正》《果童》《成法》《顺道》等篇，

① 陈鼓应注译：《黄帝四经今注今译》，商务印书馆，2016年，第196、201页。

② 陈鼓应注译：《黄帝四经今注今译》，第205、206、210页。

黄帝则去除了神话色彩，经常向阉冉、果童、力黑等臣子询问治国之策与养生之方，一方面是为了借黄帝君臣对答来详细阐述黄老学派思想，另一方面也说明黄帝作为“天下之宗”，其统治思想需要臣下的辅佐，才得以贯彻实施。

《黄帝四经》之《称》提到了“帝者”“王者”和“霸者”，明确是指三种不同的政治理念与模式，“帝者臣，名臣，其实师也；王者臣，名臣，其实友也，朝（霸）者臣，名臣也，其实［宾也。危者］臣，名臣也，其实庸也；亡者臣，名臣也，其实虏也”。[①] 黄老政治哲学屡言“治国”，然而更多的是谈论“治天下”“王天下”：

> 天下大（太）平，正以明德，参之于天地，而兼复（覆）载而无私也，故王天［下］。……王天下者有玄德，有［玄德］独知［王术］，［故而］王天下而天下莫知其所以。王天下者，轻县国而重士，故国重而身安；贱财而贵有知，故功得而财生；贱身而贵有道，故身贵而令行。（《经法·六分》）[②]

一般而言，道家罕言“明德”，儒家讳言“玄德”。《经法》这段话同时出现了“明德”和“玄德”，学者普遍认为，黄老引入“明德”使“玄德”增加可操作性。而郑开认为，这段话道出了“帝道”与“王道”的分野：“明德”对应“王道”，“天下太平，匹以明德，参之于天地，而兼覆载而无私也，故王天下”；“玄德”对应“帝道”，“王天下者有玄德，有玄德独知王术，故王天下而天下莫知其所以”。《经法》认为“玄德”更胜一筹。

同时，“玄德”与“帝道”的实质内容都以“无为”为中心。从某种意义上说，黄老政治哲学进一步发展了老庄以“玄德”“无为”概念为核心的政治哲学，

---

① 陈鼓应注译：《黄帝四经今注今译》，第352、353页。
② 陈鼓应注译：《黄帝四经今注今译》，第86、95页。

“帝道”观念亦汲取了“玄德”“无为”概念及其理论，并予以了推陈出新（比如说名理和道法等理论）。黄老政治哲学的“帝道”内容丰富，道德与仁义、尊德与尚贤、隆礼与重法、因循与无为等等，皆呈现于“帝道”之内，并且予以新诠释，可见惟有“帝道”能够囊括黄老政治理论的根本宗旨。“帝道”是黄老政治哲学的主线与核心。

第二节 “去私立公”的统治修养

黄老道家与老子、庄子同属于道家学派，他们都将形上之道作为人性的最高依据和最深根源，都依据推天道而明人事的原则思考人性之本然，并由此思考人道与治道。但由于思想背景、理论旨趣上的差异，使得他们在人性论问题上亦有所区别。老庄人性论将归根复命、复归于朴视为人性之理想，展现为突破外物的樊篱，追寻主观意境进而追求精神境界的建构，他们反对“丧己于物，失性于俗”（《庄子·缮性》）[①]和“与物相刃相靡”（《庄子·齐物论》）[②]的状态，希望通过虚静、心斋等内心修养功夫追寻安身立命的精神家园，无论是老子的“赤子”“婴儿”还是庄子的“反其性情而复其初”（《庄子·缮性》）[③]都是欲使人性从情感欲望、社会制度的束缚中摆脱出来，将人性看作自然的、非社会性的先天本质，具有明显的形上性和超越性。

《黄帝四经》也追寻精神高于物外的超越境界，但以好利恶害的自然生理本能欲望作为人的本性，对人性问题的思考比老庄道家更为客观具体，其根源在于对道论的气化、形下化解析，使得其哲学的形上性、玄思性减弱，而现实性、客观性凸显，他们遵循的是“以生言性”的路径，“以情释性”的思路

① 陈鼓应注译：《庄子今注今译》，第438页。
② 陈鼓应注译：《庄子今注今译》，第53页。
③ 陈鼓应注译：《庄子今注今译》，第435页。

就是提醒人们应该合理地、辩证地面对人性中固有的自然之性即生理欲望，在“因人之情”的原则下，既继承老庄道家虚静自然的精神境界，提出了“宁心安性”的个人修养方法，同时按照“因性制法”的原则探讨社会制度和国家法治的建构，在更深层次上思考人性与制度的关系。尽管《黄帝四经》也警惕过度的嗜欲对人和社会的危害，但他们并不试图彻底消灭或者改造人的自然欲望，而是持因顺、利用人性的态度。可见，《黄帝四经》的人性论没有脱离社会现实，他们对理想的人性追求就在尘世中，展现为在正视外物束缚的前提下游于世俗而又努力超越世俗的现实境界，其最终旨归就在于从人性论的视角为“无为而无不为”的治国思想寻找理论依据，这是黄老道家为适应百家争鸣的思想环境以及列国变法图强的社会需要而做出的理论调适，丰富了道家人性论的理论形态，是先秦道家人性论的新阶段、新形态。

《黄帝四经》多处提到了“去私立公”：

使民之恒度，去私而立公。（《经法 · 道法》）[①]

精公无私而赏罚信，所以治也……兼爱无私，则民亲上。（《经法 · 君正》）[②]

天下大（太）平，正以明德，参之于天地，而兼复（覆）载而无私也，故王天［下］。（《经法 · 六分》）[③]

君臣不失其立（位），士不失其处，任能毋过其所长，去私而立公，人之稽也。（《经法 · 四度》）[④]

《黄帝四经》“去私立公”的主张是其“抱道执度”“援法入道”政治学说的理论延伸与现实推行。在《黄帝四经》政治思想中，君主的个人私欲不能

① 陈鼓应注译：《黄帝四经今注今译》，第 25 页。
② 陈鼓应注译：《黄帝四经今注今译》，第 71、73 页。
③ 陈鼓应注译：《黄帝四经今注今译》，第 86 页。
④ 陈鼓应注译：《黄帝四经今注今译》，第 115 页。

无限膨胀，“无私”才是君王睿智的表现，“公者明，至明者有功。至正者静，至静者圣。无私者知（智），至知（智）者为天下稽”（《经法·道法》）[①]，“唯执道者能虚静公正”（《经法·名理》）[②]，这里的“执道者”既是“中实而外正”（《十六经·五正》）[③]的得道者，也是“以法为符”（《经法·名理》）[④]的法律执行者。“立公”是为了破除偏私，从而建立天下人共同遵行的行为规范与准绳，维护“法”的公义性。正如《经法·道法》所云：“故执道者之观于天下殹（也），无执殹（也），无处也，无为殹（也），无私殹（也）。”[⑤]

《黄帝四经》的“公”有三重含义：一是形容道的无所不包、天地无所不覆、无所不载，如：“天地无私”（《经法·国次》）[⑥]、“兼复（覆）载而无私”（《经法·六分》）[⑦]。二是指得道者的公正坦荡，如：“故唯执道者能虚静公正。”（《经法·名理》）[⑧]。三则为具体执政手段上的公平无私。如：“任能毋过其所长，去私而立公。”（《经法·四度》）[⑨]“精公无私而赏罚信。”（《经法·君正》）[⑩]从意义上来说，公私问题是社会利益的分配问题。“私”主要指统治者尤其是君主之私欲，与之相对的“公”则是指为统治者所用的“人”或“众”的利益。“去私立公”是“用人”或“用众”的必要条件。君主要控制物质欲望，毕竟过多的物质享受只会伤身损性。“五色令人目盲，五音令人耳聋，五味令人口爽，驰骋田猎令人心发狂，难得之货令人行妨。是以圣人为

---

① 陈鼓应注译：《黄帝四经今注今译》，第 16 页。
② 陈鼓应注译：《黄帝四经今注今译》，第 188 页。
③ 陈鼓应注译：《黄帝四经今注今译》，第 233 页。
④ 陈鼓应注译：《黄帝四经今注今译》，第 187 页。
⑤ 陈鼓应注译：《黄帝四经今注今译》，第 10 页。
⑥ 陈鼓应注译：《黄帝四经今注今译》，第 35 页。
⑦ 陈鼓应注译：《黄帝四经今注今译》，第 86 页。
⑧ 陈鼓应注译：《黄帝四经今注今译》，第 188 页。
⑨ 陈鼓应注译：《黄帝四经今注今译》，第 115 页。
⑩ 陈鼓应注译：《黄帝四经今注今译》，第 71 页。

腹不为目，故去彼取此。”（《老子》通行本第十二章）[①] 同时，君主过分的物质享受会伤害被统治者的利益，不利于国家的长治久安，故而应“节民力”与“赋敛有度”。“知地宜，须时而树，节民力以使，则财生，赋敛有度则民富，民富则有佴（耻），有佴（耻）则号令成俗而刑伐（罚）不犯，号令成俗而刑伐（罚）不犯则守固单（战）朕（胜）之道也。”（《经法·君正》）[②] 此为治天下的“王术”：“然而不知王述（术），不王天下。知王［术］者，驱骋驰猎而不禽芒（荒），饮食喜乐而不面（湎）康，玩好睘（嬛）好而不惑心，俱与天下用兵，费少而有功，［战胜而令行，故福生于内，则］国富而民［昌。圣人其留，天下］其［与］。［不］知王述（术）者，驱骋驰猎则禽芒（荒），饮食喜乐则面（湎）康，玩好睘（嬛）好则或（惑）心，俱与天下用兵，费多而无功，单（战）朕（胜）而令不［行。故福］失［于内，财去而仓廪］空［虚］，与天［相逆］，则国贫而民芒（荒）。［至］圣之人弗留，天下弗与。如此而有（又）不能重士而师有道，则国人之国已［矣］。”（《经法·六分》）[③] 同时，《黄帝四经》认为要顺从民心民俗，而不是压抑百姓之人性去迎合君主之私欲。《经法·君正》说：“一年从其俗，二年用其德，三年而民有得……一年从其俗，则知民则。二年用［其德］，民则力。三年无赋敛，则民有得。 四年发号令，则民畏敬 ……俗者，顺民心殹（也）。德者，爱勉之［也］。”[④]“因民之性”也见诸《淮南子·泰族训》：

圣人之治天下非易民性也，拊循其所有而涤荡之。故因则大，化则细矣……故能因则无敌于天下矣。夫物有以自然，而后人事有治也。……民有好色之性，故有大婚之礼；有饮食之性，故有大飨

---

① ［魏］王弼注，楼宇烈校释：《老子道德经注校释》，中华书局，2016 年，第 27—28 页。

② 陈鼓应注译：《黄帝四经今注今译》，第 67 页。

③ 陈鼓应注译：《黄帝四经今注今译》，第 90 页。

④ 陈鼓应注译：《黄帝四经今注今译》，第 53、56 页。

之谊；有喜乐之性，故有钟鼓管弦之音；有悲哀之性，故有衰绖哭踊之节。故先王之制法也，因民之所好而为之节文者也。因其好色而制婚姻之礼，故男女有别。因其喜音而正《雅》《颂》之声，故风俗不流。因其宁家室、乐妻子［而］教之以顺，故父子有亲。因其喜朋友而教之以悌，故长幼有序。然后修朝聘以明贵贱，飨［乡］饮习射以明长幼，时搜振旅以习用兵也，入学庠序以修人伦。此皆人之所有于性，而圣人之所匠成也。

故无其性不可教训，有其性无其养不能遵道。……人之性有仁义之资，非圣人为之法度而教导之，则不可使向方。故先王之教也，因其所善以劝善，因其所恶以禁奸，故刑罚不用而威行如流，政令约省而化耀如神。故因其性则天下听从，拂其性则法悬而不用。①

《淮南子》是对《文子》"因民之性"的进一步阐释，认为人类社会包括礼法、教化、婚姻在内的一切制度设计都应该建立在百姓的人性基础之上，遵从民众的正当欲望。这与《黄帝四经》"去私立公"的统治修养互相印证。

① 杨坚点校：《吕氏春秋·淮南子》，岳麓书社，1989 年，第 262 页。

第三节
“内圣外王”的理论旨趣

“内圣外王”常见于宋明诸儒的著述，而实际上，最早提出“内圣外王之道”的是《庄子·天下》，郑开认为，“内圣外王”更能说明黄老政治思想的理论旨趣。[①]

《黄帝四经》之《经法·名理》说：

> 道者，神明之原也。神明者，处于度之内而见于度之外者也。处于度之［内］者，不言而信；见于度之外者，言而不可易也。处于度之内者，静而不可移也；见于度之外者，动而不可化也。静而不移，动而不化，故曰神。神明者，见知之稽也。有物始［生］，建于地而洫（溢）于天，莫见其刑（形），大盈冬（终）天地之间而莫知其名。[②]

与老子及庄子一样，《黄帝四经》强调“道”的神妙莫测，此处的“神明”更是意味着物我两忘、人道合一的状态，意味着超乎一般的感性及理性知识之上的理性直觉，是对于圣人精神境界的描述。也正如冯友兰先生所说，道不仅仅意味着客观的真理，同时意味着主观的境界。在此意义上，我们可以说，“神

① 郑开：《道家政治哲学发微》，北京大学出版社，2019 年，第 293 页。
② 陈鼓应注译：《黄帝四经今注今译》，第 176、180 页。

明”即圣人得道后的内在体验所达到的精神境界。

《经法·论》则叙述了达成神明之境的方法：

> ［强生威，威］生惠，惠生正，［正］生静。静则平，平则宁，宁则素，素则精，精则神。至神之极，［见］知不惑。[①]

此处的“至神之极”，与“至德”“至道”极其相似。《黄帝四经》中的“精”与“神”，已经分担了部分“道”的概念。《管子》中也有大量关于精、气、神的描述：

> 凡物之精，此则为生。下生五谷，上为列星。流于天地之间，谓之鬼神。藏于胸中，谓之圣人。（《管子·内业》）[②]
>
> 精存自生，其外安荣。内藏以为泉原，浩然和平，以为气渊。渊之不涸，四体乃固。泉之不竭，九窍遂通。（《管子·内业》）[③]
>
> 抟气如神，万物备存。（《管子·内业》）[④]
>
> 定心在中，耳目聪明，四枝坚固，可以为精舍。精也者，气之精者也。（《管子·内业》）[⑤]

可见，黄老学派的“精”“神”指心身之间复杂的交涉关系，尤其指身心统一的状态，与圣人的境界有莫大的关联。“精”“神”的具体修炼过程在《管子》中被称为“心术”，且《管子》中有一章特以“心术”命名，是指“使心保持清静虚素的境地的修养方法”[⑥]。《管子·心术上》释其意曰：“心术者，无为而制窍者也。”[⑦]其大意为清静、少欲、虚其心，以澄明之心“体道”：

① 陈鼓应注译：《黄帝四经今注今译》，第134页。
② 黎翔凤撰，梁运华整理：《管子校注》，第931页。
③ 黎翔凤撰，梁运华整理：《管子校注》，第938—939页。
④ 黎翔凤撰，梁运华整理：《管子校注》，第943页。
⑤ 黎翔凤撰，梁运华整理：《管子校注》，第937页。
⑥ 朱伯崑：《朱伯崑论著》，沈阳出版社，1998年，第423页。
⑦ 黎翔凤撰，梁运华整理：《管子校注》，第760页。

虚其欲，神将入舍；扫除不洁，神乃留处。（《管子·心术上》）[①]

敬除其舍，精将自来。……抟气如神，万物备存。能抟乎？能一乎？能无卜筮而知吉凶乎？能止乎？能已乎？能勿求诸人而之己乎？思之思之，又重思之。思之而不通，鬼神将通之。非鬼神之力也，精气之极也。（《管子·内业》）[②]

专于意，一于心，耳目端，知远之证。能专乎？能一乎？能毋卜筮而知凶吉乎？能止乎？能已乎？能毋问于人而自得之于己乎？故曰，思之思之，不得，鬼神教之。非鬼神之力也，其精气之极也。（《管子·心术下》）[③]

“心术”成为《管子》及黄老学说中值得注意的内容，是因为它把修身与治国联系起来了。《管子·心术上》有言：“心之在体，君之位也。九窍之有职，官之分也。心处其道，九窍循理。”[④]“心术者，无为而制窍者也，故曰君。”[⑤]《经法·论》说：“……惠生正，［正］生静。静则平，平则宁，宁则素，素则精，精则神。至神之极，［见］知不惑。帝王者，执此道也。”[⑥]可见，虽然《黄帝四经》没有像《管子》一样对“心术”展开阐述，但其政治思想中的理想帝王，也和老庄学说及《管子》一样，是精通“心术”的“圣人”或“执道者”。

当最高统治者修炼“内德”与“心术”，成为通晓“道”“德”的“执道者”或“圣人”，作为个体心性状态的“内德”便具有了政治上的功效：

故唯执［道］者能上明于天之反，而中达君臣之半，富密察于

① 黎翔凤撰，梁运华整理：《管子校注》，第759页。
② 黎翔凤撰，梁运华整理：《管子校注》，第938、943页。
③ 黎翔凤撰，梁运华整理：《管子校注》，第780页。
④ 黎翔凤撰，梁运华整理：《管子校注》，第759页。
⑤ 黎翔凤撰，梁运华整理：《管子校注》，第767页。
⑥ 陈鼓应注译：《黄帝四经今注今译》，第134页。

万物之所终始，而弗为主。故能至素至精，悎（浩）弥无刑（形），然后可以为天下正。（《经法 · 道法》）[1]

圣人不巧，时反是守。优未爱民，与天同道。圣人正以侍（待）天，静以须人。不达天刑，不襦不传。当天时，与之皆断；当断不断，反受其乱。（《十六经 · 观》）[2]

一物能化谓之神，一事能变谓之智。化不易气，变不易智。惟执一之君子能为此乎！执一不失，能君万物。君子使物，不为物使。得一之理，治心在于中，治言出于口，治事加于人，然则天下治矣。一言得而天下服，一言定而天下听，公之谓也。（《管子 · 内业》）[3]

一气能变曰精，一事能变曰智。慕选者，所以等事也；极变者，所以应物也。慕选而不乱，极变而不烦，执一之君子。执一而不失，能君万物，日月之与同光，天地之与同理。圣人裁物，不为物使。

心安，是国安也；心治，是国治也。治也者，心也，安也者，心也。治心在中，治言出于口，治事加于民，故功作而民从，则百姓治矣。（《管子 · 心术下》）[4]

治身与治国始终是儒家与道家哲学关注的两大主题，儒家重视“德化”，在治术层面尤其强调道德教化的优先地位。孔子曰：“为政以德，譬如北辰，居其所而众星拱之。”何晏注之曰：“德者无为，犹北辰之不移而众星拱之。”（《论语 • 为政》）[5]此处的“无为”跟老庄的“无为”不同，指的是不必有所行为，但需个人修德，正如《论语 • 为政》所言：“或谓孔子曰，子奚不为政？子曰，《书》云：‘孝乎惟孝，友于兄弟，施于有政。’是亦为政，奚其为

---

① 陈鼓应注译：《黄帝四经今注今译》，第 31 页。
② 陈鼓应注译：《黄帝四经今注今译》，第 229 页。
③ 黎翔凤撰，梁运华整理：《管子校注》，第 937 页。
④ 黎翔凤撰，梁运华整理：《管子校注》，第 780—782 页。
⑤ ［魏］何晏注，［宋］邢昺疏：《论语注疏》，北京大学出版社，2000 年，第 15 页。

为政？”[①] 也就是说，儒家认为每个社会成员都可以通过道德教化成为圣贤，道德修养很高的人，不管是否为政，其以己身为榜样，以自己的道德实践为示范，也能影响带动其他成员，推动社会治理。《大学》论述了儒家的理想人格与理想政治之间的关系是“格物—致知—诚意—正心—修身—齐家—治国—平天下”，不管是天子还是庶人都得以修身为本，再论其他：“古之欲明明德于天下者，先治其国；欲治其国者，先齐其家；欲齐其家者，先修其身；欲修其身者，先正其心；欲正其心者，先诚其意；欲诚其意者，先致其知；致知在格物。物格而后知至，知至而后意诚，意诚而后心正，心正而后身修，身修而后家齐，家齐而后国治，国治而后天下平。自天子以至于庶人，一是皆以修身为本。”[②]

道家治身与治国的关系跟儒家不同，《老子》通行本第四十八章论述君主修身与治国的关系云：“为学日益，为道日损。损之又损，以至于无为。无为而无不为。取天下常以无事，及其有事，不足以取天下。”[③] 第三十七章又云：“道常无为而无不为，侯王若能守之，万物将自化。”[④] 可见《老子》的学道是为了把心思减损到“无为”的状态，然后以“无为”治理国家。《庄子·天道》的注释云：“夫帝王之德，以天地为宗，以道德为主，以无为为常。”[⑤] 此语交代了老庄道家政治思想的思维理路：修身是为了懂得天地之道，遵循天地运行规律，保持“无为”，让百姓“自化”，按照普遍规律生活，才是帝王之德。

在老庄政治思想的基础上，黄老学派坚持治身、治国并重的原则，他们关注人的生命本身和精神修养，同时也关注身国兼治，其治国之道也是建立在对治身之道的体认之上的。尤为突出的是，《黄帝四经》与《管子》以共同的

---

① ［魏］何晏注，［宋］邢昺疏：《论语注疏》，第 24 页。
② ［汉］郑玄注，［唐］孔颖达疏：《礼记正义》，北京大学出版社，2000 年，第 1859 页。
③ ［魏］王弼注，楼宇烈校释：《老子道德经注校释》，第 127—128 页。
④ ［魏］王弼注，楼宇烈校释：《老子道德经注校释》，第 90—91 页。
⑤ 陈鼓应注译：《庄子今注今译》，第 369 页。

“政治德性”为基础，提倡修身、养气、养性，此为修“内德”，养“心术”，而后“执道”为圣人，而后治国。这与儒家的“格物—致知—诚意—正心—修身—齐家—治国—平天下”路径有所相似，可见，《黄帝四经》的“内圣外王”是受了儒家与老庄道家的双重影响的，这种修身治国的途径比老庄道家的修身治国显得更为积极，也更符合当时的社会现实。

而且，《黄帝四经》还提出了圣人治国的最好政治：

> 善为国者，大（太）上无刑，其［次］□□，［其］下斗果讼果，大（太）下不斗不讼有（又）不果。□大（太）上争于□，其次争于明，其下栽（救）患祸。（《称》）[①]

这种表述方式与《老子》极其类似：

> 太上，下知有之；其次，亲而誉之；其次，畏之；其次，侮之。（《老子》第十七章）[②]

王弼注曰：“太上，谓大人也，大人在上，故曰太上。”吴澄解释说：“太上，犹言最上，最上谓大道之世，相忘于无为。”比较《黄帝四经》与《老子》的“太上”我们可以发现，《老子》的“太上之世”为君主无为而治的情况下，老百姓只知有君主，但是从未见过他的政令及行动。《黄帝四经》的“太上之世”则是“无刑”，君主不需要采取刑罚的措施，百姓自然地遵从社会秩序。可见，《黄帝四经》政治思想正是在“道—法”之间的张力中展开的，所以在描述其理想政治的时候，“刑”与“法”成为了俯拾即得的评判标准。君主“内圣”的结果，是以“法”并通过“刑德”达成“无刑”的“太上之世”，这与儒家的“外王”旨趣迥异。

在黄老政治思想中，各种自然秩序可以规制人为支配。在《黄帝四经》中

---

① 陈鼓应注译：《黄帝四经今注今译》，第388页。

② ［魏］王弼注，楼宇烈校释：《老子道德经注校释》，第40页。

宇宙本体及根源的“道”，主宰宇宙的人格神如皇天、上帝，宇宙运行法则——天道等各种具有自然规则特性的东西并存，这使得黄老的“法”具备很强的客观性，不是迎合君主意图而设置的。

道生法。法者，引得失以绳，而明曲直者殹（也）。故执道者，生法而弗敢犯殹（也），法立而弗敢废［也］。［故］能自引以绳，然后见知天下而不惑矣。（《经法·道法》）①

法度者，正之至也。而以法度治者，不可乱也。而生法度者，不可乱也。精公无私而赏罚信，所以治也。（《经法·君正》）②

是非有分，以法断之；虚静谨听，以法为符。（《经法·名理》）③

环□伤威，弛（弛）欲伤法，无隋（随）伤道。数举参（三）者，有身弗能葆（保），何国能守？（《称》）④

有义（仪）而义（仪）则不过，侍（恃）表而望则不惑，案法而治则不乱。（《称》）⑤

世恒不可择（释）法而用我，用我不可，是以生祸。（《称》）⑥

从以上引文可知，黄老之法，是绳墨（引得失以绳，而明曲直者也），是仪、表［有义（仪）而义（仪）则不过，侍（待）表而望则不惑］，具有准则的意味，是排除一切私心与私欲的客观标准。即便是立法者，也不能恣意运用法，不能随意修改废除法。“故执道者，生法而弗敢犯殹（也），法立而弗敢废［也］。”⑦因为“道生法”，法由道而生，这就意味着对于制定法律的君主要求很高，他须得首先明道，是“执道者”，同时要时刻保持“精公无私”，还得“虚静谨

① 陈鼓应注译：《黄帝四经今注今译》，第2页。
② 陈鼓应注译：《黄帝四经今注今译》，第71页。
③ 陈鼓应注译：《黄帝四经今注今译》，第187页。
④ 陈鼓应注译：《黄帝四经今注今译》，第345页。
⑤ 陈鼓应注译：《黄帝四经今注今译》，第348页。
⑥ 陈鼓应注译：《黄帝四经今注今译》，第362页。
⑦ 陈鼓应注译：《黄帝四经今注今译》，第2页。

听”，也就是保持客观态度。这种客观表现在君主也得服从“法”的客观性。由是，黄老之“法”不是为了实现君主意图而采取的诱导技术，这与商鞅、韩非等法家学者的法有质的区别。

信能无欲，可为民命；上信无事，则万物周扁：分之以其分，而万民不争；授之以其名，而万物自定。不为治劝，不为乱解（懈）。（《道原》）①

除民之所害，而寺（持）民之所宜。（《十六经 · 成法》）②

圣人不为始，不剸（专）己，不豫谋，不为得，不辞福，因天之则。（《称》）③

从以上引文可知，黄老学说主张君主（立法者）不以自己的欲望为先，而是依照百姓乃至万物的名分给他们合适的位分。同时，立法者会受到各种自然法秩序的制约，必须要考察通晓天地、万物、人事的运作规律，方能正天下：

故唯执［道］者能上明于天之反，而中达君臣之半，富密察于万物之所终始，而弗为主。故能至素至精，悎（浩）弥无刑（形），然后可以为天下正。（《经法 · 道法》）④

知天之所始，察地之理，圣人麋论天地之纪，广乎蜀（独）见。（《称》）⑤

“天时”也是自然法秩序的一种，圣人必须依天时而动：

圣人不巧，时反是守。优未爱民，与天同道。圣人正以侍（待）之，静以须人。不达天刑，不襦不传。当天时，与之皆断；当断不断，

① 陈鼓应注译：《黄帝四经今注今译》，第 409 页。
② 陈鼓应注译：《黄帝四经今注今译》，第 291 页。
③ 陈鼓应注译：《黄帝四经今注今译》，第 348 页。
④ 陈鼓应注译：《黄帝四经今注今译》，第 31 页。
⑤ 陈鼓应注译：《黄帝四经今注今译》，第 357 页。

反受其乱。(《十六经・观》)[①]

毋先天成，毋非时而荣。先天成则毁，非时而荣则不果。(《称》)[②]

主政者要奉行皇天上帝等人格神的意志，否则便会遭致灾殃。

其上帝未先而擅兴兵，视之(蚩)尤共工。(《十六经・正乱》)[③]

宫室过度，上帝所亚(恶)；为者弗居，唯(虽)居必路。(《称》)[④]

总之，黄老提出重要概念“因道生法”，此处的“道”已经由老子的万物本原、不可感知的“道”降格为“天之道”，亦即可感知的自然秩序。从而在其政治思想中，夯实了自然秩序不可撼动的规定性。反之也使得其政治思想增添了稳固性。君主必须遵循各种自然秩序、自然法则，在君主实施立法等治国措施的时候，不能凭借自己的欲望行事，而是应该按照百姓的“名”“形”给予“德”“刑”等相应措施。立法后，立法者本人也不能恣意运用法，不能随意修改废除法。这意味着君主的权力受到遏制。同时也意味着对于君主有更高的要求：君主必须通晓本原之“道”的特性，才能遵循“天道”。只有得道的君主才能“得天下正”。

《黄帝四经》之《道原》最后一段说：

无好无亚（恶），上用□□而民不麋（迷）惑。上虚下静而道得其正。信能无欲，可为民命；上信无事，则万物周扁：分之以其分，而万民不争；授之以其名，而万物自定。不为治劝，不为乱解（懈）。广大，弗务及也；深微，弗索得也。夫为一而不化：得道之本，握少以知多；得事之要，操正以政（正）畸（奇）。前知大（太）古，后［能］精明。抱道执度，天下可一也。观之大（太）古，周其所以；

① 陈鼓应注译：《黄帝四经今注今译》，第 229 页。
② 陈鼓应注译：《黄帝四经今注今译》，第 372 页。
③ 陈鼓应注译：《黄帝四经今注今译》，第 261 页。
④ 陈鼓应注译：《黄帝四经今注今译》，第 372 页。

索之未无，得之所以。[①]

这段话说的是：不凭自己的喜好做事。作为君主如能察知最为广大深微的东西（如“道”），百姓就不会迷惑。君主以无为驭下，百姓安静听上，二者结合，“道”便得其正位。作为君主，真正做到了毫无贪欲，才能帮助百姓安身立命。真正做到了无为，才能够使万物各安其性。以其各自的本分来确定万物适当的位分，百姓便不会互相争斗。给予事物名位，则万物安定。不因为天下太平就妄作妄为，也不因为国家有乱就心存懈怠。“道”的广大深微，不需要求索便可得到。“道”一以贯之，永恒不变。把握“道”的精髓，能以少知多，推一得十。抓住事物的关键，就能秉持正道，矫正邪道。知道远古的情况，就能聪明起来。持守大道，秉执法度，就可以实现天下的大一统。考察远古以来的社会发展，就能全部了解“道”的功用；探究天地万物创生之前的“道”，就会明白“道”的本体。

《道原》篇前面部分是对“道”的论述，最后一段谈及“道”在治理天下的功用。首先描述的是君主无为而治：“无好无亚（恶），上用□□而民不麋（迷）惑。上虚下静而道得其正。信能无欲，可为民命；上信无事，则万物周扁。”接着描述定名分的重要性：“分之以其分，而万民不争；授之以其名，而万物自定。”接下来写持道方法：不冒进，不松懈，广大深微的“道”不求可得。“不为治劝，不为乱解（懈）。广大，弗务及也。深微，弗索得也。”这句话其实说的是“道”的持守。按照《老子》及《黄帝四经》的说法，“道”是天下万物天生具有的属性，不能强自外求，而应向内求并持守之。“夫为一而不化：得道之本，握少以知多；得事之要，操正以政（正）畸（奇）。”说的是“道”的功用。“前知大（太）古，后［能］精明。”说的是感知“道”的方式方法：知道远古的情况，就能聪明起来。“大（太）古”并不是说“道”

① 陈鼓应注译：《黄帝四经今注今译》，第409页。

在太古，可溯而求之，这里的“太古”是“道”的存在方式，它永恒在那里，不增不减。所以主政者应该“抱道执度”，则“天下可一也”。能够施加于“天下”的“度”，自然是“法度”。由是，《道原》与《经法·道法》达成了联动。《道原》说：“得道之本，握少以知多；得事之要，操正以政（正）畸（奇）。前知大（太）古，后［道］精明。”正与《道法》所说之“故唯执［道］者能上明于天之反，而中达君臣之半，富密察于万物之所终始，而弗为主”相同。“上明于天之反”说的是天时，即为“得道之本，握少以知多”；“中达君臣之半”说的是人事，即为“得事之要，操正以政（正）畸（奇）”；“富密察于万物之所终始”说的是明白事物发展规律，此即《道原》中的“前知大（太）古，后［能］精明”。所以，我们可以用“抱道执度”，来旁证《经法·道法》中的“道法”思想。

与“抱道执度”类似的说法有“守吾正名，毋失吾恒刑”：

> 上帝以禁。帝曰：毋乏吾禁，毋留（流）吾酭（醢），毋乱吾民，毋绝吾道。止〈乏〉禁，留（流）酭（醢），乱民，绝道，反义逆时，非而行之，过极失当，擅制更爽，心欲是行，其上帝未先而擅兴兵，视之（蚩）尤共工。屈其脊，使甘其箭，不死不生，慤（悫）为地程。帝曰：谨守吾正名，毋失吾恒刑，以视（示）后人。（《十六经·正乱》）①

该段前面说，黄帝以上帝的名义确定禁令。黄帝说，不要破坏我立的禁规，不要倒掉我给你们的肉羹，不要扰乱民心，不要背弃我秉执的天道。接下来是强调不遵号令的后果：如果有破坏禁令等行为，跟蚩尤同等下场，弯腰曲背，披枷戴锁，充当地下支柱。最后黄帝强调说，应谨守“正名”，不要失掉法令。“正名”来自“道”，《经法·论》中有云：“三名：一曰正名立而偃，二曰

① 陈鼓应注译：《黄帝四经今注今译》，第 260—261 页。

倚名法（废）而乱，三曰强主威（灭）而无名。三名察则事有应矣。”陈鼓应先生解释说，“正名”即形名正定，名实相副。[①]“恒刑”不止包括刑罚，也包括奖赏，代表“法令”。可见“抱道执度”，守道执法，是《黄帝四经》反复强调的事情。

《道原》是整部《黄帝四经》的总结，几乎囊括了整部《黄帝四经》所有重要的范畴，如道、太虚、一、阴阳、刑（形）名、无为、稽、极、分、抱道执度（法）等，最后一段总结并强调了这些重要的范畴构成的逻辑体系。

“无好无亚（恶），上用□□而民不麋（迷）惑。上虚下静而道得其正。信能无欲，可为民命；上信无事，则万物周扁。”说的是君上无欲无为，方能有治道之正，百姓及万物才能安身立命。故而其后接着说：“分之以其分，而万民不争；授之以其名，而万物自定。”这句说明了“分”“名”在治理国政中的重要性，在君上无为的前提下，万民及万物各有其名位，并各得其所。这里隐藏的前提便是“循道”，亦即循借“道”分给万民、万事、万物各自的内在属性给他们应有的名分。可见，《黄帝四经》的“无为”并非真正的毫无作为，它不仅指循“道”治国，不妄为，还代表着主政者依照“道”为万物正名，定位。“名”使得顺逆、死生、存亡、兴衰皆有根据，君主也可以由此进行赏惩。正如《经法•论约》所说：“刑（形）名已定，逆顺有立（位），死生有分，存亡兴坏有处。然后参之于天地之恒道，乃定祸福死生存亡兴坏之所在。”[②]“分”“名”二字就使得《黄帝四经》的“无为”进入到“道生法”的逻辑链条中。

接下来的论述是：“得道之本，握少以知多；得事之要，操正以政（正）畸（奇）。前知大（太）古，后[能]精明。抱道执度，天下可一也。”既然

---

① 陈鼓应注译：《黄帝四经今注今译》，第138、140页。

② 陈鼓应注译：《黄帝四经今注今译》，第173页。

前一句说“道”不可求而得之，“广大，弗务及也。深微，弗索得也”，那为什么还要“得道之本”“得事之要”？原因在于，此处“道”的含义降格了。作为宇宙本原的“广大深微”的“道”是不可求索的，但是作为至高无上的规律的“天道”“天之道”却是能够感知的。这种降格之后的“道”可“握少以知多”，亦可“操正以政（正）畸（奇）”，正是能够“生法”的“道”。故而由此推出结论：“抱道执度，天下可一也。”在执行法律的过程中，时时刻刻参考天地之恒道与过往历史留下的经验教训，天下可大治。从《道原》最后一段的逻辑推导中，我们可以再一次领悟“道法”思想的逻辑理路及对君主“执道”的具体要求。

第八章

黄老政治思想在汉初的实践与运用

在长期以来的普遍观念中，西汉初年的黄老政治与“休养生息”紧密相连，论者多从西汉初年社会生产力低下，为了医治战争创伤和恢复经济，统治者不得不“与民休息”立论，论及西汉中后期的政治，则曰无为而治的黄老道家学说已经不适应时代的需要，于是一度占据领御地位的黄老思潮被以董仲舒为代表的新儒家思想所替代。这种说法忽略了中国哲学发展中儒家和道家的相互影响与相互作用：从春秋战国时期道家和儒家思想体系的形成，到汉武帝时期“罢黜百家，独尊儒术”政策的提出，儒家思想和道家思想就一直在相互融合、相互补充。先是战国中晚期，道家的一个分支“黄老道家”因融合了道、法、儒、墨、阴阳、名家等各家要旨而异军突起，成为异于老庄道家的“新道家”。因其正好与大一统思潮相应和，更因其对儒家伦理传统与法家事功传统的兼容并蓄，参用刑名，兼顾内修与外炼，以“道”为本，以黄帝方术为用，从而成为行之有效的君主“南面之术”，并被西汉初年的统治者所采用。

建元元年（公元前 140 年），汉武帝刘彻召齐地儒生进京，举贤良时策。董仲舒参与了三次对策，并以其深厚的儒学修养和渊博的学识获得了汉武帝的认可。董仲舒在策问结尾处提出了“独尊儒术”的建议：“春秋大一统者，天地之常经，古今之通谊也。今师异道，人异论，百家殊方，指意不同，是以上亡以持一统，法制数变，下不知所守。臣愚以为诸不在六艺之科、孔子之术者，皆绝其道，勿使并进，邪辟之说灭息，然后统纪可一而法度可明，民知所从矣。”于是，在西汉初盛极一时的黄老学说被董仲舒从主导性政治思想的位置拉了下来。表面上看，董仲舒结束了学术界及思想界中百花齐放、百家争鸣的状况。事实上，在董仲舒的理论框架中，杂糅了汉初以来各个学派（阴阳、法、道、墨等）的观点，从这个角度来说，董仲舒也是汉初政治思想演变的集大成者，他把吸收来的东西都加以比较彻底的改造，并用他创新的“儒家思想”重新一一作了解释。他创造了思潮大转换的契机，开辟了新儒学的繁荣之路，并使得新儒学理论与帝国的政治实践相结合。尤其重要的是，董仲舒在黄老道家政治思想的基础上重新整合了政治与伦理的关系，建立了新的儒家政治伦理

“天人感应”“君权神授”，从而使君主专制的政治秩序建立在宗法社会的伦理道德秩序之上。伦理的原理直接上升为政治的原理，伦理政治化与政治伦理化作为伦理政治模式运行的两种机制，有效地弥合了以君权为核心的政治表层结构与以伦理关系为纽带的宗法家族深层结构之间的错位，同时也在一定程序上缓和了阶级利益与阶级关系的紧张和冲突，不仅使汉朝摆脱危机走向长治久安，也影响了其后两千多年的王朝统治方式。黄老学派下野后，呈现出内向型风貌向个人处世术发展，并逐渐转向宗教性的方向。第一个契机是与黄帝传承及神仙思想的结合，赋予黄帝作为神仙的神格，也加大了老子的神秘性。第二个契机便是与民间道术联系，在道教的早期形成过程中发挥作用。然而黄老政治思想的哲学思辨部分，尤其是被董仲舒等汉代新儒家吸收的“道——一——天地—阴阳—四时”的宇宙图式及“无为”“刑德”“阴阳”等概念，一直在中国两千年的皇权政治思想中发挥着重要作用。

第一节
黄老思想在汉初的社会治理实践

黄老之学是汉初巩固统治的重要思想指导，它不仅使初生的汉王朝一扫秦亡的阴霾，而且在随后开启了君主社会的第一个盛世——文景之治，据《汉书·食货志》记载文景之时“都鄙廪庾尽满，而府库余财。京师之钱累百巨万，贯朽而不可校。太仓之粟陈陈相因，充溢露积于外，腐败不可食”。[①]这与朝廷的与民休息政策及轻徭薄赋的举措是分不开的，可见黄老之术在汉初的社会治理实践中产生了积极影响。

汉初时期的社会经历了长期的战乱和混乱，而产生于稷下学宫的黄老思想正为了适应大一统思潮，吸取了各家学派现实的、有效的思想主张。比如黄老学派以老子之“道”为哲学基础，但强调实体性的道即“天道”的作用，所以黄老的“无为”更有“顺天道而为”的意识。同时，黄老学派吸收名家法家的“名”“法”概念，认为天道落实在人间，则表现为人的定分，即为“名”。顺应天道法则来制定法令，即为“道生法”。此外，黄老学派还吸收了黄帝学说及阴阳家的阴阳五行与养生等学说，强调以心灵感知天道运行规律，养身乃祛除人性人情中过多的贪欲与杂念，只有“心术”才能更清晰地去认识天道与人理的相通之处。由此，黄老学派提出了一系列可操作的社会治理原则，大概

① ［汉］班固撰，［唐］颜师古注：《汉书》，中华书局，1962 年，第 1135 页。

来说，也就是君主不需要太多的政治施为，而是应该修炼“心术”，克制过多的欲望，以明天道，并以天道的“养生伐死”来制定奖罚（即“刑德”）。同时，要承认百姓的生存繁衍是其基本的“人情”，是符合天道人理的。这种抑制君主欲望、保证百姓生存权利的治国思想正好可以医治西汉初年满目疮痍的社会创伤，所以能够被西汉初期的统治者积极采用。

秦末战乱给社会经济带来了重大破坏，导致经济凋敝、社会残破，百姓不得温饱。“汉兴，接秦之弊，丈夫从军旅，老弱转粮饷，作业剧而财匮，自天子不能具钧驷，而将相或乘牛车，齐民无藏盖。”[①] 据《汉书·食货志》记载，汉兴之初，出现了严重的饥荒和粮食短缺。每石米的价格达到五千钱，百姓易子而食，死亡人数超过一半。“汉兴，接秦之敝，诸侯并起，民失作业，而大饥馑。凡米石五千，人相食，死者过半。高祖乃令民得卖子，就食蜀汉。”[②] 刘邦让陆贾撰写《新语》，论述“秦所以失天下，吾所以得之者，及古成败之国”。在《新语》中，陆贾主张“行仁义，法先圣”，强调礼法结合，并强调人主必须无为。这为西汉前期的统治思想奠定了一个基本模式。

刘邦制定了一系列恢复经济的措施。一是解散军队，“且法以有功劳行田宅”。[③] 按军功大小给参战人员分配田宅或免除赋徭，让他们回乡从事农业生产。从政治上、经济上扶持一批地主和自耕农。二是招抚流亡。“民前或相聚保山泽，不书名数，今天下已定，令各归其县，复故爵田宅，吏以文法教训辨（遍）告，勿笞辱。”[④] 号召在战乱中流亡山泽的人各归原籍，恢复故爵、田宅。对于各地小吏在战争时期占夺的土地也予以事实上的承认。此举扩大了西汉政权的统治基础，对安定百姓生活、恢复和发展生产具有一定的积极作用。

---

① ［汉］司马迁撰：《史记·平准书》，中华书局，1982 年，第 1417 页。
② ［汉］班固撰，［唐］颜师古注：《汉书》卷二十四《食货志》，第 1127 页。
③ ［汉］班固撰，［唐］颜师古注：《汉书》卷一《高帝纪》，第 54 页。
④ ［汉］班固撰，［唐］颜师古注：《汉书》卷一《高帝纪》，第 54 页。

三是释放奴婢。“民以饥饿自卖为人奴婢者，皆免为庶人。”[①] 废黜秦朝以军功大小赐臣妾的制度，同时规定奴隶主人要为奴隶缴纳加倍的算赋，进一步铲除了奴隶制残余，此举进一步缓和了社会矛盾，稳定了社会秩序。四是鼓励生育。高祖七年（公元前 200 年）诏令，“民产子，复勿事二岁”。[②] 这一政策的采用使得大汉帝国人口渐盛，中国人口的数量第一次达到历史上的高峰，其后惠帝刘盈和吕后也先后加大了鼓励生育的力度。五是减轻徭役和赋税。高帝十一年（公元前 196 年）诏令，禁止郡国随意征收献赋，明确规定中央每年只向每人征收 63 钱。刘邦这些措施巩固了政权，也证明了黄老之学适用于新生的汉王朝。

惠帝在位期间，继续沿用刘邦的治国方略，即位当年就减轻田租，减免新开垦土地的赋税和部分农民徭役，土地税减为十五税一。三次下诏减轻刑罚。“三月甲子，皇帝冠，赦天下。省法令妨吏民者；除挟书律。”[③] 废除秦始皇时的挟书律，奖励孝悌、力田等。尤其重要的是，曹参为汉相之前曾为齐国相，曾向盖公学黄老之术，并以其术治齐国，齐民大悦。“孝惠帝元年，除诸侯相国法，更以参为齐丞相。参之相齐，齐七十城。天下初定，悼惠王富于春秋，参尽召长老诸生，问所以安集百姓，如齐故俗诸儒以百数，言人人殊，参未知所定。闻胶西有盖公，善治黄老言，使人厚币请之。既见盖公，盖公为言治道贵清静而民自定，推此类具言之。参于是避正堂，舍盖公焉。其治要用黄老术，故相齐九年，齐国安集，大称贤相。”[④] 萧何死后，曹参为相，原本仅以齐国为施政对象的黄老之术也因曹参政治地位的提升而在全国范围内广泛推行，汉代黄老无为的时代就此开启，并深刻影响了西汉前期的政治与文化格局。“参

① ［汉］班固撰，［唐］颜师古注：《汉书》卷一《高帝纪》，第 54 页。
② ［汉］班固撰，［唐］颜师古注：《汉书》卷一《高帝纪》，第 63 页。
③ ［汉］班固撰，［唐］颜师古注：《汉书》卷二《惠帝纪》，第 90 页。
④ ［汉］司马迁撰：《史记·曹相国世家》，第 2028—2029 页。

始微时，与萧何善；及为将相，有却。至何且死，所推贤唯参。参代何为汉相国，举事无所变更，一遵萧何约束。”[①] 萧规曹随，守而勿失，民以清净。可以说，汉初政治无力与民不聊生的惨淡局面，使社会又退回到不同领域未加分化的原生性形态之中，这就为主张“清静无为”思想的黄老之学提供了最大的生存空间。[②] 黄老之术也确实完美地契合当时与民休息的需求：“量吏禄，度官用，以赋于民。而山川园池市井租税之入，自天子以至封君汤沐邑，皆各为私奉养焉，不领于天下之经费。漕转关东粟，以给中都官，岁不过数十万石。”[③] 再加上曹参的推动，使得黄老思想成为了治国纲领。

惠帝死后吕后临朝称制，废除了夷三族罪（后又因发生新垣平之叛乱，不得不又恢复）和妖言令，放宽对商贾的限制，两度实行货币改革，以促进经济恢复和发展。吕后的一系列举措使得汉王朝已经开始出现了盛世的前兆。百姓得以安居乐业，渐渐过上了衣食丰足的稳定日子，所以司马迁称赞道：“孝惠皇帝、高后之时，黎民得离战国之苦，君臣俱欲休息乎无为，故惠帝垂拱，高后女主称制，政不出房户，天下晏然。刑罚罕用，罪人是希。民务稼穑，衣食滋殖。”[④]

吕后之后，文景二帝继续以黄老之术治国，于是出现了君主社会第一个盛世——文景之治。文帝为人仁孝宽厚，即位第一年即下诏废除收孥相坐律令，不再对犯罪者亲属实行连坐，没为官奴。第二年又废除诽谤妖言，即诅上罪，给予一定的言论自由。汉文帝十三年（公元前 167 年）颁布诏书，“今人有过，教未施而刑已加焉，或欲改行为善，而道亡繇（注：通由）至。朕甚怜之。夫刑至断支体，刻肌肤，终身不息，何其刑之痛而不德也，岂称为民父母之意哉！

---

① ［汉］司马迁撰：《史记》，第 2029 页。

② 朱义明：《西汉社会黄老思想兴衰的政治经济视角分析》，《中南大学学报（社会科学版）》2009 年第 6 期。

③ ［汉］司马迁撰：《史记》，第 1418 页。

④ ［汉］司马迁撰：《史记》，第 412 页。

其除肉刑，有以易之。”[①] 正式废除肉刑。除刑法举措之外，他继续实行轻徭薄赋的经济政策，颁布养老令，两次下诏免除百姓一半田租，算赋也由每人每年 120 钱降至每人每年 40 钱，并下令“开关梁，驰山林之禁”，由原来的抑商变为惠商。同时，文帝对于诸侯王以安抚为主，尽量避免战争。汉景帝继续推行轻徭薄赋，将十五税一的税率降至三十税一，并减轻笞刑。经过文景二帝的努力，“文景之治”的盛世终于来临。

文景之治是黄老治国思想的重大成果。从汉高祖刘邦开始，历经惠帝、吕后，再到文帝、景帝，一直都在贯彻实行“与民休息”的基本国策。这使得楚汉战争结束后的 70 多年里，整个社会得到了休养生息，逐步达到了国富民强，“汉兴七十余年之间，国家无事……京师之钱累巨万，贯朽而不可校。太仓之粟陈陈相因，充溢露积于外，至腐败不可食”。[②]

但到了景帝后期，黄老思想长期无为而治的局限性带来的问题一一暴露了出来。首先是由于中央王朝对诸侯王采取纵容态度，导致王国坐大，尾大不掉。诸侯王国在地方上积累了雄厚的经济、军事实力，在政治上开始与朝廷分庭抗礼，中央也日渐感受到压力，地方诸侯王势力的发展和中央王权之间形成了不可调和的矛盾。文帝时期的汉王朝，诸侯国坐大的情况已经相当严重，贾谊在《治安策》形容道：“天下之势方病大瘇。一胫之大几如要，一指之大几如股，平居不可屈信，一二指搐，身虑亡聊。失今不治，必为锢疾，后虽有扁鹊，不能为已。”[③] 并向文帝提出“众建诸侯而少其力”的应对策略，不过由于文帝认为时机还未成熟，并没有完全采纳他的建议。景帝时期，诸侯王的反叛已经箭在弦上，汉景帝三年（公元前 154 年），晁错上《削藩策》云：“今削之亦反，不削亦反。削之，其反亟，祸小；不削之，其反迟，祸大。”[④] 可

① ［汉］班固撰，［唐］颜师古注：《汉书》卷二十三《刑法志》，第 1098 页。
② ［汉］司马迁撰：《史记》，第 1420 页。
③ ［汉］班固撰，［唐］颜师古注：《汉书》卷四十八《贾谊传》，第 2239 页。
④ ［汉］司马迁撰：《史记》卷一百零六《吴王濞列传》，第 3402 页。

见此时的王国问题已经由肘腋之患变成了中央王朝的心腹之患了。其次是社会风气的问题，由于长期的无为而治，导致世风日下，人心不古，社会风气败坏，治安混乱。贾谊也在《治安策》中指出："商君遗礼义，弃仁恩，并心于进取。行之二岁，秦俗日败……功成求得矣，终不知反廉愧之节，仁义之厚……曩之为秦者，今转而为汉矣。然其遗风余俗，犹尚未改。今世以侈靡相竞，而上亡制度，弃礼谊，捐廉耻，日甚，可谓月异而岁不同矣……至于俗流失，世坏败，因恬而不知怪，虑不动于耳目，以为是适然耳。"[①] 贾谊已经看到。黄老治国方略强调"道法"，忽略了"礼教"的作用。统治者务实，强调事功而弃礼谊，造成淫侈之俗日长。强调事功对于汉初国力衰弱的情况自然是有效的，但已经不能适应稳定的大一统王朝的要求。汉如果不重视礼义教化，就会重蹈秦王朝的覆辙。第三，黄老思想的"无为而治"使得匈奴南侵问题愈演愈烈。汉初基于现实考虑，休兵止戈，采取了和亲政策来应对匈奴的南侵，以换取一时的和平与宁静。但匈奴并没有真正放弃对汉朝的侵略企图，而是利用和亲政策获取了更多的资源和优势，进一步加强了自身的实力。在文帝三年五月，匈奴入侵了北地和河南，造成了严重的破坏和伤亡。尽管汉朝派遣将军驻守北地、代、赵等地进行警备，但并未采取有效的防御或反击措施。景帝继位后，仍然继续实行和亲政策，使得匈奴逐渐成为汉王朝最大的外患。总之，黄老治国方略影响下的一系列政策在文景帝时期显现出了局限性，出现了危及汉王朝统治的诸多内忧外患，文帝时期的贾谊最先看出黄老思想的局限并上书云："臣窃惟事势，可为痛哭者一，可为流涕者二，可为长太息者六，若其他背理而伤道者，难遍以疏举。"[②] 但其看法并未得到重视，直至景帝时期出现了"七国之乱"，在此背景下才有了之后的汉武帝"罢黜百家，独尊儒术"。

---

① ［汉］班固撰，［唐］颜师古注：《汉书》卷四十八《贾谊传》，第 2244—2245 页。
② ［汉］班固撰，［唐］颜师古注：《汉书》卷四十八《贾谊传》，第 2230 页。

第二节
黄老政治思想对董仲舒的影响

董仲舒虽然是汉儒，但是他在其思想体系的构建中，受黄老学说影响很深。孔子重视“德”在人际之间的流动与作用，并希望在此基础上重建一种像西周那样的等级有别、尊卑有序的理想社会。如“周监于二代，郁郁乎文哉！吾从周。”《论语·八佾》[①]及其他篇虽然曾三十几次地讲到“道”，但孔子的“道”主要是指“为人”“治国”之道，并没有形而上的宇宙法则的意义。从孟子起，儒家也有关于天人关系的论述，而总体的论述还是偏于“人事”。老庄及黄老学派与此不同，无论是《老子》还是《黄帝四经》，都用了大量的篇幅对宇宙的本源、宇宙的生化图式、宇宙的根本法则等问题进行了详细的探讨。其中虽有一系列关于社会政治、经济、伦理的主张，但在这些著作中，人间秩序乃是宇宙秩序的推演，宇宙秩序才是建立人间秩序的根据与凭借。到了汉初的陆贾、贾谊，由于诸子百家的合流，他们的学说中不仅有关于政治伦理的“人道”的详细论述，而且对日月、星辰、四时、阴阳的变化规律这些“天道”也很感兴趣。而董仲舒真正站在儒家立场上，用道家的思想方法完成了对儒家思想体系的重构，从而被称为汉代群儒之首。

与之前所有的儒家人物不同，董仲舒在其代表作《春秋繁露》中，第一次

---

① ［魏］何晏注，［宋］邢昺疏：《论语注疏》，北京大学出版社，2009年，第39页。

像道家那样用了近一半的篇幅专门研究形而上的宇宙的本源与主宰、宇宙生化图式与变化规律等问题。如《阴阳位》《阴阳终始》《阴阳义》《阴阳出入》《暖燠常多》《四时之副》《人副天数》《同类相动》《五行相生》《五行相胜》《五行顺逆》《五行变数》《天地之行》《天地阴阳》等皆属于此类篇章。在《离合根》《立元神》《保位权》《官制象天》《深察名号》《阳尊阴卑》《王道通三》等阐述伦理政治主张的篇章中，也几乎无一不是以天地、阴阳、四时、五行为依据。也就是说，董仲舒已经彻底摆脱了先秦儒家重人事、轻自然的传统治学方法，也摒弃了形而下的由“亲亲”而“尊尊”、由近及远的主观类推方法的束缚，像道家那样将形而下的具体的主张建立于形而上的宇宙图式之上，由形而上的宇宙秩序来推演、论证形而下的社会秩序。这是他受道家、黄老影响的第一个显著的表现。

在董仲舒庞大的宇宙系统中，最有特色的是“天”的概念。董仲舒继承了儒家对于“道”的运用，他虽曾在其“对策”与著作中几十次地使用“道”这个概念，但他讲的“道”主要指形而下的“治国之道”与“为人之道”，并没有超出孔子对“道”的理解。如“道者，所由适于治之路也，仁义礼乐皆其具也。”（《汉书·董仲舒传》）① 在其思想体系中，真正具有宇宙本源与主宰意义的是“天”：“天者，万物之祖，万物非天不生。”（《顺命》）②“天覆育万物，既化而生之，有养而成之，事功无已，终而复始。”（《王道通三》）③有人认为这是董仲舒对殷周时期“上帝”与“天”观念的回应。实际上，董仲舒“天人合一”之天，与孔子“天命”之天、孟子“天爵”之天更像是一脉相承的。同时，董仲舒的“天”是在新的历史条件下吸收了道家、阴阳家“天道”“阴阳”等思想，融合了汉代最新的自然科学知识而构造出来的“天”，增添了很多不

① ［汉］班固撰，［唐］颜师古注：《汉书》卷五十六《董仲舒传》，第 2499 页。
② ［汉］董仲舒撰，张世亮、钟肇鹏、周桂钿译注：《春秋繁露》，中华书局，2012 年，第 557 页。
③ ［汉］董仲舒撰，张世亮、钟肇鹏、周桂钿译注：《春秋繁露》，第 421 页。

同于传统的“天”的含义，而与道家的“道”颇为类似。例如，“天覆育万物”“万物非天不生”便与道家的“（道者）……万物之所从生”相似。“万物非天不生。独阴不生，独阳不生，阴阳与天地参胜后生”（《顺命》）[①]便类似于道家所说的“道”通过阴阳而产生万物。《深察名号》中有：“天不言，使人发其意；弗为，使人行其中。”[②]这与道家认为道无名、无形、无为意思一样。道家认为“道”的作用可使万物各尽其美、各有其长：“戴角者无上齿。”（《黄帝四经·称》）[③]董仲舒也认为：“夫天亦有所分予，予之齿者去其角，傅其翼者两其足，是所受大者不得取小也。”（《汉书·董仲舒传》）[④]

在以“天”代替“道”之外，董仲舒还改造了与“道”关系密切的“一”。作为春秋公羊学大师，董仲舒为了附会《春秋》中关于“元年”的记载，以元代替道家的一。“惟圣人能属万物于一，而系之元也，终不及本所从来而承之，不能遂其功，是以《春秋》变一谓之元。”（《重政》）[⑤]“《春秋》谓一元之意，一者万物之所从始也，元者辞之所谓大也。谓一为元者，视大始而欲正本也。”（《汉书·董仲舒传》）[⑥]在此，董仲舒为了改“一”为“元”，借助于《春秋》为自己张本。他解释自己的“万物之所以始”的见解说：“元犹原也。”“元者为万物之本。”（《重政》）[⑦]“谓一元者，大始也。”（《玉英》）[⑧]这样董仲舒便通过借用与改造道家的“一”，重新设定万物起源。

在《春秋繁露·官制象天》和《天地阴阳》中，董仲舒曾对其宇宙结构作了详细地阐述，认为“天有十端”，而这“十端”之中首列的便是“天”和

---

① ［汉］董仲舒撰，张世亮、钟肇鹏、周桂钿译注：《春秋繁露》，第 557 页。
② ［汉］董仲舒撰，张世亮、钟肇鹏、周桂钿译注：《春秋繁露》，第 367 页。
③ 陈鼓应注译：《黄帝四经今注今译》，商务印书馆，2016 年，第 366 页。
④ ［汉］班固撰，［唐］颜师古注：《汉书》卷五十六《董仲舒传》，第 2520 页。
⑤ ［汉］董仲舒撰，张世亮、钟肇鹏、周桂钿译注：《春秋繁露》，第 166 页。
⑥ ［汉］班固撰，［唐］颜师古注：《汉书》卷五十六《董仲舒传》，第 2502 页。
⑦ ［汉］董仲舒撰，张世亮、钟肇鹏、周桂钿译注：《春秋繁露》，第 166 页。
⑧ ［汉］董仲舒撰，张世亮、钟肇鹏、周桂钿译注：《春秋繁露》，第 69 页。

“地”。“天地者，万物之本，先祖之所出也。”（《观德》）[①]这就是说，作为万物之“大始”的“元”，首先分化出来的便是“天”“地”。天地诞生后便有阴阳：“阳，天气也；阴，地气也。”（《人副天数》）[②]“天地之气，合而为一，分为阴阳。”（《五行相生》）[③]阴阳之气充斥天地之间：“天地之间，有阴阳之气，常渐人者，若水常渐鱼也。所以异于水者，可见与不可见耳，其澹澹也。”（《天地阴阳》）[④]“阴阳”是董仲舒思想中的重要概念，在《春秋繁露》中专论“阴阳”的有七篇之多，其他各篇中也散见关于“阴阳”的论述。学界普遍认为董仲舒受到齐国稷下阴阳家邹衍的影响，实际上，《汉书·艺文志》曾著录邹衍有《邹子》《邹子终始》两种著作，但均已亡佚，无从考察其内容。比较可靠的是《史记·孟子荀卿列传》中有关邹衍事迹和其学术思想的记载，对于其在阴阳方面的造就只有“深观阴阳消息而作怪迂之变”之句，邹衍并未专论阴阳，他只是考察了阴阳两者之间的相互消长、变化的现象。董仲舒从邹衍那里所承袭的应该只是这种五德终始的五行学说。董仲舒的阴阳思想，应该是源自黄老学说。董仲舒认为“阴阳”可“离为四时”：“天地之气，合而为一，分为阴阳，离为四时。”（《五行相生》）[⑤]《黄帝四经·十六经》也有“四时有度”是“天地之理”的说法。而且，董仲舒还把《黄帝四经》的“四时观”吸收到了自己的宇宙图式中。《黄帝四经》要求“毋逆天时”“毋乱民功”，董仲舒也认为：“春行秋政则草木凋；行冬政，则雪；行夏政，则杀……秋行春政，则华；行夏政，则乔；行冬政，则落……”（《五行五事》）[⑥]可见，道家有“道—一—天地—阴阳—四时”的宇宙图式，董仲

① ［汉］董仲舒撰，张世亮、钟肇鹏、周桂钿译注：《春秋繁露》，第 341 页。
② ［汉］董仲舒撰，张世亮、钟肇鹏、周桂钿译注：《春秋繁露》，第 474 页。
③ ［汉］董仲舒撰，张世亮、钟肇鹏、周桂钿译注：《春秋繁露》，第 487 页。
④ ［汉］董仲舒撰，张世亮、钟肇鹏、周桂钿译注：《春秋繁露》，第 650 页。
⑤ ［汉］董仲舒撰，张世亮、钟肇鹏、周桂钿译注：《春秋繁露》，第 487 页。
⑥ ［汉］董仲舒撰，张世亮、钟肇鹏、周桂钿译注：《春秋繁露》，第 525—527 页。

舒的宇宙模式与此类似，为“天—元—天地—阴阳—四时”。董仲舒受黄老及道家的影响可见一斑。[①]

政治思想及治国理念方面，董仲舒的思想与《黄帝四经》“无为而治”和“刑德”思想颇有共同之处。《黄帝四经》根据“道”虽为宇宙主宰但自身却“无名”“无形”“无为”的特点，要求君主在建立法度秩序的基础上“无执”“无处”“无为”。董仲舒曰：“故为人主者法天之行……以无为为道，以不私为宝。”（《离合根》）[②] 又对君主提出要求：“故为人君者，谨本详始，敬小慎微，志如死灰，形如委衣，安精养神，寂寞无为。”（《立元神》）[③] 还说：“致无为而习俗大化可谓仁圣矣。”（《对胶西王越大夫不得为仁》）[④] 董仲舒论述君臣关系时说：“为人君者，居无为之位，行不言之教，寂而无声，静而无形，执一无端，为国源泉。因国以为身，因臣以为心，以臣言为声，以臣事为形。”（《保位权》）[⑤] 只有做到“立无为之位，而乘备具之官，足不自动，而相者导进；口不自言，而摈者赞辞；心不自虑，而群臣效当”，才能“莫见其为之，而功成矣。”而这便是“人主所以法天之行也”。（《离合根》）[⑥]《黄帝四经》要求君主虚静谨听，循名责实。董仲舒也说：“君人者……安精养神，寂寞无为。休形无见影，掩声无出响；虚心下士，观来察往，谋于众贤，考求众人，得其心，遍见其情，察其好恶，以参忠佞，考其往行，验之于今……”（《立元神》）[⑦] 还说：“故为君，虚心静处，聪听其响，明视其影，以行赏罚之象。其行赏罚也，响清则生清者荣，响浊则生浊者辱；影正则生正者进，影枉则生

---

① 张国华：《〈黄帝四经〉的宇宙图式与社会秩序——兼论〈黄帝四经〉对董仲舒的影响》，《湖南大学社会科学学报》1992 年第 2 期。
② ［汉］董仲舒撰，张世亮、钟肇鹏、周桂钿译注：《春秋繁露》，第 190 页。
③ ［汉］董仲舒撰，张世亮、钟肇鹏、周桂钿译注：《春秋繁露》，第 193 页。
④ ［汉］董仲舒撰，张世亮、钟肇鹏、周桂钿译注：《春秋繁露》，第 338 页。
⑤ ［汉］董仲舒撰，张世亮、钟肇鹏、周桂钿译注：《春秋繁露》，第 206 页。
⑥ ［汉］董仲舒撰，张世亮、钟肇鹏、周桂钿译注：《春秋繁露》，第 190 页。
⑦ ［汉］董仲舒撰，张世亮、钟肇鹏、周桂钿译注：《春秋繁露》，第 193 页。

枉者绌。揽名考质，以参其实，赏不空施，罚不虚出。是以群臣分职而治，各敬其事，争进其功，显广其名，而人君得载其中，此自然致力之术也。圣人由之，故功出于臣，名归于君也。”（《保位权》）[①] 由是，董仲舒把《黄帝四经》的“无为”学说全面吸收到了其儒学思想体系之中，这是对“有为”的儒家政治思想的改造与突破。

作为包容并蓄的新儒家，董仲舒从“阴”“阳”概念引出了“刑”“德”概念：“阴，刑气也；阳，德气也。”（《王道通三》）[②] 并且进一步认为：“刑者德之辅，阴者阳之助。”（《天辨在人》）[③] 他主张“圣人多其爱而少其严，厚其德而简其刑”。（《基义》））[④] 根据是天人合一，以自然界的阴阳冷暖对应“刑”与“德”，因为暖暑多于清寒，故而“德”应大于“刑”。“天出阳为暖以生之，地出阴为清以成之……然而计其多少之分，则暖暑居百而清寒居一。”（《基义》）[⑤] 他明确指出圣人为政应该效法上天，遵循春夏秋冬的特性去庆赏罚刑，大德小刑：“天之道，春暖以生，夏暑以养，秋清以杀，冬寒以藏……圣人副天之所行以为政，故以庆副暖而当春，以赏副暑而当夏，以罚副清而当秋，以刑副寒而当冬。”（《四时之副》）[⑥] “春气爱，秋气严，夏气乐，冬气哀。爱气以生物，严气以成功，乐气以养生，哀气以丧终，天之志也……是故先爱而后严，乐生而哀终，天之常也。而人资诸天。”（《王道通三》）[⑦] 在阴阳五行、天人感应学说的影响下，他的刑德思想是与“天”的运行规律及“天时”密切相关的，这使得他的政治思想比之其前的儒家多了一种神秘色彩。

---

① ［汉］董仲舒撰，张世亮、钟肇鹏、周桂钿译注：《春秋繁露》，第 206 页。
② ［汉］董仲舒撰，张世亮、钟肇鹏、周桂钿译注：《春秋繁露》，第 426 页。
③ ［汉］董仲舒撰，张世亮、钟肇鹏、周桂钿译注：《春秋繁露》，第 436 页。
④ ［汉］董仲舒撰，张世亮、钟肇鹏、周桂钿译注：《春秋繁露》，第 465 页。
⑤ ［汉］董仲舒撰，张世亮、钟肇鹏、周桂钿译注：《春秋繁露》，第 465 页。
⑥ ［汉］董仲舒撰，张世亮、钟肇鹏、周桂钿译注：《春秋繁露》，第 470 页。
⑦ ［汉］董仲舒撰，张世亮、钟肇鹏、周桂钿译注：《春秋繁露》，第 424、426 页。

先秦儒家已经提出“三纲”的基本内容：君君臣臣，父父子子，夫夫妇妇。只是其论述尚不系统，而且也没有从形而上的宇宙图式的角度进行论证。直到董仲舒才明确地提出了“君为臣纲，父为子纲、夫为妻纲”的“三纲”思想。他的三纲是与“阴阳”相结合的。董仲舒说：“君臣、父子、夫妇之义，皆取诸阴阳之道。君为阳，臣为阴；父为阳，子为阴；夫为阳，妻为阴。”① 又说：“天下之尊卑随阳而序位。幼者居阳之所少，老者居阳之所老，贵者居阳之所盛，贱者居阳之所衰。……不当阳者，臣、子是也；当阳者，君、父是也。……阳贵而阴贱，天之制也。”② 还说：“丈夫虽贱皆为阳，妇人虽贵皆为阴。……诸在上者皆为其下阳，诸下者皆为其上阴。”③ 这与《黄帝四经·称》中的一段话非常相似：“凡论必以阴阳□大义，天阳地阴，春阳秋阴，夏阳冬阴，昼阳夜阴，……主阳臣阴，上阳下阴，男阳［女阴，父］阳［子］阴，兄阳弟阴，长阳少［阴］，贵［阳］贱阴，达阳穷阴。……制人者阳，制于人者阴。客阳主人阴。师阳役阴。言阳黑（默）阴，予阳受阴。诸阳者法天，天贵正；……诸阴者法地，地［之］德安徐正静，柔节先定，善予不争。”④ 二者对比可知，其思想内容非常相似，就连语气与用词都很接近。可见董仲舒论证“三纲”的“阴阳学说”受到了黄老“阴阳观”的影响。传世文献托名邹衍的文献中并无此说。

综上所述，无论是董仲舒的天人宇宙图式，还是其政治伦理思想皆与黄老密切相关，两者间有许多惊人的相似之处。董仲舒以黄老及老庄道家学说弥补了儒家天人关系方面的不足，丰富了儒家以人事为重的宇宙图景，将儒学变为可与黄老比肩的思想体系，构筑了一个既有儒家的三纲五常、又有道家的天地

① ［汉］董仲舒撰，张世亮、钟肇鹏、周桂钿译注：《春秋繁露》，第 465 页。
② ［汉］董仲舒撰，张世亮、钟肇鹏、周桂钿译注：《春秋繁露》，第 436—437 页。
③ ［汉］董仲舒撰，张世亮、钟肇鹏、周桂钿译注：《春秋繁露》，第 414 页。
④ 陈鼓应注译：《黄帝四经今注今译》，第 394 页。

阴阳，既有儒家“改正朔，易服色”的“有为”、又有道家“以无为为道，以不私为宝”的“无为”的崭新的儒学体系。董仲舒完成了属于他自己、也属于汉初时代的天道图式建构。他以儒家为宗，接续上古中国的“六艺”道术，直接继承孔、孟、 荀的学理脉络，基于春秋公羊家说，但又包容、吸纳了法家、阴阳五行家、墨家等学派的理论特长，依据阴阳、天人感应的原理而解释宇宙现象和人类历史，进而实现了儒学的转型和创新。“董仲舒的思想在西汉儒学史上，不仅有其突出的意义，且足以代表这一时期儒学在思想方面所可能达到的最高水平。”[①]

也就是说，董仲舒在黄老道家政治思想的基础上重新整合了政治与伦理的关系，建立了新的儒家政治伦理“天人感应”“君权神授”，从而使君主专制的政治秩序建立在宗法社会的伦理道德秩序之上。伦理的原理直接上升为政治的原理，伦理政治化与政治伦理化作为伦理政治模式运行的两种机制，有效地弥合了以君权为核心的政治表层结构与以伦理关系为纽带的宗法家族深层结构之间的错位，同时也在一定程序上缓和了阶级利益与阶级关系的紧张和冲突。建元元年（公元前 140 年），汉武帝刘彻召齐地儒生进京，举贤良时策。董仲舒参与了三次对策，并以其深厚的儒学修养和渊博的学识获得了汉武帝的认可。于是，在西汉初盛极一时的黄老学说从主导性政治思想的位置拉了下来。儒家思想从此成为两千多年封建社会的正统思想。正如冯友兰所说：“董仲舒之主张行，而子学时代终结；董仲舒之学说立，而经学时代始。”[②]黄老学派下野后，呈现出内向型风貌，向个人处世术发展。并逐渐转向宗教性的方向。第一个契机是与黄帝传承及神仙思想的结合，赋予黄帝作为神仙的神格，也加大了老子的神秘性。第二个契机便是与民间道术联系，在道教的早期形成过程中发挥作用。

① 韦政通：《董仲舒处理儒家与专制关系的理论》，《董仲舒》，东大图书股份有限公司，1986 年，第 217 页。
② 冯友兰：《中国哲学史》上册，华东师范大学出版社，2000 年，第 41—42 页。

结 语

金春峰指出，汉初黄老思想，主张清静无为，但其实质仍然是严酷而毫不放松控制与镇压的“法治”，其所纠正的是秦代对法治的滥用，但并未改变其法治的精神与立场。[①] 事实上，《黄帝四经》体现的黄老学派政治思想理论，既区别于儒家高度依赖君主才智与美德的“圣人之治”，也与老子“小国寡民”的政治理想与庄子“至德之世”的政治诉求有所不同，“它是用道、法律和道德等综合的力量和方法建立起来的理想化的共同体”[②]，是道家治国理论的新形态。尤其《黄帝四经》中的“道生法”思想，是在“天—道—人”的框架之中对自然道德、伦理逻辑与政治关系进行整合，是我们理解《黄帝四经》政治思想的关键题眼。

纵观儒道的政治哲学的特点，儒家的政治哲学思考以追念理想中的三代（实际上就是西周时期奠定了基础的礼乐文明）为中心；老庄反其道而行之，提出“清静”“空虚”“守雌”“阴柔”等与孔孟“仁义礼智信”完全不同的“德目”，并在此基础上发展出“无为”的修身及治国思想。比如说老子提及的“小国寡民”具有明确的消解生活世界中的社会性、政治性的理论企图，庄子向往的“至德之世”也具有虚无缥缈的特点。这就把“德”从西周时期的高高在上拉了下来。为了弥补“德”之缺，老子引入了统御一切的“道”的概念。黄老

① 金春峰：《汉代思想史》，中国社会科学出版社，1987 年，第 53 页。
② 王中江：《根源、制度和秩序——从老子到黄老》，中国人民大学出版社，2018 年，第 227 页。

政治思想继承了老子“道”的观念，同样强调“无为”。从“无为”是对“为”的否定（哲学意义上的否定）角度分析，举凡一切社会、伦理、政治、国家、文明、秩序、权力等都出于“为”——某种人文动机驱使下的社会行动；那么“无为”似乎就是把常识反转过来，借助“无”的否定或扬弃，反思了理性成长、文明进程投射于人性和人心的阴影。黄老学说想表达的准确意思是，“为”固然重要，然而“无为”更加重要。失去了“无为”的节制，“为”必将失控；反之，缺失了“为”的“无为”则流于空洞，丧失其均衡感。这就是黄老继承并发展了的老子“无为”政治哲学之辩证法。在“道法”体系中，“无为”与“有为”都是由于“因循”，“因循”天道四时，春夏为“德”而生民，秋冬为“刑”则伐罪，此为“有为”；在天道之外不滥施征伐，不折腾百姓，此为“无为”。“因循”人性人情，“无为”指顺应百姓基本生存繁衍的需求，顺应民风民俗；“有为”指统治者主动克制己身过多的欲望，如此才能修炼心术，蓄养精气，从而更好地明白“天道”与“人理”的相通之处，明白“道”的“神明”之处，由此成为“执道者”与“圣王”。可见黄老学说把“道”降维为“天道”，把天地自然之“道”与“人道”结合起来，辅以“刑德”与“刑名”，结合“精气”“神明”等概念，通过“养身”与“治国”的同构，使形上之“道”切实地落地在现实政治社会层面，也使得现实之“法”具有了一定的普遍性和超越性，从而“终使老子之学两千多年来不论在中国政治或养生思想与文化上，都真正成为有体有用的学说”[①]。也正如萧萐父先生所云，《黄帝四经》之“道”是对老子哲学“道”的范畴的进一步发挥，并由此系统地提出了“执道”“循理”“审时”“守度”的思想，不仅在思维水平上继承老聃并且高于老聃，更在汉初指导了“清静无为之政”，具有积极的现实意义。

在长期以来的普遍观念中，西汉初年的黄老政治与“休养生息”紧密相连，

① 陈丽桂：《汉代道家思想》，中华书局，2015年，第295页。

论者多从西汉初年社会生产力低下，为了医治战争创伤和恢复经济，统治者不得不“与民休息”立论，论及西汉中后期的政治，则曰无为而治的黄老道家学说已经不适应时代的需要，于是一度占据领御地位的黄老思潮被董仲舒为代表的新儒家思想所替代。这种说法忽略了中国哲学发展中儒家和道家的相互影响与相互作用：从春秋战国时期道家和儒家思想体系的形成，到汉武帝时期“罢黜百家，独尊儒术”政策的提出，儒家思想和道家思想就一直在相互融合、相互补充。先是战国中晚期，道家的一个分支“黄老道家”因融合了道、法、儒、墨、阴阳、名家等各家要旨而异军突起，成为异于老庄道家的“新道家”。因其正好与大一统思潮相应和，更因其对儒家伦理传统与法家事功传统的兼收并蓄，参用刑名，兼顾内修与外炼，以“道”为本，以黄帝方术为用，从而成为行之有效的君主“南面之术”，并被西汉初年的统治者所采用。建元元年（公元前 140 年），汉武帝刘彻召齐地儒生进京，举贤良时策。董仲舒参与了三次对策，并以其深厚的儒学修养和渊博的学识获得了汉武帝的认可。董仲舒在策问结尾处提出了“独尊儒术”的建议：“春秋大一统者，天地之常经，古今之通谊也。今师异道，人异论，百家殊方，指意不同，是以上亡以持一统，法制数变，下不知所守。臣愚以为诸不在六艺之科孔子之术者，皆绝其道，勿使并进，邪辟之说灭息，然后统纪可一而法度可明，民知所从矣。”[①] 于是，在西汉初盛极一时的黄老学说被董仲舒从主导性政治思想的位置拉了下来。事实上，在董仲舒的理论框架中，已经糅合了黄老学说的宇宙观点与政治纲领，尤其重要的是，董仲舒采用黄老道家政治思想的“道法”关系，重新整合了政治与伦理的关系，建立了新的儒家政治伦理“天人感应”“君权神授”，从而使君主专制的政治秩序建立在“天人”之际的伦理道德秩序之上，也就是说，“天道”经由阴阳、四时、五行等与人道相互感应，君君臣臣、父父子子等人间伦理随

① ［汉］班固撰，［唐］颜师古注：《汉书》卷五十六《董仲舒传》，中华书局，1962 年，第 2523 页。

之升华成一种来自上天的规定，出自上位者的法令也具备了天定的“德”的意味，必须与天道相互呼应，由是，“法”在儒家的政治思想中也具有了至高无上、不可替代的地位。

董仲舒的政治思想有效地弥合了以君权为核心的政治表层结构与以伦理关系为纽带的宗法家族深层结构之间的错位，同时也在一定程序上缓和了阶级利益与阶级关系的紧张和冲突，不仅使汉朝摆脱危机走向长治久安，也影响了其后两千多年的王朝统治方式。黄老政治思想中的“道——一—天地—阴阳—四时”的宇宙图式及“无为”“刑德”“阴阳”等概念，被董仲舒等汉代新儒家吸收后，随着儒家政治地位的提升，并借由皇权政治体系的成型与稳固，一直在中国两千年的皇权政治思想中发挥着重要作用。

参考文献

一、古籍

司马迁．史记［M］．裴骃，集解．北京：中华书局，1982.

班固．汉书［M］．颜师古，注释．北京：中华书局，1962.

李防．太平御览［M］．北京：中华书局，1959.

戴德，编．方向东，撰．大戴礼记汇校集解［M］．北京：中华书局，2008.

左丘明．国语［M］．上海：上海古籍出版社，1982.

王先谦．庄子集解［M］// 诸子集成：三．上海：上海书店，1996.

列子注［M］// 诸子集成：三．张湛，注．上海：上海书店，1996.

老子道德经注校释［M］．王弼，注．楼宇烈，校释．北京：中华书局，2016.

老子·庄子·列子［M］．张震，点校．长沙：岳麓书社，1989.

礼记正义［M］．郑玄，注．孔颖达，疏．北京：北京大学出版社，2000.

越绝书［M］．袁康，吴平，辑录．乐祖谋，点校．上海：上海古籍出版社，1985.

赵晔，编．吴越春秋［M］．南京：江苏古籍出版社，1999.

桓宽．盐铁论［M］.// 诸子百家丛书．上海：上海古籍出版社，1990.

孙希旦，撰．礼记集解［M］．沈啸寰，王星贤，点校．北京：中华书局，

1989.

阮元．十三经注疏·毛诗正义［M］．北京：中华书局，1980.

王弼集校释［M］．王弼，注．楼宇烈校释．北京：中华书局，1980.

论语注疏［M］．何晏，注．邢昺，疏．北京：北京大学出版社，2000.

商鞅，韩非子．商君书·韩非子［M］．张觉，点校．长沙：岳麓书社，1990.

吕氏春秋·淮南子［M］．杨坚点校．长沙：岳麓书社，1989.

徐幹，撰．中论［M］//诸子百家丛书．上海：上海古籍出版社，1990.

左丘明，传．春秋左传正义［M］．杜预，注．孔颖达，疏．北京：北京大学出版社，2000.

孟子注疏［M］．赵岐，注．孙奭，疏．北京：北京大学出版社，2000.

董仲舒，撰．春秋繁露［M］．张世亮，钟肇鹏，周桂钿，译注．北京：中华书局，2012.

荀况，撰．荀子［M］．安小兰，译注．北京：中华书局，2007.

黎翔凤，撰．管子校注［M］．梁运华，整理．北京：中华书局，2004.

二、研究著作

白奚．稷下学研究［M］．北京：生活·读书·新知三联书店，1998.

曹峰．近年出土黄老思想文献研究［M］．北京：中国社会科学出版社，2015.

陈鼓应．易传与道家思想［M］．北京：生活·读书·新知三联书店，1996.

陈鼓应，白奚．老子评传［M］．南京：南京大学出版社，2001.

陈鼓应．管子四篇诠释——稷下道家代表作解析［M］．北京：商务印书馆，2006.

陈鼓应．庄子今注今译［M］．北京：中华书局，2009.

陈鼓应．黄帝四经今注今译［M］．北京：商务印书馆，2016.

陈来．古代思想文化的世界［M］．北京：生活·读书·新知三联书店，2002.

陈来．古代宗教与伦理：儒家思想的根源（增订本）［M］．北京：北京大学出版社，2017.

陈丽桂．战国时期的黄老思想［M］．台北：联经出版事业公司，1991.

陈丽桂．近四十年出土简帛文献思想研究［M］．北京：中华书局，2015.

陈丽桂．汉代道家思想［M］．中华书局，2015.

［日］赤井清美．马王堆帛书老子甲、乙本［M］．东京：东京堂出版社，1977.

崔大华．庄学研究［M］．北京：人民出版社，1992.

冯友兰．中国哲学简史［M］．北京：北京大学出版社，1985.

冯友兰．三松堂全集：第九卷［M］// 中国哲学史新编：第三册，郑州：河南人民出版社，1991.

冯友兰．中国哲学史新编［M］．北京：人民出版社，1998.

复旦大学哲学系．老子注释［M］．上海：上海人民出版社，1977.

葛兆光．中国思想史：第一卷［M］．上海：复旦大学出版社，1997.

葛志毅，张惟明．先秦两汉制度与文化［M］．哈尔滨：黑龙江教育出版社，1998.

谷斌，张慧姝．黄帝四经注译［M］．北京：中国社会科学出版社，2004.

谷斌，张慧妹，郑开．黄帝四经今译、道德经今译［M］．北京：中国社会科学出版社，1996.

国家文物局古文献研究室，编．马王堆汉墓帛书［壹］［M］．北京：文物出版社，1980.

郭沫若．青铜时代［M］// 郭沫若全集·历史编：第1卷．北京：人民出版社，1982.

郭沫若 . 金文丛考 [M] // 郭沫若全集 • 考古编：第 5 卷 . 北京：科学出版社，2002.

郭沫若 . 十批判书 • 稷下黄老学派的批判 [M] // 郭沫若全集 • 历史编：第 2 卷 . 北京：人民出版社，1982.

郭沫若 . 青铜时代 • 宋钘尹文遗著考 [M] // 郭沫若全集 • 历史编：第 1 卷 . 北京：人民出版社，1982.

郭沫若 . 稷下黄老学派的批判 [M] // 中国古代社会研究 . 石家庄：河北教育出版社，2004.

[美] 韩禄伯 . 简帛老子研究 [M] . 邢文，改编 . 余瑾，译 . 北京：学苑出版社，2002.

何宁 . 淮南子集释 [M] . 中华书局，1998.

河洛图书出版社编辑部 . 帛书老子 [M] . 台北：河洛图书出版社，1975.

洪修平，徐长安，白欲晓 . 佛教与中国传统思想文化 [M] . 石家庄：河北省佛教协会，2000.

湖南省博物馆，湖南省文物考古研究所 . 长沙马王堆二、三号汉墓 • 第一卷 • 田野考古发掘报告 [M] . 北京：文物出版社，2004.

湖南博物院，复旦大学出土文献与古文字研究中心，编纂 . 裘锡圭，主编 . 长沙马王堆汉墓简帛集成（壹）～（柒）（修订本）. 北京：中华书局，2024.

胡孚琛，吕锡琛 . 道学通论 [M] . 北京：社会科学文献出版社，1999.

胡家聪 . 稷下争鸣与黄老新学 [M] . 北京：中国社会科学出版社，1998.

黄剑 . 帛书老子校注析（中国哲学专刊）[M] . 台北：学生书局，1991.

江山 . 自然神论 [M] . 世界宗教博物馆基金会，2013.

荆雨 . 自然与政治之间：帛书《黄帝四经》政治哲学研究 [M] . 长春：东北师范大学出版社，2007.

李零．李零自选集［M］．桂林：广西师范大学出版社，1998.

李笑岩．先秦黄老之学渊源与发展研究［M］．上海：上海古籍出版社，2018.

［英］李约瑟．中国科技史：第2卷•道家与道教［M］．北京：科学出版社，2013.

李泽厚．中国古代思想史论［M］．北京：人民出版社，1986.

李泽厚．历史本体论•己卯五说［M］．北京：生活•读书•新知三联书店，2003.

梁启雄．荀子简释•非十二子［M］．北京：中华书局，1983.

刘蔚华，苗润田．稷下学史［M］．北京：中国广播电视出版社，1992.

龙大轩．道与中国法律传统［M］．济南：山东人民出版社，2004.

马王堆汉墓帛书整理小组．马王堆汉墓帛书经法［M］．北京：文物出版社，1976.

马王堆汉墓帛书整理小组．马王堆汉墓帛书（壹）［M］．北京：文物出版社，1974.

毛礼锐，沈灌群，主编．中国教育通史：第一卷［M］．济南：山东教育出版社，2005.

牟钟鉴．《吕氏春秋》与《淮南子》思想研究［M］．济南：齐鲁书社，1987.

潘雨廷．黄帝内经与老庄［M］．上海：上海古籍出版社，1994.

钱穆．庄老通辩［M］．北京：生活•读书•新知三联书店，2005.

［日］浅野裕一．黄老道的形成与发展［M］．韩文，译．南京：凤凰出版社，2021.

任继愈，主编．中国哲学史：第二册［M］．北京：人民出版社，1966.

石磊．二十二子详注全译：晏子春秋译注：卷五•内篇上［M］．哈尔滨：黑龙江人民出版社，2003.

唐大潮．中国道教简史［M］．北京：宗教文化出版社，2001.

田文军，吴根友．中国辩证法史［M］．郑州：河南人民出版社，2005.

王葆玹．老庄学新探［M］．上海：上海文化出版社，2002.

王葆玹．黄老与老庄［M］．北京：中国人民大学出版社，2012.

王海成．黄老学派的政治哲学研究［M］．北京：北京师范大学出版社，2021.

王威威．韩非思想研究——以黄老为本［M］．南京：南京大学出版社，2012.

王中江．根源、制度和秩序——从老子到黄老［M］．北京：中国人民大学出版社，2018.

魏启鹏．《黄帝四经》思想探源［M］．北京：生活·读书·新知三联书店，1980.

魏启鹏．马王堆汉墓帛书《黄帝书》笺证［M］．北京：中华书局，2004.

夏曾佑．中国古代史［M］．上海：商务印书馆，1935.

邢文．帛书周易研究［M］．北京：人民出版社，1997.

邢文．著乎竹帛：中国古代思想与学派［M］．台北：兰台出版社，2005.

熊铁基．秦汉新道家略论稿［M］　上海：上海人民出版社，1984.

熊铁基，马良怀，刘韶军．中国老学史［M］．福州：福建人民出版社，1997.

徐复观．中国人性论史［M］．上海：华东师范大学出版社，2005.

严灵峰．马王堆帛书老子试探［M］．台北：河洛图书出版社，1976.

严灵峰．马王堆帛书易经初步研究［M］．台北：成文出版社，1980.

严灵峰．马王堆帛书易经校理［M］．台北：文史哲出版社，1994.

杨天宇．礼记译注［M］．上海：上海古籍出版社，2004.

叶树勋．先秦道家“德”观念研究［M］．北京：中国社会科学出版社，2022.

余明光．黄帝四经与黄老思想［M］．哈尔滨：黑龙江人民出版社，1989.

余明光，张国华．黄帝四经今注今译：中英对照版［M］．长沙：岳麓书社，1993.

余英时．士与中国文化［M］．上海：上海人民出版社，1987.

詹石窗．道教与中国养生智慧［M］．北京：东方出版社，2007.

张岱年．中国古典哲学范畴要论［M］．北京：中国社会科学出版社，1989.

张舜徽．周秦道论发微［M］．北京：中华书局，1982.

张荫麟．东汉前中国史纲［M］//任继愈，主编．中国哲学史：第二册．北京：人民出版社，1966.

赵光贤．周代社会辨析［M］．北京：人民出版社，1980.

曾振宇．前期法家研究［M］．济南：山东大学出版社，1996.

郑开．道家形而上学研究［M］．北京：宗教文化出版社，2003.

郑开．德礼之间——前诸子时期的思想史［M］．北京：生活·读书·新知三联书店，2009.

郑开．道家政治哲学发微［M］．北京：北京大学出版社，2019.

郑良树．战国策研究［M］．台北：学生书局，1975.

郑圆玲．《史记》黄老思想研究［M］．台北：学海出版社，1998.

朱伯崑．朱伯崑论著［M］．沈阳：沈阳出版社，1998.

三、论文

白奚．《管子》心气论对孟子思想的影响［C］//陈鼓应，主编．道家文化研究：第6辑．上海：上海古籍出版社，1995.

白奚．先秦黄老之学源流述要［J］．中州学刊，2003(1).

白奚．学术发展史视野下的先秦黄老之学［J］．人文杂志，2005(1).

白奚．帛书《黄帝四经》的阴阳思想及其思想史地位［J］．文史哲，2021(2).

白延辉．《黄帝四经》人性论的理论逻辑与思想史意义［J］．中国哲学史，2018(4).

白延辉．黄老道家治国论的内在逻辑［J］．内蒙古社会科学（汉文版），2019(2).

曹峰．《恒先》研读［J］．国学学刊，2014(2).

曹峰．清华简《三寿》《汤在啻门》二文中的鬼神观［J］．四川大学学报（哲学社会科学版），2016(5).

陈鼓应．论道家在中国哲学史上的主干地位——兼论道、儒、墨、法多元互补［J］．哲学研究．1990(1).

陈鼓应．帛书《系辞》和帛书《黄帝四经》［J］．中国哲学史，1994(1).

陈锦松．《六韬》是部黄老道家的兵书［J］．上海第二工业大学学报，1994(1).

陈丽桂．从出土简帛文献看战国楚道家的道论及其相关问题——以帛书：《道原》《太一生水》与《亘先》为核心［C］// 台湾“中央研究院”中国文哲研究所．中国文哲研究集刊：第二十九期，2006(9).

陈丽桂．黄老思想要论［J］．文史哲，2016(6).

陈松长．帛书《黄帝书》中的刑德概念［J］．文史，2000(4).

崔永东．帛书《黄帝四经》中的刑法思想［J］．法学研究，1998(3).

丁原明．论荀子思想中的黄老倾向［J］．管子学刊，1991(3).

丁原明．葛洪神仙道教思想与黄老学的关系［J］．文史哲，2004(3).

董平．中国传统哲学中的人性论问题［J］．山东省社会主义学院学报，2020(6).

董英哲．《经法》等佚书是田骈的遗著［J］．人文杂志，1982(1).

葛刚岩．由竹简《文子》看原本《文子》的思想［J］．甘肃社会科学，2005(2).

葛荣晋．试论《黄老帛书》的“道”和“无为”思想［J］．中国哲学史研究，1981(3).

关志国．黄老学法律思想辨疑［D］．北京：中国社会科学院大学，2005.

郭沫若．稷下黄老学派的批判［J］．群众，1944(23，24).

胡家聪．《尹文子》与稷下黄老学派——兼论《尹文子》并非伪书［J］．文史哲，1984(2).

胡家聪．黄老帛书《经法》的政治哲学——兼论渊源于稷下之学［J］．中国哲学史研究，1988(4).

黄钊．论《文子》的黄老新道家思想特色［J］．海南大学学报（社会科学版），1990(4).

惠吉兴．汉初儒学的复兴及其历史地位［J］．浙江学刊，1992(6).

江万里．先秦道家的养生治国论［D］．南京：南京大学，2013.

康立，卫今．法家路线和黄老思想——读帛书《经法》［J］．文物，1975(7).

匡钊．试论《黄帝四经》中的“心”［J］．中国哲学史，2010(2).

蓝光喜，魏佐国．黄老治国思想及其现代价值［J］．南昌大学学报（人文社会科学版），2006(3).

李定生．《文子》道论［J］．复旦学报（社会科学版），1984(3，4).

李生龙．《解老》《喻老》属黄老而非法家［J］．湖南师范大学社会科学学报，1994(2).

李学勤．记在美国举行的马王堆帛书工作会议［J］．文物，1979(11).

李学勤．马王堆帛书与《鹖冠子》［J］．江汉考古，1983(2).

李学勤．最新发现的简帛及关于汉代初期学术史上的若干问题［J］．［日］大庭脩，译．东方学，1987(1).

李学勤．范蠡思想与帛书《黄帝书》［J］．浙江学刊，1990(1).

李学勤．《鹖冠子》与两种帛书［C］// 陈鼓应，主编．道家文化研究：第 1 辑．上海：上海古籍出版社，1992.

李学勤．论新出简帛与学术研究［J］．传统文化与现代化，1993(1).

李学勤．新出简帛与学术史［C］// 简帛佚籍与学术史．台北：时报文化出版社，1994.

李学勤．对古书的反思［C］// 简帛佚籍与学术史．台北：时报文化出版社，1994.

李禹阶．黄老学说：法家之东方“别派”与另类的“汉承秦制”［J］．陕西师范大学学报（哲学社会科学版），2023(9).

梁逢．商周之际天命观之流变及其历史后果[J]．内蒙古师范大学学报（哲学社会科学版），2018(1).

刘成群．清华简与先秦时代的黄老之学［J］．人文杂志，2016(2).

刘琦．天·帝·人——先秦天人关系初探［J］．船山学刊，2010(2).

刘黎明．黄老治道及其现代价值新论［D］．武汉：华中师范大学，2013.

刘毓璜．试论“黄老之学”的起源［J］．历史教学问题，1982(5).

刘泽华．马王堆《老子》乙本卷前古佚书的黄老政治思想［C］// 中国政治思想史：先秦卷．杭州：浙江人民出版社，1996.

马静．《黄帝四经》的刑德体系探究［J］．文化学刊，2018(7).

蒙文通．略论黄老学［C］// 古学甄微．成都：巴蜀书社，1987.

宁国良．黄老道家的政治思想与汉初的治国实践［J］．湖南大学学报（社会科学版），2005(2).

浦卫忠．论黄老思想对《谷梁传》的影响［J］．中国社会科学院研究生院学报，1996(2).

裘锡圭．马王堆《老子》甲乙本卷前后佚书与“道法家”——兼论《心术上》《白心》为慎到田骈学派作品［C］// 中国哲学 2. 北京：生活·读书·新知三联书店，1980.

孙开泰．稷下黄老之学对孟子思想的影响［C］// 陈鼓应，主编．道家文化研究：第 6 辑．上海：上海古籍出版社，1995.

唐兰．马王堆出土《老子》乙本卷前古佚书的研究——兼论其与汉初儒法斗争的关系［J］．考古学报，1975(1).

汤新．法家对黄老之学的吸收和改造——读马王堆帛书《经法》等篇［J］．文物，1975(8).

滕复．黄老哲学对老子“道”的改造和发展［J］．哲学研究，1986(9).

田昌五．再谈黄老思想和法家路线——读长沙马王堆三号汉墓出土帛书札记之二［J］．文物，1976(4).

王葆玹．西汉国家宗教与黄老学派的宗教思想［C］// 陈鼓应，主编．道家文化研究：第 2 辑．上海：上海古籍出版社，1992.

王博．《黄帝四经》和《管子》四篇［C］// 陈鼓应，主编．道家文化研究：第 1 辑．上海：上海古籍出版社，1992.

王宏强．论韩非子“因情而治”的内在逻辑及黄老学渊源［J］．长江大学学报（社会科学版），2024(1).

王沛．战国时代的黄老“法”理论［D］．上海：华东政法大学，2007.

王佩．《黄帝四经》政治哲学思想研究［D］．西安：陕西师范大学，2009.

王先亮．孔老人性论思想探赜［J］．东岳论丛，2016(12).

王晓毅．黄老复兴与魏晋玄学的诞生［J］．东岳论丛，1994(5).

汪小洋，杨海濒．黄老学说与汉赋兴盛［J］．南京理工大学学报（社会科学版），1999(5).

王新春．哲学视域中黄老道家的理政之术［J］．山东大学学报（哲学社会科学版），2005(6).

王中江．黄老学的法哲学原理、公共性和法律共同体理想——为什么是

“道”和“法”的统治［J］．天津社会科学，2007(4).

王中江．早期道家“统治术”的转变（上）（下）［J］．哲学动态，2016(2，3).

魏启鹏．前黄老形名之学的珍贵佚篇［C］// 陈鼓应，主编．道家文化研究：第 3 辑．上海：上海古籍出版社，1993.

吴光．关于黄老哲学的性质问题——对《黄老帛书》和《淮南子》道、气理论的剖析［J］．学术月刊，1984(8).

吴全兰．刘向的黄老思想［J］．广西师范大学学报（哲学社会科学版），2005(1).

吴南泽．从泰始四年籍田礼看晋武帝的黄老思想［J］．北京社会科学，2016(10).

吴显庆．论马王堆四种黄老帛书中的政治辩证法思想［J］．黑龙江社会科学，2001(1).

熊铁基．从《吕氏春秋》到《淮南子》——论秦汉之际的新道家[J]. 文史哲，1981(2).

熊铁基．《经法》四篇的再研究——兼论新道家的发展［C］// 秦汉新道家略论稿．上海：上海人民出版社，1984.

熊铁基．从“稷下黄老”到“家人之言”［J］．中国哲学史，1993(1).

徐文武．简本《文子》与黄老道家思想体系的构建［J］．湖北社会科学，2016(11).

徐复观．帛书老子所反映出的若干问题［N］．明报（月刊），1975(6).

许抗生．谈谈黄老道与黄老道学［J］．中国道教，1999(6).

杨萍．汉初黄老治国思想研究［D］．济南：山东大学，2019.

杨秀实．黄老思想与东汉政治[J]. 华中师范大学学报（人文社会科学版），1998(2).

余明光．论六家要旨所述道论源于黄学——读汉墓帛书《黄帝四经》［J］.

中国哲学史，1987(2).

余明光．论道家的两个流派——帛书《黄帝四经》与《老子》的比较［J］．求索，1988(1).

余明光．论陆贾的道家思想［J］．湘潭大学社会科学学报（人文社会科学版），1992(1).

余明光．董仲舒与“黄老”之学——《黄帝四经》对董仲舒的影响［C］// 陈鼓应，主编．道家文化研究：第 2 辑．上海：上海古籍出版社，1992.

余明光．帛书《伊尹・九主》与黄老之学［C］// 陈鼓应，主编．道家文化研究：第 3 辑．上海：上海古籍出版社，1993.

余明光，谭建辉．黄老学术向黄老道教之转变[J]．湘潭大学社会科学学报，1995(5).

余明光．“黄老”思想的起源与吴越战争的关系［J］．湘潭大学社会科学学报，2002(2).

余治平．勿使并进：经学对子学有超越而无凌驾——董仲舒的帝国意识形态设计及其边际划定［J］．河北学刊，2023(11).

袁承维．道法转关：从《黄帝四经》道法关系看天人合一［J］．天津社会科学，2022(3).

张家顺．司马迁尊奉黄老论［J］．中州学刊，1982(5).

张杰．《老子》《庄子》及《管子》稷下道家性超善恶论［J］．管子学刊，2016(3).

张增田．《黄老帛书》之治道研究［D］．广州：中山大学，2001.

张增田．《黄老帛书》的法治思想［J］．管子学刊，2002(2).

张增田．“正道不殆”：《黄老帛书》治国方略中的制度诉求［J］．广西大学学报，2003(1).

赵吉惠．荀况是战国末期黄老之学的代表［J］．哲学研究，1993(5).

赵阔宇．浅析黄老思想对汉初之影响［J］．新楚文化，2023(12).

赵清泉．德位一体：《黄帝四经》圣王观研究[D]．呼和浩特：内蒙古大学，2023.

朱光磊．中国传统社会治理思想的逻辑架构与学说分判［J］． 中国文化与管理，2023(12).

朱义明．西汉社会黄老思想兴衰的政治经济视角分析［J］．中南大学学报（社会科学版），2009(12).

［日］波多野太郎．读马王堆出土的《老子》［N］．梁国豪，译．明报（月刊），1975(4).

［日］度边贤．马王堆汉墓帛书老子甲本卷后古佚书九主篇译文［C］//中国出土资料研究（创刊号），1979.

［英］雷敦和．《黄帝四经》中的“刑德”研究［J］．陈松长，译．简帛研究，2001.

图书在版编目（CIP）数据

《黄帝四经》政治思想研究 / 湖南博物院编，陈华丽著. -- 长沙：岳麓书社，2024.12
（长沙马王堆汉墓文库）
ISBN 978-7-5538-2067-5

Ⅰ. ①黄… Ⅱ. ①湖… ②陈… Ⅲ. ①《黄帝经》－政治思想－研究 Ⅳ. ①D092.2

中国国家版本馆CIP数据核字（2024）第087883号

《黄帝四经》政治思想研究
《HUANGDI SI JING》 ZHENGZHI SIXIANG YANJIU

编　　者：湖南博物院
著　　者：陈华丽

出 版 人：崔　灿
出版统筹：王文西
责任编辑：邱建明　鲁云云　包文放
责任校对：舒　舍
装帧设计：帧艺坊文化

岳麓书社出版发行
地　　址：湖南省长沙市爱民路47号
直销电话：0731-88804152　0731-88885616
邮　　编：410006

版　　次：2024年12月第1版
印　　次：2024年12月第1次印刷
开　　本：787 mm × 1092 mm　1/16
印　　张：22.25
字　　数：300千字
书　　号：ISBN 978-7-5538-2067-5
定　　价：180.00元
承　　印：雅昌文化（集团）有限公司
地　　址：深圳市南山区深云路19号
电　　话：0731-88884129（如有印装质量问题，请与本社印务部联系）